高等职业教育铁路物流管理专业校企合作系列教材

铁路仓储与配送管理实务

主 编 陈新鸿

副主编 田哲涛 陈 曦

雷 静 魏 依

参编者 赵 峰 张少男

丁 钰 苏 昕

北京交通大学出版社

·北京·

内 容 简 介

"铁路仓储与配送管理实务"是铁路物流管理专业职业技术核心课程之一,本教材主要介绍铁路仓储与配送管理的基础知识与基本理论,使学生掌握铁路仓储与配送业务操作技能,具备一定的铁路物流中心规划与管理能力。本教材采取"项目导向、任务驱动"的编写模式,将仓储与配送管理基本原理与铁路物流中心管理理论相结合,并通过案例分析、方案设计培养学生分析问题与解决问题的能力,提升学生的创新能力。

本教材既可作为高等职业学校铁路物流管理专业的教材,又可作为铁道交通运营管理、物流管理等相关专业的参考资料。

图书在版编目(CIP)数据

铁路仓储与配送管理实务/陈新鸿主编 . —北京:北京交通大学出版社,2021.9
ISBN 978-7-5121-4557-3

Ⅰ.①铁… Ⅱ.①陈… Ⅲ.①铁路运输-仓库管理-高等职业教育-教材 ②铁路运输-物流管理-物资配送-高等职业教育-教材 Ⅳ.①U294.1

中国版本图书馆 CIP 数据核字(2021)第 171053 号

铁路仓储与配送管理实务
TIELU CANGCHU YU PEISONG GUANLI SHIWU

责任编辑:解 坤
出版发行:北京交通大学出版社   电话:010-51686414   http://www.bjtup.com.cn
地   址:北京市海淀区高梁桥斜街 44 号   邮编:100044
印 刷 者:北京鑫海金澳胶印有限公司
经   销:全国新华书店
开   本:185 mm×260 mm   印张:16   字数:352 千字
版 印 次:2021 年 9 月第 1 版   2021 年 9 月第 1 次印刷
定   价:45.00 元

前　言

随着我国社会经济转型发展和运输市场竞争日益激烈，铁路货物运输迫切需要调整服务功能、提高服务水平。近年来，各铁路局集团公司加快现代化铁路物流节点的建设，为货主提供仓储、配送等多种物流服务，全面提升铁路物流服务能力，逐步建立以铁路运输为核心竞争力的现代化铁路物流体系。

仓储与配送是现代物流的两个重要环节，在铁路物流中发挥着货物储存、保管与接取送达的职能。随着电子商务的发展及人工智能、物联网、大数据等技术在物流领域的应用，仓储与配送领域发生了重大变革。因此，在仓储与配送作业中应注意与现代物流信息技术的融合，促进物流作业合理化。此外，作为铁路仓储与配送作业最主要的实施主体——铁路物流中心，其布局规划、功能区域设置及管理直接影响着铁路仓储与配送等物流服务的效率与水平。

本教材主要介绍铁路仓储与配送管理的基础知识与基本理论，使学生掌握铁路仓储与配送业务操作技能，具备一定的铁路物流中心规划与管理能力，主要内容包括仓储与配送认知、铁路仓储作业管理、铁路配送作业管理、铁路物流中心规划与设计、铁路物流中心管理五个项目。本教材采取"项目导向、任务驱动"的编写模式，将仓储与配送管理基本原理与铁路物流中心管理理论相结合，并通过案例分析、方案设计培养学生分析问题与解决问题的能力，提升学生的创新能力。

本教材既可作为高等职业学校铁路物流管理专业的教材，又可作为铁道交通运营管理、物流管理等相关专业的参考资料。

本教材由天津铁道职业技术学院陈新鸿担任主编；天津铁道职业技术学院田哲涛、

陈曦，天津电子信息职业技术学院雷静，天津铁道职业技术学院魏依担任副主编；中国铁路北京局集团有限公司天津货运中心德州营业部赵峰，中国铁路国际有限公司张少男，中国铁路北京局集团有限公司石家庄货运中心阳泉营业部丁钰、石西营业部苏昕参与编写工作。具体分工如下：陈新鸿编写项目2任务2.1、任务2.3及项目3；魏依、丁钰编写项目4任务4.1；魏依、苏昕编写项目4任务4.2；田哲涛编写项目1任务1.1、项目5任务5.1；陈曦编写项目1任务1.2、项目5任务5.3；雷静编写项目2任务2.2；雷静、赵峰、张少男编写项目5任务5.2。

本教材在编写过程中，得到了北京交通大学出版社的大力支持和帮助，并参考了大量的相关出版物、有关文献资料及网站资料，在此向各位专家学者表示深深的敬意和由衷的感谢。

由于编者水平有限，书中不妥之处，敬请批评指正。

编者

2021 年 3 月

目　录

项目 1
仓储与配送认知

项目描述

　　仓储与配送是现代物流两个非常重要的环节，发挥着货物储存、保管与送达的职能。随着电子商务的发展及人工智能、物联网、大数据等技术在物流领域的应用，仓储与配送领域发生了重大变革。通过本项目的学习，使学生掌握现代仓储与配送的基本理论，了解仓储与配送的发展趋势及新技术的应用。

任务 *1.1* 仓储基本认知

🎯 教学目标

1. 思政素质目标

热爱党、热爱社会主义祖国、爱人民、爱集体；具有良好的职业道德和职业素养；爱岗敬业，恪尽职守；严格遵守规章制度和劳动纪律。

2. 知识目标

了解仓储的概念与地位，掌握仓储的功能及仓储、仓库的分类，理解仓储管理的内容，了解现代仓储的发展趋势。

3. 能力目标

能够准确完成仓储作业过程，能够应用现代仓储管理理念进行仓储管理，熟知现代仓储新技术的应用。

🚚 工作任务

走进仓储，关注云仓、无人仓库

随着大数据、云计算、人工智能等技术的发展，现代仓储业发生了重大变革，云仓、无人仓库在技术上得以实现并应用。在新的物流形势下，各类云仓发展迅速，物流巨头纷纷发力进军云仓服务领域，如菜鸟云仓、邮政云仓、京东云仓、苏宁云仓等。2017 年 10 月，京东物流首个全流程无人仓在上海市嘉定区正式亮相，这是全球首个正式落成并规模化投入使用的全流程无人物流中心。继 2017 年 6 月武汉亚一小件无人仓、华北物流中心 AGV 仓、7 月昆山无人分拣中心投入使用以后，京东物流再次向业界展示了其在智慧物流领域全球领先的水平。京东全流程无人仓实现了从入库、存储、包装、分拣的全流程、全系统的智能化和无人化，对整个物流领域而言都具有里程碑意义。

请结合以上材料，完成如下任务：

(1) 什么是现代仓储？

(2) 通过网络资料查询，谈谈你对云仓、无人仓库的认识。

相关知识

仓储是物流领域最主要的两大功能要素之一，在现代物流中起着不可替代的作用。随着智慧物流的发展，现代仓储业正发生着重大变革。在货运改革之前，铁路仅为客户提供货物的暂存服务，仓储设施设备难以满足货物多样化仓储服务需求，服务水平较低。为了促进铁路货运向现代物流转型发展，中国国家铁路集团有限公司（简称国铁集团）明确提出可以按照客户要求提供承运前或交付后的仓储服务，供货主自愿选择，满足客户多样化需求。

1.1.1 仓储的概念与地位

1. 仓储的概念

仓储随着物资储存的产生而产生，又随着生产力的发展而发展。仓储是商品流通的重要环节之一，也是物流活动的重要支柱，在物流系统中起着缓冲、调节和平衡的作用。"仓"即仓库，是用于储存、保管物品的建筑物和场所的总称；"储"即储存，表示贮藏、保护、管理物品。中华人民共和国国家标准《物流术语》（GB/T 18354—2021）中，关于仓储（warehousing）的定义是：利用仓库及相关设施设备进行物品的入库、储存、出库的活动。传统意义上的仓储主要是为了物品储存而进行的。现代仓储不是传统意义上的"仓库""仓库管理"，而是在经济全球化与供应链一体化背景下的仓储，是现代物流系统中的仓储。现代仓储的目的是不存或减少库存。

仓储有狭义和广义之分。狭义的"仓储"是指通过仓库等场所实现对在库物品的储存与保管，是一种静态仓储，可比喻为蓄水池；广义的"仓储"是指除了对物品的储存与保管，还包括物品在库期间的装卸搬运、分拣组合、流通加工等增值服务功能，是一种动态仓储，可比喻为河流。

2. 云仓的概念

云仓是物流仓储的一种，但是不同于传统仓、电商仓，云仓中"云"的概念来源于云计算，所以云仓是利用云计算及现代管理方式，依托仓储设施进行货物流通的全新物流仓储体系产品。云仓与传统仓、电商仓相比，主要区别在于仓内作业的高时效及精细化管理，还有自动化装备和信息化系统。先进的技术及管理的使用，导致云仓的建设成本比较高。但是在云仓的作业流程中入库与出库速度非常快。据悉，京东的云仓出库作业，即从接到订单到拣选、出库，基本只需要 10 min，并且每一步都在后台系统有显示，为消费者提供了极佳的购物体验。这一过程不仅速度快，而且准确率可达 100%，因此备受青睐。

云仓首先是以多仓为据点、通过信息和运输贯通的物流网络，其次是网络内的库存分布要按固定的逻辑进行计算的算法系统。按云仓规模的范围来看，可以分为全球云仓、全国云仓、区域云仓、城市云仓四种。

① 全球云仓是指超级企业在做的案例类型，如阿里巴巴推动的跨境云仓，集全球仓储和配送能力，支持全球范围的商品大流通。

② 全国云仓是指以国内市场为主的大企业在做的案例类型，如苏宁云仓支持其全国数千家实体店的物流配送，京东云仓支持其全国电商客户的订单物流需求。

③ 区域云仓是指在一个相对较小的区域内，建设或者租赁多个仓库，结合快递或者车辆配送，搭建网状的供应链体系，以对区域内的企业实现更快、更经济的物流服务。

④ 随着新零售的到来，京东和阿里巴巴在布局最后一公里便利店，未来将会成为最后一公里末端的城市末端云仓（这些仓库普遍都比较小）。

云仓是向社会开放仓储资源和配送资源的第三方物流服务模式。商家跟云仓平台企业签订入仓协议，在云仓平台根据市场销售预测数据来布局库存，使用云仓平台的仓库资源，将库存分布在离消费者最近的仓库里。当顾客下达订单后，由云仓平台自动选择最优仓库拣选出货，然后由云仓平台将货品送到顾客手中，最终实现对市场需求的极速反应，提高市场竞争力，具体来说体现在以下几个方面。

（1）订单完成提前期

订单完成提前期是指从订单产生到客户收到货的时间。在云仓模式下，通过预测销售和提前将库存布局到离消费者最近的仓库，尽量缩短配送时间，缩短"订单完成提前期"。顺丰云仓的"云仓即日""云仓次日"，京东云仓的"211限时达""次日达"，每个在时间上极致追求的物流产品，都反映了"订单完成提前期"的极度重要。

（2）供应链反应时间

云仓体系中高效的干线运输能力缩短了从生产商到仓库的运输时间。除了仓库网点多、库存分布广、离顾客近外，还有强大、高效的仓库间的干线运输体系，顺丰云仓甚至计划在湖北建货运机场，2 h覆盖全国市场，以此来提高顺丰云仓的干线运输效率。高效的干线运输体系，缩短了从生产商到仓库的运输时间。仓、配一体化缩短了仓储与配送的交接时间。在有些仓储与配送分开的模式中，仓库分拣好的包裹需要归集到配送总部，再统一分拨到各配送站，增加了仓储与配送的交接时间。在仓、配一体化的模型中，仓储信息系统与配送信息系统直接对接，甚至统一编码、统一规则，在仓库内分拣时就按配送站点分组与归集，拣完之后直接配送，将仓库、配送的交接时间大大缩短。

（3）供应的库存成本

首先，安全库存低。供应链反应时间越短，供应链网络系统中的安全库存就越低。其次，云仓体系内共享各处库存也进一步降低了安全库存量。通常来说，分仓增加会增加整个供应链网络中的库存总量。但在云仓体系中，通过干线快速调拨能力和信息系统强大的订单选仓能力，使各分仓的库存实现共享，从而降低整个供应链网络中的库存量。

（4）净资产周转率

库存量下降带来库存成本下降。库存资金占用减少，能提高企业资金利用效率，从而增加净资产周转率。轻资产物流模式减少固定资产投资额。帮助企业将资金有效地运用于关键业务中，强化核心优势，通过减少非关键性业务部门的固定投资，来提高企业净资产周转率。

按需购买仓储与配送服务，轻资产、低成本进入全国市场，对众多中小企业甚至知名的大企业来说，曾经都是可想而不可求的事情。供应链网络库存的云布署，只有京东、苏宁、海尔等大企业才能实现。他们集巨大的资源，在全国建设上百个仓库的仓储体系，将库存布局到顾客身边。在云仓平台的支持下，中小企业也能实施全国库存布局的经营战略了。在新的云仓时代，创新型中小企业若能先使用好这样的社会资源，就能抢占市场先发优势，借力在行业格局中快速脱颖而出。

3. 仓储的地位

随着物流向供应链管理方向发展，企业越来越多地强调仓储作为供应链中的一个资源提供者的独特角色，仓库再也不仅是存储货物的库房了。

首先，仓储是物流与供应链中的库存控制中心。库存成本是主要的供应链成本之一。在美国，库存成本约占总物流成本的三分之一。因此，管理库存、减少库存、控制库存成本就成为仓储在供应链框架下降低供应链总成本的主要任务。

其次，仓储是物流与供应链中的调度中心。仓储直接与供应链的效率和反应速度相关。人们希望现代仓储处理物品的准确率能达到 99% 以上，并能够对特殊需求做出快速反应。

再次，仓储是物流与供应链中的增值服务中心。现代仓储不仅提供传统的储存服务，还提供与制造业的延迟策略相关的后期组装、包装、打码、贴唛、客户服务等增值服务，提高客户满意度，从而提高供应链上的服务水平。可以说，物流与供应链中的绝大部分增值服务都体现在仓储上。

最后，仓储还是现代物流设备与技术的主要应用中心。供应链一体化管理，是通过现代管理技术和科技手段的应用而实现的，促进了供应链上的一体化运作，而软件技术、互联网技术、自动分拣技术、光导分拣、RFID、声控技术等先进的科技手段和设备的应用，则为提高仓储效率提供了实现的条件。

1.1.2 仓储的功能

1. 储存功能

现代社会生产的一个重要特征就是专业化和规模化生产，劳动生产率极高，产量巨大，绝大多数产品都不能被及时消费，要经过仓储手段进行储存。另外，对于生产过程来说，适当的原材料、半成品的储存，可以防止因缺货造成的生产停顿。而对于销售过程来说，储存（尤其是季节性储存）可以为企业的市场营销创造良机。适当的储存是市场营销的一种战略，它为市场营销中特别的商品需求提供了缓冲和有力的支持。

2. 保管功能

生产出的产品在消费之前必须保持其使用价值，否则将会被废弃。这项任务就需要由仓储来承担，在仓储过程中对产品进行保护、管理，防止损坏而丧失价值。例如，水泥受潮结块就会使其使用价值降低，因此在保管过程中就要选择合适的储存场所，采取合适的养护措施。

3. 加工功能

在保管期间，保管人根据存货人或客户的要求对保管物的外观、形状、成分构成、尺度等进行加工，使仓储物发生所期望的变化。

4. 整合功能

整合是仓储活动的一个经济功能。通过这种安排，仓库可以将来自多个制造企业的产品或原材料整合成一个单元，进行一票装运。其好处是有可能实现最低的运输成本，也可以减少由多个供应商向同一客户进行供货所带来的拥挤和不便。为了能有效地发挥仓储整合功能，每一个制造企业都必须把仓库作为货运储备地点，或用作产品分类和组装的设施。这是因为整合装运的最大好处就是能够把来自不同制造商的小批量货物集中起来形成规模运输，使每一个客户都能享受到低于其单独运输成本的服务。

5. 分类和转运功能

分类就是将来自制造商的组合订货分类或分割成个别订货，然后安排适当的运力运送到制造商指定的个别客户。仓库从多个制造商处运来整车的货物，在收到货物后，如果货物有标签，就按客户要求进行分类；如果没有标签，就按地点分类，货物不在仓库停留而是直接装到运输车辆上，装满后运往指定的零售店。同时，由于货物不需要在仓库内进行储存，因而降低了仓库的搬运费用，最大限度地发挥了仓库装卸设施的功能。

6. 支持企业市场形象的功能

尽管市场形象的功能所带来的利益不像前面几个功能带来的利益那样明显，但对于一个企业的营销主管来说，仓储活动依然能被其重视起来。因为从满足需求的角度看，从一个距离较近的仓库供货远比从生产厂商处供货方便得多，同时仓库也能提供更为快捷的递送服务。这样会在供货的方便性、快捷性以及对市场需求的快速反应性方面，为企业树立一个好的市场形象。

7. 市场信息的传感器

任何产品的生产都必须满足社会的需要，生产者都需要把握市场需求的动向。社会仓储产品的变化是了解市场需求极为重要的途径。仓储量减少，周转量加大，表明社会需求旺盛；厂家存货增加，表明其产品需求减少、竞争力降低或者生产规模不合适。仓储环节所获得的市场信息虽然比销售信息滞后，但更为准确和集中，且信息成本较低。现代企业生产特别重视仓储环节的信息反馈，将仓储量的变化作为决定生产的依据之一。现代物流管理特别重视仓储信息的收集和反应。

8. 提供信用的保证

在大批量货物的实物交易中，购买方必须检验货物、确定货物的存在和货物的品质，方可成交。购买方可以到仓库查验货物。由仓库保管人出具的货物仓单是实物交易的凭证，可以作为对购买方提供的保证。货物仓单本身就可以作为融资工具，可以直接使用货物仓单进行质押。

9. 现货交易的场所

当存货人要转让已在仓库存放的商品时，购买人可以到仓库里查验商品、取样化验，双方可以在仓库进行转让交割。我国众多的批发交易市场既是有商品存储功能的交易场所，又是有商品交易功能的仓储场所。众多具有便利交易条件的仓储都提供交易活动服务，甚至部分形成了有影响力的交易市场。近年来我国大量发展的阁楼式仓储商店，就是仓储功能高度发展、仓储与商业密切结合的结果。

1.1.3 仓储的分类

仓储的最基本功能是对商品进行储存和保管，但由于经营主体、仓储功能、仓储物的处理方式和仓储对象的不同，使得不同的仓储活动具有不同的特征。只有正确加以区分，才能准确认识仓储任务，做好仓储管理工作。

1. 按仓储经营主体划分

（1）企业自营仓储

企业自营仓储包括生产企业和流通企业的自营仓储。生产企业自营仓储是指生产企业使用自有的仓库设施对生产使用的原材料、生产的中间产品、最终产品实施储存保管的行为，其储存的对象较为单一，以满足生产为原则。流通企业自营仓储则为流通企业以其拥有的仓储设施对其经营的商品进行仓储保管的行为，仓储对象种类较多，以支持销售为目的。企业自营仓储为自用仓储，不开展商业性仓储经营。

（2）商业营业仓储

商业营业仓储是指仓储经营人以其拥有的仓储设施，通过与存货人订立仓储合同的方式建立仓储关系，依据合同约定提供服务和收取仓储费来向社会提供商业性仓储服务的仓储行为。商业营业仓储的经营形式可以是提供货物仓储服务，也可以是提供仓储场地和设施的租赁服务。

（3）公共仓储

公共仓储是公用事业的配套服务设施，为车站、码头提供仓储配套服务。其运作的主要目的是保证车站、码头的货物作业和运输，具有内部服务的性质，处于从属地位。

但对于存货人而言，公共仓储也适用于商业营业的仓储关系，只是不独立订立仓储合同，而是将仓储关系列在作业合同、运输合同之中。

（4）战略储备仓储

战略储备由国家政府进行控制，通过立法、行政命令的方式进行，由执行物资储备的政府部门或机构进行运作。战略储备对象主要是关系国计民生的战略物资，比如粮食、能源、有色金属、淡水等。

2. 按仓储的功能划分

（1）储存仓储

储存仓储是指货物较长时期存放的仓储。由于货物存放时间长，储存费用低廉，储存仓储的地点一般较为偏远，储存货物较为单一，品种少，但存量较大。

（2）物流中心仓储

物流中心仓储是以物流管理为目的的仓储，是为了实现有效的物流管理而对物流的过程、数量、方向进行控制的环节，是实现物流时间价值的环节。物流中心仓储一般在一定经济地区的中心，交通较为便利，储存成本较低。物流中心仓储品种较少，批量较大，整批进、分批出，整体上吞吐能力强，设备比较先进。

（3）配送仓储

配送仓储也称配送中心仓储，是货物在配送、交付消费者之前所进行的短期仓储，是货物在销售或者供生产使用前的最后储备，并在该环节进行销售或使用的前期处理。配送仓储一般在货物的消费经济区间内进行，能迅速地送达消费和销售。其仓储对象品种繁多，批量少，需要一定量进货、分批少量出库操作，往往需要进行拆包、分拣、组配和贴标签等增值作业，主要目的是支持销售，注重对货物存量的控制。

（4）运输转换仓储

运输转换仓储是为了保证不同运输方式的高效衔接，减少运输工作的装卸和停留时间，在不同运输方式的相接处（如港口、车站和空港库场）所进行的仓储。运输转换仓储具有大进大出的特性，货物存期短，注重货物的周转作业效率和周转率。

（5）保税仓储

保税仓储是指使用海关核准的保税仓库存放保税货物的仓储。保税货物主要是指不用于国内销售、暂时进境、海关予以缓税的进口货物，或者海关批准暂缓纳税的进口货物。保税仓储受海关的直接监控。保税仓储一般在进出境口岸的港口、机场、车站或其附近进行，也可在海关认可的其他地方进行。

3. 按仓储物的处理方式划分

（1）保管式仓储

保管式仓储又称纯仓储，是以保管物原样保持不变的方式所进行的仓储，即存货人将特定的商品交由保管人进行保管，到期保管人将原物交还存货人，保管物除了所发生的自然损耗和自然减量外，其数量、质量不发生变化。保管式仓储又分为仓储物独立保管仓储和将同类仓储物混合在一起的混藏式仓储。

（2）加工式仓储

加工式仓储是保管人在仓储期间根据存货人的要求对保管物进行一定加工的仓储。一般来说，可以对仓储物进行外观、形状、成分构成及尺寸等进行加工，使仓储物发生委托人所希望的变化，以适应消费者的需要。

（3）消费式仓储

消费式仓储是保管人在接受保管物时，同时接受保管物的所有权的仓储。保管人在仓储期间有权对仓储物行使所有权，在仓储期满时，保管人将相同种类、品种和数量的替代物交还给委托人。消费式仓储特别适合保管期间较短、市场供应变化较大的商品的长期存放，具有一定的商品保值和增值功能，是仓储经营人利用仓储物开展经营的增值活动，已成为仓储经营的重要发展方向。

4. 按仓储对象划分

（1）普通货物仓储

普通货物仓储是不需要特殊保管条件的货物仓储，如一般的生产资料、普通生活用品、普通工具等杂货类货物仓储。普通货物仓储不需要设置特殊的保管条件，采取无特殊装备的通用仓库或货场存放货物。

（2）特殊货物仓储

特殊货物仓储是指在保管中有特殊要求和需要满足特殊条件的货物仓储，如危险品仓储、生鲜食品仓储、粮食仓储。特殊货物仓储一般采用专用仓库，即按照货物的物理、化学、生物特征及法规规定进行专门建设和实施管理的仓库，特殊货物仓储受到较多的监管。

1.1.4　仓库及其分类

1. 仓库的概念

仓库是用于储存、保管物品的建筑物和场所的总称。仓库可以理解为用来存放货物（包括生产资料、工具或其他财产），并对其数量和状态进行保管的建筑物或场所等设施，还包括为减少或防止货物损伤而进行作业的土地或水面，以及设置在仓库内、为仓储作业服务的设施设备，如地坪、货架、衬垫、苫盖物、固定式提升设备、通风照明设备等。

2. 仓库的分类

仓库的种类多种多样，形态结构各异，服务范围存在较大差异。以不同的标准对仓库进行分类，可为不同货物、不同企业选择合适的仓库提供依据。

1) 按仓库保管条件分类

(1) 普通仓库

普通仓库是指常温下的一般仓库，用于存放一般性货物，没有特殊的要求，只要求具有一般通用的库房和堆场，用于存放普通货物，如一般的金属材料仓库、机电产品仓库等。普通仓库的设施设备较为简单，但储存的货物种类繁杂，作业过程和保管方法、要求均不同。

(2) 保温、冷藏、恒温恒湿仓库

保温、冷藏、恒温恒湿仓库是指用于存放要求保温、冷藏或恒温恒湿的货物的仓库，如储存粮食、水果、肉类等的仓库。该类型仓库具备制冷设备，并有良好的保温隔热性能以保持所需的温度。

(3) 危险品仓库

危险品仓库是指用于储存和保管易燃、易爆、有毒、有害物资等危险物品，并能对危险品起一定的防护作用的仓库。其特点是储存物种类单一，保管方法单一，但需要特殊的保管条件。危险品仓库应根据危险品的种类、特性，采用妥善的建筑结构，并取得相应许可，同时设置相应的监测、通风、防晒、调温、防火、灭火、防爆、防毒、防潮、防腐等安全设施和设备。

(4) 气调仓库

气调仓库是指用于存放要求控制库内氧气和二氧化碳浓度的货物的仓库。气调仓库又称气调保鲜库，是当今最先进的果蔬保鲜贮藏方法。它是在冷库的基础上，增加气体成分调节，通过对贮藏环境中温度、湿度、二氧化碳浓度、氧气浓度和乙烯浓度等条件进行控制，抑制果蔬呼吸作用，延缓其新陈代谢的过程。

(5) 水上仓库

水上仓库又称货趸，是指在一些水位差较大的港口，为组织船舶和货物快装快卸，设于水上用于临时堆存货物的仓库。水上仓库通常分为平板驳、趸船，舱面上有顶盖，所以可以存货，用作临时仓库。一般水上仓库的舱面、舱内都可用于临时堆存货物。

2) 根据运营形式分类

(1) 自用仓库

自用仓库是指生产或流通企业根据本企业物流业务的需要而修建的附属仓库，完全用于储存本企业的物品，如原材料、燃料、半成品、产成品等。一般工厂、企业、商店的仓库及军队的后勤仓库都属于这一类。仓库的建设、保管物品的管理及出入库等均由本企业负责。

(2) 营业仓库

营业仓库是专门为了经营储运业务而修建的，面向社会提供服务的或以一个部门的物流业务为主、兼营其他部门的物流业务的仓库，如商业、货物、外贸等系统的储运公司的仓库等。营业仓库由仓库所有人独立经营或者由分工的仓库管理部门独立核算经营。

（3）公用仓库

公用仓库属于公共服务的配套设施，是为社会物流服务的公共仓库，如铁路车站的货场仓库、港口的码头仓库、公路货场的货栈仓库等。

3）按仓库的建筑结构分类

（1）露天仓库

露天仓库是置放不怕风、尘、雨的货物的仓库，如厚木材仓库、钢材仓库等。铁路运输的货物，如卷钢、煤炭、砂石、矿石等，一般存放在露天仓库或堆场上。

（2）平房仓库

平房仓库结构简单，建筑费用较低，人工操作比较方便。

（3）楼房仓库

楼房仓库是指两层以上的仓库，它可以减少土地的占用面积，但货物上下移动作业复杂，进出库作业可采用机械化或半机械化，楼房隔层间可依靠垂直运输机械连接，也可以坡道相连。

（4）罐式仓库

罐式仓库结构特殊，呈球形或柱形，主要用于储存石油、天然气和液体化工品等。

（5）简易仓库

简易仓库结构简单，造价低廉，一般是在仓库不足而又不能及时建库的情况下采用的临时借用仓库，包括一些固定或活动的简易货棚等。

（6）高层货架仓库

高层货架仓库也称立体仓库，是指由高层货架、巷道堆垛起重机、出入库输送机系统、自动化控制系统、计算机仓库管理系统及其周边设备组成，可对集装单元物品实现自动化存取和控制的仓库。高层货架仓库是平房结构，但建筑物的顶很高，内部设施层数多，具有可保管十层以上的托盘的仓库棚。

4）按仓库自动化程度分类

（1）普通仓库

普通仓库无现代化设备，即使有也为数很少，主要通过人工配合叉车、输送机、地牛等机械化设备完成仓储业务。

（2）智能化仓库

智能化仓库全部利用计算机系统操作，所以又称为“无人仓库”。无人仓库主要依靠智能化物流系统应用集成，当传统仓库完成改造后，仓储系统可自动运转，“卸货—存货—提货—分拣—贴标—装货”整套仓储流程实现智能化、自动化、电气化、网络化。建造这种仓库的投资金额是建造普通仓库的3～4倍。

1.1.5　仓储作业流程

仓储作业就是要按照预定的目标，将仓储作业方式与仓库储存保管手段有效地结合起来，完成仓储作业过程各环节的职责，为商品流通提供良好的储存劳务。

不同形式的储存，作业内容有差异，但不管是哪种类型的企业的仓储作业流程，一般都划分为三项作业任务，包括入库作业、在库管理、出库作业。仓储作业流程如图 1-1-1 所示。

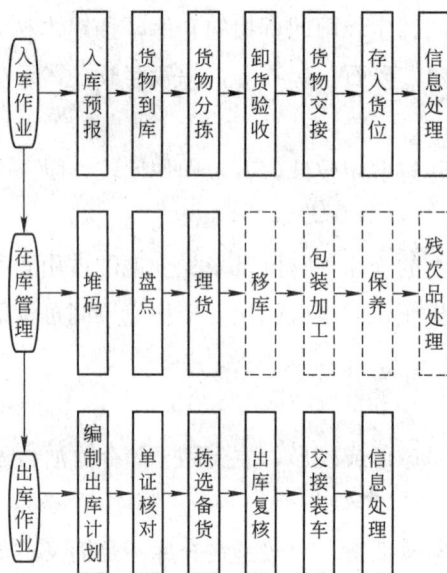

图 1-1-1　仓储作业流程

1. 入库作业

入库作业是货物保管工作的基础，是在库管理工作的前期工作。一般包括入库预报、货物到库、货物分拣、卸货验收、货物交接、存入货位、信息处理等一系列作业环节。

货物的入库作业在储存管理中起着非常重要的制约作用，因为它是储存作业的起始，是其他作业环节顺利进行的前提保障。入库的准备工作是否充分、入库作业完成水平的高低、信息传递是否及时准确都是储存管理工作高效的先决条件和制约因素。

2. 在库管理

在库管理的内容一般根据管理对象、客户要求的不同而不同，但基本上都包含堆码、盘点、理货、移库、包装加工、保养、残次品处理等环节。在库管理工作是储存管理工作高效运转的核心环节和重要保障。

3. 出库作业

出库作业是依据客户服务部门或业务部门开出的送货单或货物出库凭证，按其所列货物编号、名称、规格、数量和生产日期等要求，组织货物出库的一系列活动。一般包括编制出库计划、单证核对、拣选备货、出库复核、交接装车、信息处理等环节。出库作业的完成标志着储存作业的完成。

1.1.6　仓储管理

1. 仓储管理的概念

仓储管理就是对仓库及仓库内的货物进行管理，是仓储企业为了充分利用所具有的仓储资源（包括仓库、机械、人力、资金、技术等），提供高效的仓储服务而进行计划、组织、控制和协调的过程。具体来说，仓储管理包括仓储资源的获得、经营决策、商务管理、作业管理、仓储保管、安全管理、人事管理、劳动管理、经济管理等一系列管理工作。如果站在供应链一体化的战略高度，以物流系统功能的整体观念来看，那么仓储管理不仅是对仓储业务活动与作业过程的管理，而且包括仓储的战略规划和以仓库定位为中心的物流网络设计与物流节点布局，其目标是实现储存合理化。

2. 仓储管理的内容

（1）仓库的选址与布点

仓库的选址与布点包括仓库选址应遵循的基本原则、仓库选址时应考虑的基本因素及仓库选址的技术方法，多点布置时还要考虑网络中仓库的数量和规模大小、相对位置、服务的客户，以及仓库建筑面积的确定、库内运输道路与作业区域的布置等问题。另外，仓库规模的确定和内部的合理布局包括仓库内面积及建筑物面积的确定、仓库内道路和作业区的平面与竖向布置、仓库内部各作业区域的划分和作业通道布置的方式。

（2）仓库机械设备的选择与配置

仓库机械设备的选择与配置，即如何根据仓库作业特点和所储存货物的种类及其物理、化学特性选择机械设备的种类以及应配备的数量，如何对这些机械进行管理等。仓库机械设备的选择与配置，直接影响着仓储作业的效率。

（3）仓库的业务管理

仓库的业务管理是仓储管理日常所面对的最基本的管理内容，包括如何组织货物入库验收，如何安排库位，如何对在库货物进行合理保管、盘点和发放出库等。仓库的业务管理是仓储日常须面对的大量和复杂的管理工作，只有认真做好仓库业务中的每一个环节的工作，才能保证仓储整体作业的良好运行。

（4）仓库的库存控制管理

仓库的库存控制管理，即如何利用新技术、新方法来实现在保证供应的前提下有效降低库存成本，进而实现物流总成本最低。

（5）仓库的人力资源管理

仓库的人力资源管理，包括仓储人员的招聘与后期的培训、建立健全岗位职责、岗位人员配置与优化等。

（6）仓库的安全与消防管理

仓库的安全与消防管理，即建立健全仓库安全与消防管理制度，做好防盗、防火、防爆等日常安全管理工作。

（7）仓储成本控制

成本控制是任何一个企业管理者的重要工作目标，仓储管理也不例外。仓储成本控制不但要考虑仓储运作过程中各环节的相互协调关系，还要考虑物流过程中各功能间的效益背反效应，以平衡局部利益和全局利益最大化的关系。选择适用的成本控制方法和手段，对仓储过程每一个环节的作业表现和成本加以控制，是实现仓储管理目标的最有效途径。

3. 对仓储管理人员的基本要求

1）对仓储管理人员基本素质的要求

① 具有丰富的货物知识，对所经营的货物要十分熟悉，掌握其理化性质和保管要求，能有针对性地采取管理措施。

② 充分掌握并能熟练运用现代仓储管理技术，特别是现代信息技术。

③ 熟悉仓储设备，能合理、高效地安排使用仓储设备。

④ 办事能力强，能分清轻重缓急，有条理地处理事务。

⑤ 具有一定的财务管理能力，能查阅财务报表，进行经济核算、成本分析，正确掌握仓储经济信息，进行成本管理、价格管理和决策。

⑥ 具有一定的管理能力。

2）对仓储管理人员的其他要求

（1）对仓库管理员的要求

① 认真贯彻仓库管理工作的方针、政策、体制和法律法规。

② 严格遵守仓库管理的规章制度和工作规范。

③ 熟悉仓库的结构、布局、技术定额。

④ 熟悉仓储物的特性、保管要求。

⑤ 重视仓储成本管理，不断降低仓储成本。

⑥ 加强业务学习和训练。

⑦ 严格执行仓库安全管理的规章制度。

（2）对仓储主管的要求

① 身体素质良好，能胜任繁重的脑力劳动，能承受竞争压力。

② 熟悉计算机操作，了解信息化理论，具有良好的外语运用能力。

③ 有较强的组织管理能力，熟悉仓储业务，能组织仓库的各项作业。

④ 有一定的经营管理经验，能掌握现代仓库经营管理方法，能以系统的观念整合仓储经营业务。

⑤ 具有一定的开拓精神，能不断地开拓仓储业务。

⑥ 具有较强的经营决策能力，处事稳重，有良好的控制力。

⑦ 善于沟通，协调能力强。

⑧ 了解现代人力资源管理知识，能激发员工的工作热情和团队精神。

1.1.7 现代仓储的发展趋势

1. 仓储社会化和专业化

社会化分工是生产力发展的必然结果，也是促进生产力发展的动力。我国仓储业的低水平重复和功能相互接近的现状，只有通过社会化分工和专业化的发展才能得以改变。社会对仓储的要求同对其他社会资源的要求一样，即仓储要向专业化、特性化、功能化、个性化的方向发展。同时，在市场竞争中，仓储业内部只有通过专业化的发展，为用户提供个性化、差异化的产品，将企业资源充分利用到有特长的项目上，才能提高经济效益，形成竞争优势。

2. 仓储机械化和自动化

随着生产技术的发展，生产机械化已是社会生产的基本要求。机械具有承重能力强、工作时间久、效率高、损失低等众多优势。由于仓储作业大多负荷重、时间紧、作业量大、作业环境恶劣，存在众多系统安全隐患，因此仓储机械化是仓储发展的必然结果。通过机械化可实现使用最少的人力作业，加大作业集成度，减少人身伤害和货物损害，同时提高作业效率。随着货物运输包装大型化、托盘化的发展，仓储也必然需要机械作业。

仓储自动化是指由计算机管理和控制仓储。在自动化仓库中，通过信息管理、条码扫描技术、射频通信、数据处理等技术指挥仓库堆垛机、传送带、自动导引车、自动分拣机等自动设备完成仓储作业；通过自动控制空调、制冷设备、监控设备等进行环境管理，向运输设备下达运输指令、安排运输等，并同时完成报表、单证的制作和传送。对于危险品、冷库、暖库、粮食等特殊仓储，采用自动化就更有必要。

3. 仓储信息化和信息网络化

随着计算机技术和通信技术的发展，以及全球信息网络的建立，仓储信息化也将得到进一步的发展。仓储信息化是指通过计算机和相关信息的输入/输出设备，对货物识别、理货、货物入库、货物保管、货物出库等操作进行管理，进行账目处理、货位管理、存量控制，制作各种报表和提供实时查询。物流中心和配送中心的存货品种繁多，存量差异大，出入库频率各不相同，要提高仓库利用率，保持高效率的货物周转，实施精确的存货控制，必须使用计算机进行信息管理和处理。仓储信息化管理是提高仓储效率、降低仓储成本的必要途径。

另外，仓储信息网络是一个利用现代信息技术、数学和科学方法对仓储信息进行收集、加工、仓储、分析和交换的人机综合系统。仓储是物流的一个重要环节，为了更好地掌握货物的储存情况，必须取得及时、准确的仓储信息。仓储信息处理系统可以通过网络对仓储货物的动态进行实时跟踪调查，使得仓储信息更加透明，并可根据所需货物的种类、数量等情况，适当调整仓储货物储备，确定最佳决策。

4. 仓储标准化

仓储标准化是对产品、工作、工程和服务等制定统一的标准并贯彻和实施的整个过程。为了使物流系统内部各环节有机联系并协调运作，必须保证物流系统的统一性，实现物流的标准化。仓储标准化是物流标准化的重要组成部分，它不仅能实现仓储环节与其他环节的密切配合，而且是提高仓储内部作业效率、充分利用仓储设施设备的有效手段，是开展机械化、自动化、信息化仓储的前提条件。

5. 仓储管理科学化

仓储管理科学化是指在仓储管理中采用合理、高效、先进的管理模式和方法，包括管理体制、管理组织、管理方法等方面。采用高效率的组织机构，实行规章化的责任制度，建立动态的奖励分配制度，实施有效和系统的职工教育培训制度等都是仓储管理科学化的具体形式。

任务实施

根据以上相关知识，由教师组织学生分组进行讨论，各小组派代表进行总结汇报，小组互评，教师点评总结。学生掌握仓储与仓库的概念、分类，关注现代仓储业最新发展动态，提高运用理论知识解决实际问题的能力。

任务 *1.2* 配送基本认知

教学目标

1. 思政素质目标

热爱党、热爱社会主义祖国、爱人民、爱集体；具有良好的职业道德和职业素养；爱岗敬业，恪尽职守；严格遵守规章制度和劳动纪律。

2. 知识目标

掌握配送的概念与特点，理解铁路配送的特点，掌握配送的功能要素与分类，掌握配送作业过程，了解现代配送的发展趋势。

3. 能力目标

能够准确完成配送作业过程，能够正确判断不同类型配送的应用，能够区分不同配送模式。

工作任务

美团无人配送车"上路"，在雄安开展无人配送试运营

随着无人配送车在越来越多不同场景下的测试运营，在不久的将来，无人配送将成为我们生活中的常态。在北京朝阳大悦城、上海松江大学城等地落地测试运营的美团无人配送车已进入雄安新区，在市民服务中心内进行无人配送试运营。试运营期间，雄安新区内的用户可以在美团外卖 App 上名为"MAD 雄安市民中心店"的外卖商店下单，购买市民服务中心范围内的各类餐饮食品。当订单支付完成后，会由骑手配合无人配送车完成从餐品购买、配送到送达的全过程，目前在园区内可实现每单 20 min 内送达的配送效率。

"在美团外卖 App 上订了一份外卖，不一会儿就收到短信提醒餐已到楼下，输入短信验证码后，无人配送车餐箱自动打开，整个过程方便快捷，配送体验真的很神奇，感觉完全不一样。"习惯了由外卖小哥亲手把快餐送到手上的王女士，在市民服务中心体验了一把无人配送，彻底改变了她对无人配送的认知。

美团无人配送利用自动驾驶、高精建图、远程遥控等技术实现无人配送车的自主配送，同时依托物联网技术，打通智能交通、楼宇、电梯等环节，覆盖外部道路、园区、楼宇等不同场景的配送需求，可以说美团无人配送业务的方向与雄安智能城市建设目标高度吻合，此次无人配送车落地雄安的试运营也必将在雄安智能城市建设中发挥出重要的作用。

请结合以上材料进行分析：

(1) 无人配送车是如何完成配送任务的，无人配送车具有哪些优越性？

(2) 通过网络查询物流配送领域的新发展、新技术应用。

相关知识

配送是现代物流业的重要组成部分，也是铁路运输企业向现代物流企业转型需要突破的业务环节。随着铁路 95306 电子商务与高铁快运的快速发展，铁路物流配送凸显出重要地位，成为铁路物流发展的瓶颈。事实证明，仅依靠既有的铁路运输系统远远不够，应将铁路运输优势与客户配送需求紧密融合，通过改变运营管理方式，延伸物流服务内容，建立区域配送中心，加强配送资源整合，强化铁路物流市场竞争力。

1.2.1 配送的定义及特点

1. 配送的定义

中华人民共和国国家标准《物流术语》（GB/T 18354—2021）中，关于配送（distribution）的定义是：在经济合理区域范围内，根据客户要求，对物品进行拣选、加工、包装、集货、组配等作业，并按时送达指定地点的物流活动。配送不等同于一般送货。配送是一种完善化的、高级的输送活动；配送是小范围、综合性的、一体化的物流运动；配送是一种专业化的分工方式，配送要有现代化的技术和装备作为保证。

2. 配送的特点

（1）配送的实质是送货

配送是一种送货，但和一般送货相比有以下区别。一般送货可以是一种偶然的行为，而配送却是一种固定的形态，甚至是一种有确定组织、确定渠道，有一套装备和管理力量、技术力量，有一套制度的体制形式。所以，配送是高水平的送货形式。

（2）配送是一种"中转"形式

配送是从物流节点至用户的一种特殊送货形式。从送货功能来看，其特殊性表现为：从事送货的是专职流通企业，而不是生产企业；配送是"中转"型送货，而一般送货尤其从工厂至用户的送货往往是直达型；一般送货是生产什么送什么，有什么送什么，配送则是企业需要什么送什么。所以，要做到需要什么送什么，就必须在一定中转环节收集这种需要，从而使配送必然以中转形式出现。当然，广义上来说，许多人也将非中转型送货纳入配送范围，将配送外延从中转扩大到非中转，仅以"送"为标志来划分配送外延，也是有一定道理的。

（3）配送是"配"和"送"有机结合的形式

配送与一般送货的重要区别在于，配送利用有效的分拣、配货等理货工作，使送货达到一定的规模，以利用规模优势降低送货成本。如果不进行分拣、配货，有一件运一件，需要一点送一点，就会大大增加动力消耗，使送货并不优于取货。所以，追求整个配送的优势，分拣、配货等项工作必不可少。

（4）配送以客户要求为出发点

定义中强调的"根据客户要求"明确了用户的主导地位。配送是从客户利益出发、按客户要求进行的一种活动。因此，在观念上必须明确"客户第一""质量第一"的理念。配送企业的地位是服务地位而不是主导地位，因此不能从本企业利益出发而应从客户利益出发，在满足客户利益基础上取得本企业的利益。更重要的是，不能利用配送损伤或控制客户，不能利用配送作为部门分割、行业分割、割据市场的手段。

（5）以合理方式

过分强调"根据客户要求"是不妥的，客户要求受客户本身的局限，有时会损失自我或双方的利益。对于配送者来讲，必须以"要求"为据，但是不能盲目，应该追求合理性，进而指导客户，实现共同受益的商业原则。

（6）配送强调经济合理半径

配送是根据客户要求，在经济合理区域范围内完成的送货。一般来说，城市配送的经济合理半径为 30 km。

3. 铁路物流配送的特点

铁路物流配送具有物流配送的一般特点，同时又具有一定的特殊性。

（1）铁路物流配送的含义更广泛

配送作业在铁路物流中心的作业流程中具有两个方面的内容：一是依据货主托运时的运单，对已经到达目的站的货物进行送货；二是依据客户的需求，对于那些需要运输的货物进行上门取货服务。由此可见，铁路物流配送不仅要完成送货服务，还要按照客户要求提供货物接取服务。因而，铁路物流配送的含义更广泛。

（2）铁路物流配送的模式更多样化

一般情况下，对大型企业而言，其货物运输主要依托铁路专用线。利用铁路专用线进行货物的配送，这一点是传统铁路物流配送模式的扩展，是铁路物流中心的优势和特色。铁路物流两端的配送可以采取以下三种形式：①利用铁路专用线与其他运输方式相结合的配送模式；②利用大型企业的铁路专用线，直接对其进行配送服务；③利用公路运输或其他运输方式进行除铁路之外的运输，并做到"门到门"的配送服务。

1.2.2　配送的功能要素

1. 集货

集货是将分散的或小批量的货物集中起来，以便进行运输、配送的作业。为了满足客户的配送需要，集货过程包括从几家或者数十家供应商订货、接货、验货和收货等工作，是决定配送成败的前期工作。

2. 储存

储存是贮藏、保护、管理物品。配送中的储存有储备及暂存两种形态。储备是按一定时期的配送经营要求形成的对配送的资源保证，配送的储备保证有时在配送中心附近单独设库解决。暂存是具体执行日配送时，按分拣配货要求在理货场地所做的少量储存准备，或者是分拣、配货之后形成的发送货载的暂存。这些暂存主要是调节配货与送货的节奏，暂存时间不长。

3. 分拣

分拣是将物品按一定目的进行分类、拣选的相关作业。拣选是按订单或出库单的要求，从储存场所拣出物品的作业。分拣是配送不同于其他物流形式的有特点的功能要素，也是配送成败的一项重要工作，是送货向高级形式发展的必然要求。

4. 配货

配货是指使用各种拣选设备和传输装置，将存放的货物按客户的要求分拣出来，配备齐全，送入指定发货区。它与分拣工作不可分割，二者一起构成了一项完整的作业，是完善送货、支持送货的准备性工作，也是决定整个配送系统水平的关键要素。

5. 配装

采用科学的方法进行货物装载。在单个用户配送数量不能达到车辆的有效载运负荷时，就存在如何集中不同用户的配送货物进行搭配装载以充分利用运能、运力的问题，这就需要配装。与一般送货的不同之处在于，通过配装送货可以大大提高送货水平及降低送货成本。所以，配装也是配送系统中有现代特点的功能要素，也是现代配送不同于以往送货的重要区别之处。

6. 配送加工

在配送中，配送加工这一功能要素不具有普遍性，但是往往是有重要作用的功能要素，因为通过配送加工可以大大提高用户的满意程度。

7. 配送运输

配送运输属于运输中的末端运输、支线运输，与一般运输形态的主要区别在于：配送运输是较短距离、较小规模、较高频率的运输形式，一般使用汽车作为运输工具。与干线运输的区别在于：配送运输的路线选择问题较复杂，干线运输的干线是唯一的运输线，而配送运输由于配送用户多，一般城市交通路线较复杂，如何组合成最佳路线，如何使配装和路线有效搭配等，是难度较大的工作。

8. 送达服务

将配好的货物运输到用户处还不算配送工作的完结，这是因为送达货物和用户接货往往还会出现不协调，使配送前功尽弃。因此，要圆满地实现运送货物的移交，并有效地、方便地处理相关手续并完成结算，还应考虑卸货地点、卸货方式等。送达服务也是配送所独具的特殊性。

1.2.3 配送的分类

为满足不同产品、不同企业、不同流通环境的要求，可以采用各种形式的配送。根据不同的划分标准，配送有不同的类型。

1. 按配送主体所处的行业分类

1）生产企业配送

生产企业配送是围绕制造企业的需求所进行的原材料、零部件的供应配送，各生产工序上的生产配送以及企业为销售产品而进行的对客户的销售配送。

2）制造业配送

制造业配送由供应配送、生产配送和销售配送三部分组成。各个部分在客户需求信息的驱动下连成一体，通过各自的职能分工与合作，贯穿于整个制造业配送中。

3）农业配送

农业配送是一种特殊的、综合的农业物流活动，是在农业生产资料、农产品的送货基础上发展起来的。农业配送是指在与农业相关的经济合理区域范围内，根据客户要求，对农业生产资料、农产品进行分拣、加工、包装、分割、组配等作业，并按时送达指定地点的农业物流活动。

4）商业企业配送

商业企业的主体包括批发企业和零售企业，二者对于配送的理解、要求、管理等都不相同。批发企业配送的客户不是流通环节的终点（消费者），而是零售企业。因此，批发企业必然要求配送系统不断满足其零售客户多批次、少批量的订货及流通加工等方面的需求。而对于零售企业来说，其配送的客户是流通环节终点的各类消费者。因此，一方面，由于经营场所的面积有限，他们希望上游供应商（包括批发企业）能向其提供小批量的商品配送；另一方面，为了满足各种不同客户的需要，他们又都希望尽可能多地配备商品种类。

5）物流企业配送

物流企业是专门从事物流活动的企业，因此物流企业配送并不像前面四类企业一样拥有货物的所有权，而是根据所服务客户的需求，为客户提供配送支持服务。现在，比较常见的物流企业配送形式是快递业提供的门到门的物流服务。

2. 按实施配送的节点不同分类

1）仓库配送

仓库配送是以一般仓库为据点进行的配送形式。它可以把仓库完全改造成配送中心，也可以在保持仓库原功能的前提下，增加一部分配送职能。由于不是专门按配送中心要求设计和建立的，所以仓库配送规模较小，配送的专业化程度较低。但它可以利用原仓库的储存设施及能力、收发货场地、交通运输线路等，开展中等规模的配送，并且可以充分利用现有条件而不需要大量投资。

2）配送中心配送

组织者是专职配送的配送中心，规模较大，有的配送中心需要储存各种商品，储存量也比较大。有的配送中心专职于配送，储存量较小，货源靠附近的仓库补充。

配送中心专业性较强，和客户有固定的配送关系。一般实行计划配送，需配送的商品有一定的库存量，很少超越自己的经营范围。配送中心的设施及工艺流程是根据配送需要专门设计的，所以其配送能力强，配送距离较远，配送品种多，配送数量大。配送中心配送是配送的重要形式，承担工业生产用主要物资的配送及向配送商店实行补充性配送等。从实施配送较为普遍的国家看，配送中心不但在数量上占主要部分，而且是某些小配送单位的总据点，因而发展较快。

配送中心的配送覆盖面宽，配送规模大，因此必须有配套的大规模配送设施，如建筑、车辆、路线等，一旦建成便很难改变，灵活机动性较差，投资较高，在实施配送时难以一下子大量建设配送中心，因此这种配送形式有一定的局限性。

3）商店配送

组织者是商业或物资的门市网点。这些网点主要承担商品的零售，规模一般不大，但经营品种较齐全。除日常零售业务外，还可根据客户的要求将商店经营的品种配齐，或代客户订购一部分本商店平时不经营的商品，和商店经营的品种一起配齐送给客户。这种配送组织者实力有限，往往只是小量、零星商品的配送。这种配送是配送中心配送的辅助及补充。商店配送有以下两种形式。

（1）兼营配送形式

商店在进行一般销售的同时兼行配送的职能。商店的备货，可用于日常销售及配送，因此有较强的机动性，可以将日常销售与配送相结合，互为补充。这种形式在一定铺面条件下，可取得更多的销售额。

（2）专营配送形式

商店不进行零售销售而专门进行配送。一般情况是商店位置条件不好，不适于门市销售而又有某方面经营优势及渠道优势，可采取这种方式。

4）工厂配送

组织者是生产企业，尤其是进行多品种生产的生产企业，可以直接由本企业进行配送而无须再将产品发运到配送中心进行配送。生产企业配送由于避免了一次物流中转，所以有一定优势。但是生产企业，尤其是现代生产企业，往往是进行大批量低成本生产，品种较单一，因而不能像配送中心那样依靠产品凑整运输取得优势，实际上生产企业配送不是配送的主体。

工厂配送在地方性较强的产品生产企业中应用较多，如就地生产、就地消费的食品、饮料、百货等。在生产资料方面，某些不适于中转的化工产品及地方建材也可采取这种方式。

3. 按配送商品的特征不同分类

1）单（少）品种大批量配送

工业企业需要量较大的商品，单独一个品种或几个品种就可达到较大输送量，可实行整车运输，这种商品往往不需要再与其他商品搭配，可由专业性很强的配送中心实行配送。由于配送量大，可使车辆满载并使用大吨位车辆。配送中心内部的设置、组织、计划等工作也较简单，因此配送成本较低。如果从生产企业将这种商品直接运抵客户，同时又不致使客户库存效益下降，则采用直送方式往往有更好的效果。

2）多品种、少批量配送

多品种、少批量配送是按客户要求，将所需的各种物品（每种需要量不大）配备齐全，凑整装车后由配送据点送达客户。这种配送作业水平要求高，配送中心设备复杂，配货送货计划难度大，必须有高水平的组织工作来保证。这是一种高水平、高技术的配送方式。多品种、少批量配送也正符合了现代"消费多样化""需求多样化"的新观念，是许多发达国家推崇的方式。多品种、少批量配送往往伴随多客户、多批次的特点，配送频度往往较高。

3）配套成套配送

按企业生产需要，尤其是装配型企业的生产需要，将生产每一台设备所需全部零部件配齐，按生产节奏定时送达生产企业，生产企业随即可将此成套零部件送入生产线装配产品。这种配送方式，配送企业承担了生产企业大部分的供应工作，使生产企业专致于生产，与多品种、少批量配送效果相同。

4. 按配送的时间及数量分类

1）定时配送

定时配送是指按规定时间间隔进行配送，如数天或数小时一次等，每次配送的品种及数量可按计划执行，也可在配送之前以商定的联络方式（如电话、计算机终端输入等）通知配送品种及数量。这种方式时间固定，易于安排工作计划、易于计划使用车辆，对客户来讲，也易于安排接货力量（如人员、设备等）。但是，由于配送物品种类经常变化，配货、装货难度较大，在要求配送数量变化较大时，也会使配送运力安排出现困难。定时配送包括日配送、隔日配送、周配送、旬配送、月配送、准时配送等。

2）定量配送

定量配送是指按规定的批量在一个指定的时间范围内进行配送。这种方式数量固定，备货工作较为简单，可以按托盘、集装箱及车辆的装载能力规定配送的定量，能有效利用托盘、集装箱等集装方式，也可做到整车配送，配送效率较高。由于时间不严格限定，可以将不同客户所需物品凑整车后配送，运力利用也较好。对客户来讲，每次接货都处理同等数量的货物，有利于人力、物力的准备。

3）定时定量配送

定时定量配送是指按规定时间、规定的货物品种、数量进行的配送。它兼有定时和定量配送各自的优点，但对计划性、稳定性要求高，对配送中心的服务要求比较严格，管理和作业难度较大。相对来说，它比较适合生产和销售稳定、产品批量较大的生产制造企业或大型连锁商场的部分商品配送。

4）定时定路线配送

在规定的运行路线上制订到达时间表，按运行时间表进行配送，客户可按规定路线及规定时间接货及提出配送要求。采用这种方式有利于安排车辆及驾驶人员。在配送客户较多的地区，也可免去过分复杂的配送要求所造成的配送组织工作及车辆安排的困难。对客户来讲，既可对一定路线、一定时间进行选择，又可有计划地安排接货力量。但这种方式的应用领域也是有限的。

5）即时配送

即时配送是完全按客户突然提出的配送要求，在一定时间对一定数量的货物即时进行配送的方式，是灵活性很高的一种应急的方式。采用这种方式代替保险储备，可以实现保险储备的零库存。

5. 按加工程度不同分类

1）加工配送

加工配送是指和流通加工相结合的配送。在配送据点中设置流通加工环节，或是将流通加工中心与配送中心建立在一起。当社会上现成的产品不能满足客户需要，客户根据本身工艺要求使用经过某种初加工的产品时，可以在加工后通过分拣、配货再送货到户。

流通加工与配送相结合，使流通加工更有针对性，减少了盲目性，配送企业不但可以依靠送货服务、销售经营取得收益，还可通过加工增值取得收益。

2）集疏配送

集疏配送是只改变产品数量组成形态而不改变产品本身物理、化学形态的与干线运输相配合的配送方式。例如，大批量进货后小批量、多批次发货，零星集货后以一定批量送货等。

6. 按配送企业专业化程度分类

1）综合配送

综合配送是指配送商品种类较多，不同专业领域的产品在一个配送网点中组织配送。这一类配送由于综合性较强，故称之为综合配送。

综合配送可减少客户为组织所需全部物资进货的负担，只需和少数配送企业联系，便可解决多种需求。因此，它是对客户服务意识较强的配送形式。

综合配送的局限性在于，由于产品性能、形状差别很大，在组织时技术难度较大。因此，一般只是对性状相同或相近的不同类产品实行综合配送，差别过大的产品难以综合化。

2）专业配送

专业配送是按产品性状不同适当划分专业领域的配送方式。专业配送并非越细分越好，实际上同一性状而类别不同的产品，也是有一定综合性的。

专业配送的主要优势是可按专业的共同要求优化配送设施，优选配送机械及配送车辆，制订适用性强的工艺流程，从而大大提高配送各环节工作的效率。专业配送主要适用于大型生产、生活物资的流通领域。现在已形成的专业配送形式主要有中小件杂货的配送、金属材料的配送、燃料煤的配送、水泥的配送、燃料油的配送、木材的配送、化工产品的配送、生鲜食品的配送、家具及家庭用具的配送。

1.2.4　配送的模式

1. 企业（集团）自营配送模式

这是目前国内生产、流通或综合性企业（集团）所广泛采用的一种物流模式。企业（集团）通过独立组建物流中心，实现对企业内部各部门、场、店的物品供应。这种物流模式中糅合了传统的"自给自足"的"小农意识"，形成了新型的"大而全""小而全"，造成了新的资源浪费。显然，这种模式还不能适应电子商务时代对物流的要求。但是就目前来看，在满足企业（集团）内部生产材料供应、产品外销、零售厂店供货或区域外市场拓展等企业自身需求方面却发挥着重要的作用。

较典型的企业（集团）自营配送模式，就是连锁企业的物流配送。大大小小的连锁公司或集团（比如北京华联、沃尔玛、麦德龙等）基本上都是通过组建自己的物流中心来完成对内部各场、店的统一采购、统一配送和统一结算的。

2. 第三方物流配送模式

第三方物流是由相对"第一方"发货人和"第二方"收货人而言的第三方来承担企业物流活动的一种物流形态。第三方物流配送模式是指交易双方把自己需要完成的配送业务委托给第三方来完成的一种配送运作模式。这一配送模式正逐渐成为电子商务网站进行货物配送的一个首选模式和方向。其服务内容包括设计物流系统、电子数据交换能力、报表管理、货物集运、信息管理、仓储、咨询、运费支付和谈判等。

电子商务企业采用第三方物流方式对于提高企业经营效率具有重要作用：一是集中精力于核心业务；二是灵活运用新技术，实现以信息换库存，降低成本；三是减少固定资产投资，加速资本周转。

3. 物流一体化配送模式

物流一体化是在第三方物流的基础上发展起来的。所谓物流一体化就是以物流系统为核心的由生产企业开始，经由物流企业、销售企业，直至消费者的供应链的整体化和系统化。在这种模式下，物流企业通过与生产企业建立广泛的代理或买断关系，与销售企业形成较为稳定的契约关系，从而将生产企业的商品或信息进行统一组合，处理后按订单要求配送到店铺。这种配送模式还表现为在用户之间交流供应信息，从而起到调剂余缺、合理利用资源的作用。

在电子商务时代，这是一种较为完整意义上的物流配送模式，它是物流业发展的高级和成熟阶段。在国内，海尔集团的物流配送模式可以说实现物流一体化了，并且是一个非常成功的案例。

4. 共同配送模式

共同配送是为提高物流效率，对某一地区的用户进行配送时由许多个物流企业联合在一起进行的配送。它是在配送中心的统一计划、统一调度下展开的，主要包括两种运作形式：一是由一个物流企业对多家用户进行配送，即由一个配送企业综合某一地区内多个用户的要求，统筹安排配送时间、次数、路线和货物数量，全面进行配送；二是仅在送货环节上将多家用户待运送的货物混载在同一辆车上，然后按照用户的要求分别将货物运送到各个接货点，或者运送到多家用户联合设立的配送货物接收点上。

目前，因为大型现代化配送中心的建设跟不上电子商务物流的发展要求，所以实行共同配送是积极可行的选择。从微观角度来说，企业可以得到以下几个方面的好处：首先，达到配送作业的经济规模，提高物流作业的效率，降低企业营运成本，不需投入大量的资金、设备、土地、人力等，可以节省企业的资源；其次，企业可以集中精力经营核心业务，培养自己的核心竞争力，更好地适应激烈的市场竞争；最后，从社会的角度来讲，实现共同配送可以减少社会车辆总量，减少闹市区卸货妨碍交通的现象，改善交通运输状况，通过集中化处理，提高车辆的装载效率，节省物流处理空间和人力资源，实现社会资源的共享和有效利用。

共同配送也涉及一些难以解决的问题：一是，各业主经营的商品不同，不同的商品特点不同，对配送的要求也不同，共同配送存在一定的难度；二是，各企业的规模、商圈、客户、经营意识也存在差距，往往很难协调一致，还有费用的分摊、泄露商业机密的担忧等。

1.2.5 铁路物流配送作业流程

铁路物流配送作业主要包括配送中心内部作业、配送运输、送达服务三大部分，其流程如图1-2-1所示。其中，配送中心内部作业主要包括进货、订单处理、拣选、补货、配货等作业环节；配送运输主要包括送货调度、车辆调度、配送司机与货运员办理交接、装车、运输等环节；送达服务主要包括配送司机与客户办理交接、投送异常处理、代收货款等环节。此外，还有流通加工与退货两个环节。

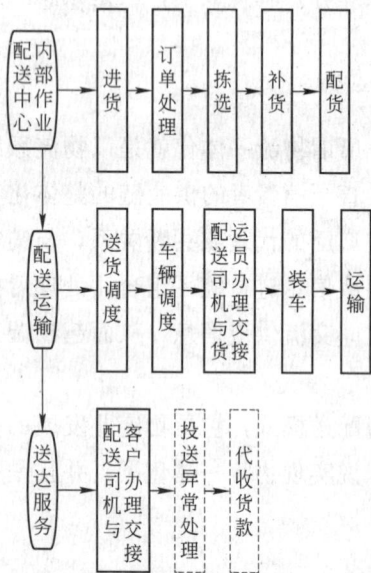

1. 进货

进货就是配送中心根据客户的需要，为配送业务的顺利实施而从事的组织商品货源和进行商品存储的一系列活动。

进货是配送的准备工作或基础工作，它是配送的基础环节，又是决定配送成败与否、规模大小的最基础环节。同时，也是决定配送效益高低的关键环节。

图1-2-1 铁路物流配送作业流程

2. 订单处理

从接到客户订单开始到着手准备拣选之间的作业阶段，称为订单处理。订单处理是与客户直接沟通的作业阶段，对后续的拣选作业、调度和配送产生直接的影响，是其他各项作业的基础。

订单是配送中心开展配送业务的依据，配送中心接到客户订单以后需要对订单加以处理，据以安排分拣、补货、配货、送货等作业环节。

订单处理有人工处理和计算机处理两种方式，目前主要采用计算机处理方式。

3. 拣选

拣选是依据顾客的订货要求或配送中心的送货计划，迅速、准确地将商品从其储位或其他区域拣取出来，并按一定的方式进行分类、集中，等待配装送货的作业过程。

拣选过程是配送不同于一般形式的送货及其他物流形式的重要的功能要素，是整个配送中心作业系统的核心工序。按分拣的手段不同，拣选可分为人工分拣、机械分拣和自动分拣三大类。

4. 补货

补货是为保证物品存货数量而进行的补充相应库存的活动。补货是库存管理中的一项重要内容，根据以往的经验、相关的统计技术方法或计算机系统的帮助，从而确定最优库存水平和最优订购量，并在库存低于最优库存水平时发出存货再订购指令，以确保存货中的每一种产品都在目标服务水平下达到最优库存水平。

补货作业的目的是保证拣货区有货可拣，是保证充足货源的基础。补货通常是以托盘为单位，从货物保管区将货品移到拣选区的作业过程。

5. 配货

配货是配送中心为了顺利、有序、方便地向客户发送商品，对组织来的各种货物进行整理，并依据订单要求进行组合的过程。配货也就是指使用各种拣选设备和传输装置，将存放的货物按客户的要求分拣出来，配备齐全，送入指定发货区。

配货作业与拣选作业不可分割，二者一起构成了一项完整的作业。通过分拣配货可达到按客户要求进行高水平送货的目的。

6. 配送运输与送达服务

配送运输与送达服务包含将货物装车并实际配送，而完成这些作业则需要事先规划配送区域或配送路线，由配送路线选用的先后次序来决定商品装车顺序，在商品配送途中进行商品跟踪、控制，处理配送途中的意外状况并在送货后及时进行货款（费用）的结算。

送货通常是一种短距离、小批量、高频率的运输形式。它以服务为目标，以尽可能满足客户需求为宗旨。

7. 流通加工

根据顾客的需要，在流通过程中对产品实施的简单加工作业活动的总称。流通加工是配送的前沿，它是衔接储存与末端运输的关键环节。流通加工是在物品从生产领域向消费领域流动的过程中，流通主体（即流通当事人）为了完善流通服务功能，为了促进销售、维护产品质量和提高物流效率而开展的一项活动。

流通加工的目的：适应多样化客户的需求；提高商品的附加值；规避风险，推进物流系统化。

8. 退货

退货或换货在经营物流业中不可避免，但应尽量减少，因为退货或换货的处理，只会大幅度增加物流成本，减少利润。发生退货或换货的主要原因包括：瑕疵品回收、搬运中的损坏、商品送错退回、商品过期退回等。

1.2.6 现代配送的发展趋势

当前，配送已经成为消费行业的基础设施，也是影响消费效率能否提升的重要因素。资本的注入、入局者的增加将加剧即时配送行业竞争，促使即时配送平台服务不断升级。即时配送是立即响应用户提出的即刻服务要求并且短时间内送达的配送方式。随着配送行业的快速发展，即时配送服务范围不断扩大，生鲜配送、外卖配送、商超配送和跑腿服务兴起，使潜在的市场需求不断被释放出来。

外卖配送是即时配送发展的起点。从电话订餐，到网站订餐，再到 App 订餐，外卖订餐渠道已经走过三个阶段。伴随着订餐平台的变化，即时配送也与外卖产生了不解之缘。不同于传统物流模式，即时配送即不经过仓储和中转，直接从门到门、从门到用户，满足用户提出的极速、准时的配送要求。即时配送在整个本地生活末端派送服务中必将会越来越成熟，其渗透也会越来越广泛。即时的同城快递已经成为物流行业增速最快的子行业。

当前，即时配送以同城、小件领域切入，拓展到生鲜、商超配送领域，再逐步扩展到更为广泛的快递末端领域。随着配送的物品逐渐向外扩展，即时配送也从外卖平台的附属功能分离出来，成为独立发展的一个行业。即时配送能节省一定的时间，也能在着急的时候提供一个解决方案，对于很多人来说，都有不小的吸引力。

即时配送是物流行业中的一个细分需求，近些年其快速发展，也与新零售的火热有着密不可分的联系。新零售的发展带动即时配送行业需求提升，未来即时配送市场规模有望继续扩大，市场的竞争将会更加激烈。即时配送发展近十年的时间里，也暴露出不少问题。只有解决其中的问题，才能走得更远。

对即时配送来说，时效性是其生命，效率是核心问题。艾媒咨询与招商证券统计的数据显示，用户希望的送达时间，10 min 以内占比 18.2%，30 min 以内占比 70.5%，

1 h 之内占比 11.3％。与时效性相关的，商家运力能否与用户需求成正比、如何降低配送成本等问题，贯穿即时配送的始末。配送员为了赶时间造成的交通违规和人身安全隐患，亟须有效的行业政策进行监管。

不仅如此，如今的即时配送服务从业者，很大一部分是众包人员。在平台注册后，经过基本的筛选和考核，任何人都可成为配送员。众包人员的水平参差不一，也没有统一的行业准入标准。而且在平台"智能派单，骑手抢单"等分秒级的高密度、高强度配送模式下，人员流失率高、发展空间有限、收入单一等问题，一直困扰着即时配送行业。

此外，也有越来越多的用户表达出了对配送员上门取件时泄露个人隐私的担心；也有相当一部分用户认为，在即时配送时遇到问题，申请赔偿的流程太复杂。可见，即时配送并不应该是"一锤子买卖"，其"售后服务"也有待进一步完善。

即时配送领域的兼并融合及抱团合作的现象越来越普遍，可以预见的是，新零售实体店将会越来越多地与线上合作，即时配送的竞争也愈趋白热化。即时配送企业能否加大企业间的信息共享，建立统一准入机制及标准，关乎的不只是一家企业的存亡，更可能是整个行业的兴衰。

在竞争中，企业要不断完善自身物流体系，应用大数据、智能算法、智能定位等技术输出更优质的服务，提高即时配送能力，为更多实体商户赋能。一些已经形成规模的大企业，可以加大对末端智能设备的投入，如智能货柜、末端人工与互联网结合的收货站等，还可以加大对无人机这类智能设备的应用研究，充分利用创新科技丰富即时物流的配送方式。

任务实施

根据以上相关知识，由教师组织学生分组进行讨论，各小组派代表进行总结汇报，小组互评，教师点评总结。学生掌握配送的概念、分类、作业流程，关注现代配送业最新发展动态，提高运用理论知识解决实际问题的能力。

课后思考题

1. 什么是仓储？什么是云仓？
2. 简述仓储的地位。
3. 简述仓储的功能。
4. 简述仓储的分类。
5. 什么是仓库？仓库有哪些分类形式？
6. 简述仓储作业流程。

7. 什么是仓储管理？仓储管理的内容包括什么？

8. 对仓储管理人员有哪些要求？

9. 现代仓储的发展趋势是什么？

10. 什么是配送？其特点是什么？

11. 简述配送的功能要素。

12. 简述配送的分类。

13. 简述配送的主要模式并说明各自的特点及适用性。

14. 简述铁路物流配送的主要作业流程。

15. 简述现代配送的发展趋势。

项目 2
铁路仓储作业管理

项目描述

　　仓储作业是铁路物流中心重要的物流活动之一，组织好仓储作业活动能够更好地为铁路客户服务。通过本项目的学习，使学生掌握铁路仓储入库作业、在库管理、出库作业过程，提升学生仓储作业操作技能及仓储方案制订的创新能力。

任务 2.1 入库作业

🎯 教学目标

1. 思政素质目标

热爱党、热爱社会主义祖国、爱人民、爱集体；具有良好的职业道德和职业素养；爱岗敬业，恪尽职守；严格遵守规章制度和劳动纪律。

2. 知识目标

掌握铁路仓储入库作业流程，掌握货物入库预报、入库前的准备、货物接运、卸货验收、货物交接、托盘货物码放、存入货位与信息处理作业要点。

3. 能力目标

能够制订合理的入库作业方案，能够准确、及时完成入库作业，能够正确处理入库作业中的问题。

🚚 工作任务

入库作业方案的制订与实施

某日××铁路物流中心接到 ABC 商贸有限公司仓储任务，入库任务单具体见表 2-1-1。假设你是该铁路物流中心仓储作业人员，请制订合理的货物入库作业方案，并完成入库作业。

表 2-1-1 入库任务单

入库任务单编号：S20190224　　　　　　　　　　　　　　　　　　计划入库时间：到货当日

序号	商品名称	包装规格[（长/mm）×（宽/mm）×（高/mm）]	单价/（元/箱）	重量/kg	限制码放层数	入库/箱
1	狮王护龈牙膏	415×285×180	20	16	6	36
2	瑞宝壁纸	338×258×180	80	8	6	40
3	潘婷洗发露	315×210×180	160	2	6	86
4	公元管材	500×323×180	100	10	5	21

🍃 相关知识

货物的入库管理是指对货物进入库场储存时所进行的卸货、搬运、清点数量、检查质量、装箱、整理、堆码和办理入库手续等一系列活动的计划、组织、指挥、协调和控制过程。在铁路仓储作业中，入库作业包括入库预报、入库前的准备、货物接运、卸货验收、货物交接、托盘货物码放、存入货位与信息处理等。

2.1.1　入库预报

入库预报是指在货物尚未到达仓库之前有关部门的提前通知，告知铁路仓库部门预计在什么时间、什么单位、送来什么货物、大致货量及预计在仓库存放的时间等。入库预报相当重要，目的是让铁路仓库部门做好必要的入库前的准备工作。

2.1.2　入库前的准备

铁路仓储管理部门应根据入库预报、仓储合同或者入库单、入库计划，及时进行库场、设备及人员的准备与安排，以便货物能按时入库，保证入库作业顺利进行。做好货物入库前的准备工作，可以保证货物准确、迅速、安全入库，防止由于突然到货而造成忙乱，以致拖延入库时间。

货物入库前的准备需要由铁路仓库业务部门、仓库管理部门、设备作业部门分工合作，共同做好以下工作。

1. 熟悉入库货物

铁路仓库业务部门、仓库管理部门人员应认真查阅仓储物的资料，必要时向存货人询问，掌握仓储物的品种、规格、数量、包装状态、单件体积、到库的确切时间、储存期限、理化特性、保管要求与条件等，并据此进行精确、妥善的库场安排和准备。

2. 掌握仓库库场情况

了解仓储物在入库期间、保管期间仓库的库容、设备、人员的变动情况，以便安排工作。必要时对仓库进行清查，清理归位，以便增大库容。如有必须使用重型设备操作的货物，一定要确保该货位可使用重型设备。

3. 编制货物入库计划

货物入库计划，即有关各类货物的进库时间、品种、规格、数量等的计划，通常也叫货物储存计划，是根据存货方提供的货物采购计划来编制的。仓储部门可以根据存货方提交的采购进度计划，结合仓库本身的储存能力、设备条件、劳动力情况和各种仓储业务操作过程所需用的时间，来确定货物的入库计划。但考虑到存货方的货物储存计划、进货安排会经常发生变化，为适应这种情况，仓储管理上可以采取"长计划短安排"的方法，按月编制作业计划。

4. 妥善安排仓库货位

仓库相关部门应根据入库货物的性能、数量、类别，结合仓库分区分类保管的要求，核算货位大小，妥善安排货位、验收场地，确定堆垛方法、苫垫方案。

5. 做好货位准备

仓库管理人员要及时进行货位准备，彻底清洁货位，清除残留物，清理排水管道（沟），必要时安排消毒除虫、铺地，详细检查照明、通风等设备，发现损坏及时报修。

6. 准备苫垫材料、作业用具

在货物入库前，根据已经确定的苫垫方案准备相应的材料，并组织衬垫铺设作业。对入库作业所需的用具要准备妥当，以便能及时使用。

7. 做好验收准备

仓库理货人员根据货物情况和仓库管理制度，确定验收方法，准备验收所需的用于点数、称量、测试、开箱装箱、丈量、移动照明等的工具、用具。

8. 制订卸车搬运工艺

根据货物、货位、设备条件、人员等情况，合理科学地制订卸车搬运工艺，保证作业效率。

9. 准备好文件单证

仓库管理人员对货物入库所需的各种报表、单证、记录簿等，如入库记录、理货检验单、物料卡、残损单等进行整理、填写妥善，以备使用。

由于不同仓库、不同货物的性质不同，入库前的准备工作会有所差别，需要根据实际情况和仓库制度做好充分准备。

2.1.3 货物接运

货物接运是货物入库和保管的前提，接运工作完成的质量直接影响货物的验收和入库后的保管保养。做好货物接运工作可以防止把在运输过程中或运输之前已经发生的货物损害和各种差错带入仓库，减少或避免经济损失，为货物的验收和保管保养创造良好的条件。

1. 货物接运的主要方式

根据货物发运时采取的运输方式不同，可将货物接运的方式归纳为以下几种。

（1）车站、码头接运

车站、码头接运是由外地托运单位委托铁路、水运、民航等运输部门或邮政局代运或邮递货物到达本埠车站、码头、民航站、邮政局后，仓库依据货物通知单派车提运货物的作业活动。此外，在接受存货人的委托，代理完成提货、末端送货的情况下也会发生到车站、码头提运货物的作业活动。这种形式提运的货物大多是零担托运、到货批量较小的货物。车站、码头接运的基本流程如图 2-1-1 所示。车站、码头接运时要做好以下工作。

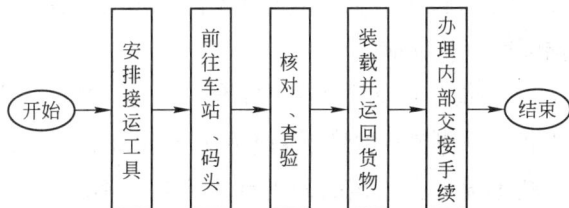

```
┌────┐   ┌────┐   ┌────┐   ┌────┐   ┌────┐
│安排│   │前往│   │核对│   │装载│   │办理│
开始 →│接运│ → │车站│ → │、查│ → │并运│ → │内部│ → 结束
│工具│   │、码│   │验  │   │回货│   │交接│
│    │   │头  │   │    │   │物  │   │手续│
└────┘   └────┘   └────┘   └────┘   └────┘
```

图 2-1-1 车站、码头接运的基本流程

① 了解货物情况，做好各项准备。提货人员应了解所提取货物的品名、型号、特性、一般保管知识和装卸搬运注意事项等。在提货前应做好接运货物的准备工作，如安排接运工具、腾出存放货物的场地等。提货人员在到货前，应主动了解到货时间和交货情况，根据到货的货量，组织装卸人员、机具和车辆按时前往车站、码头提货。

② 对所提货物认真进行核对、查验。提货人员在提货时应根据运单及有关资料详细核对货物品名、规格、数量，并检查货物外观，查看包装、封印是否完好，有无受污、受潮、水浸、油渍等异状。若有疑点或不符，应当场要求运输部门检查。对短缺、损坏情况，凡属运输方面责任的，应做出商务记录；属于其他方面责任、需要运输部门证明的，应做出普通记录，由运输员签字。注意记录内容与实际情况要相符。在短途运输中，要做到不混不乱，避免碰坏。危险品应按照危险品搬运规定办理。查验后装载并运回货物。

③ 办理内部交接手续。货物到库后，提货人员应与保管员密切配合，尽量做到提货、运输、验收、入库、堆码一条龙作业，从而缩短入库验收时间，并办理内部交接手续。

(2) 铁路专用线接运

铁路专用线接运是存货人直接与铁路部门在库内发生货物交接的一种方式。铁路专用线接运的基本流程如图 2-1-2 所示，铁路专用线接运时要做好以下工作。

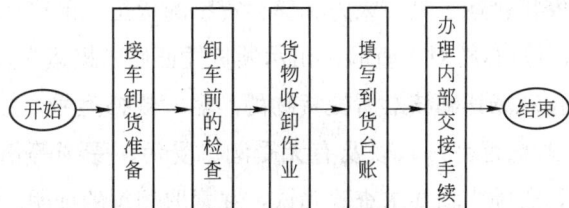

```
┌────┐   ┌────┐   ┌────┐   ┌────┐   ┌────┐
│接车│   │卸车│   │货物│   │填写│   │办理│
开始 →│卸货│ → │前的│ → │收卸│ → │到货│ → │内部│ → 结束
│准备│   │检查│   │作业│   │台账│   │交接│
│    │   │    │   │    │   │    │   │手续│
└────┘   └────┘   └────┘   └────┘   └────┘
```

图 2-1-2 铁路专用线接运的基本流程

① 接车卸货准备。接到预报后，仓库管理人员应立即确定卸车的位置，卸车位置的确定要力求缩短装卸搬运距离，组织好卸车机械和人力，确保能够按时完成卸车作业。接到预报后，引车员要在现场接车引位，根据运单和有关业务凭证进行到货检查。

② 卸车前的检查。引车员接车引位，指挥列车停在预定位置后，开始检查车皮封闭情况是否良好，并根据资料核对货物。

③ 货物收卸作业。货物收卸作业要遵循"安全、快速、准确、方便"的原则，做到以下几点：车号、货物名、货物规格型号不混不乱；不碰坏、不压伤货物；保证包装及捆扎完好；做好临时下垫上盖；在限定时间内卸完到货，不压车压线；在卸车完成后，要对现场进行清理。

④ 填写到货台账。接运到货台账是铁路专用线接运情况的原始记录。当填写到货台账时要准确记明货物的品名、规格型号、数量、到货日期、发货站、发货单位、送货车皮号，货物有无异状、有无记录等。

⑤ 办理内部交接手续。货物卸完后，整车运输员要及时向车站报空，等待"排空"，并将报空时间和铁路接报时间记录下来备查。整车运输员要及时、准确地做好接卸货物标记，在实物上写明车号、件数和卸货日期，以便验收时识别，并办理好相应的交接手续。

（3）到承运单位提货

承运单位包括车站、码头、民航、邮局等。到承运单位提货这种接货方式通常是在托运单位与仓库在同一城市或附近地区，不需要长途运输的情况下被采用。到承运单位提货的基本流程如图2-1-3所示，到承运单位提货时要做好以下工作。

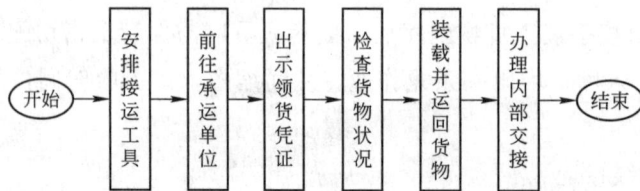

图 2-1-3 到承运单位提货的基本流程

① 了解货物情况，做好各项准备。了解和掌握所提货物的特性、单件重量、外形尺寸及搬运注意事项，安排接运工具、人力和储存货物的货位，前往承运单位提货。

② 对所提货物认真进行核对、查验。出示领货凭证后，提运人员应根据提单、运单及有关资料在承运单位现场详细核对所提货物的品名、规格型号、数量等，认真查看货物的包装、封印、标志是否完好，以及有无受潮、受污、受损等情况。如有短缺、损坏、货票不符等问题，必须当场要求查验确认，并索取相关的证明。

③ 装载并运回货物，注意货物安全。随车装卸人员要时刻注意货物的安全，严防混号、碰损、丢失等情况的发生。对于易燃、易碎货物，腐蚀性货物和放射性货物等应严

格按照有关搬运规定办理。精密仪器仪表、贵重货物、怕潮货物、怕冻货物等不宜露天卸货，若受条件所限必须露天卸货，要采取必要的防护措施并严加管理。

④ 办理内部交接手续。货物到库后，随车装卸人员要将货物逐一点清后交给接货的保管员，并配合做好卸货工作，确保货物不受损。如发生数量、质量方面的问题，随车装卸人员应当签名作证，不得拒签。

（4）到供货单位提货

到供货单位提货是仓库受托运方的委托，直接到供货单位提货的一种形式。供货单位包括生产厂和流通企业。到供货单位提货的基本流程如图2-1-4所示，到供货单位提货时要做好以下工作。

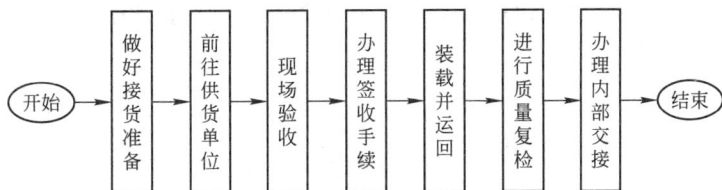

图2-1-4 到供货单位提货的基本流程

① 了解和掌握所提货物入库验收的有关要求和注意事项，做好接货准备，前往供货单位。当供货单位点交所提货物时，提运人员要负责现场验收，检查货物的外观质量、点验件数和重量，并验看供货单位的质量合格证、材料码单等有关凭证。

② 办理签收手续，装载并运回。货物提运到库后，仓库保管员、提货人员、随车装卸人员要紧密配合，逐渐清点交割。同时核对各项凭证、资料是否相符和齐全，最后由仓库保管员在送货单上签字，办理内部交接。仓库保管员收到货物后要及时进行质量复检。

（5）供货单位送货到库

供货单位送货到库时要按下列要求办理。

① 办理接货手续。供货单位送货到库时，仓库保管员直接与送货人员在收货现场办理接货手续，凭送货单或订货合同、订货协议等当面点验所送货物的品名、规格型号、数量，以及有关单证、资料，并查看货物的外观。无法现场完成全部验收项目的，要在送货单回执联内注明具体内容待验。

② 发现问题要分清责任。在验收、检查过程中如发现短缺、损坏等问题，要会同送货人员查实，由送货人员出具书面证明、签章确认，留作处理问题时的依据。

（6）承运单位送货到库

承运单位送货到库是指交通运输等承运单位受供货单位或货主委托送货到仓库。承运单位送货到库的接货要求与供货单位送货到库的接货要求基本相同，所不同的是发现错、缺、损等问题后，除了要送货人员当场出具书面证明、签章确认外，还要及时向供货单位和承运单位发出查询函电并做好有关记录。

（7）过户

过户是指已存入仓库的货物通过购销业务使货物的所有权发生转移，但仍要求货物储存于原处的一种入库业务。此类过户入库手续，只要收下双方下达的调拨单和入库单，更换户名就可以了。

（8）转库

转库是因故需要出库，但未发生购销业务的一种入库形式，仓库凭转库单办理出入库手续。

2. 合理安排接货人员与设备

在货物入库的高峰期，因每天会有大量的货物运到，此时不能再按照收到接运通知单的先后顺序依次接货，而应该综合考虑以下三个因素合理安排接货顺序。

（1）货物的紧急程度

对于生产急需、周转速度快、库存量已经很少的货物，仓库管理员应该优先安排接货；而对于不是很紧急的货物，则可以暂缓安排。

（2）货物在承运单位的保存期限

承运单位发出接运通知后，在一定时期（铁路和公路运输一般为 2～3 天）内，可以对货物进行免费保存。仓库管理员在安排接货时间时，可以根据承运单位免费保管期的长短及超过免费保管期后的存储费用，合理安排接货时间。

（3）仓库人力、物力资源

仓库管理员在安排接货时，还要考虑仓库作业人员及设施设备的工作效率，确保货物被接到仓库后有暂时存放的地点，有相应的人力及物力对其进行装卸、检验及入库作业。

3. 接货差错的处理

在接货过程中，有可能会遇到破损、短少、变质、错到等差错。面对这些情况，仓库管理员要先确定差错产生的原因，再要求责任单位做出合理赔偿。

（1）破损

破损包括两种情况：一是货物本身的破损，影响其价值或使用价值，甚至导致货物报废；二是包装的破损，影响货物的储存保管。

造成破损主要是接运前和接运中有关单位或部门的责任。如果属于生产厂商、发货单位或承运单位的责任，提货人员或接货人员应向承运部门索取有关的事故记录并交给仓库管理员，作为向供应商或承运单位进行索赔的依据。如果因接运过程中的装卸不当等原因造成的破损，仓库管理员在签收时应写明原因、数量等，报仓库主管处理，一般由责任方负责赔偿。

（2）短少

短少分接运前短少和接运中短少两种情况。接运前短少的，可按接运前破损的处理办法处理。如因接运过程中装卸不牢，或无人押运被窃等原因造成丢失的，仓库管理员在签收时应报告保卫部门进行追查处理。

（3）变质

变质分为三种：应按具体情况确认相关责任。生产或保管不善、存期过长等原因都会导致货物变质。如货物变质责任在供货方，可退货、换货或索赔，仓库管理员在签收时应详细说明数量和变质程度；如承运中因受污染、受潮等原因导致货物变质，责任在承运方，仓库管理员在签收时应索取有关记录，交货主处理；提运中，因货物混放、雨淋等原因造成变质的，是接货人员的责任。

（4）错到

错到分为四种：因发运方的差错，如错发、错装等导致错到，应通知发运方处理；因提运、接运中的差错，如错卸、错装等导致错到，仓库管理员在签收时应详细注明，并报仓库主管负责追查处理；因承运方的差错，如错运、错送等导致错到，应索取承运方记录，交货主交涉处理；对于无合同、无计划的到货，应及时通知货主查询，经批准后，才能办理入库手续，同时货主要及时将订货合同、到货计划送交仓库。仓库接到货主的入库通知单等资料后，应按照资料的要求及有关规定认真核对，如内容不完备、不明确或者有错误，应及时通知或退回货主补齐。

2.1.4 卸货验收

货物到达仓储区域后，先要进行卸货验收。卸货作业应方便后续货物验收、上架入库、存入货位等作业，使各环节顺利地衔接起来。卸货作业主要由装卸工组来完成。这里重点讲解卸货后的验收工作。

1. 货物验收的概念

货物验收是指仓库在货物正式入库前，按照一定的程序和手续，对到库货物进行数量和外观质量的检查，以验证货物是否符合订货合同规定的一项工作。货物验收的主要目的是明确供货单位、承运单位和保管单位的质量责任。货物验收的一般流程如图 2-1-5 所示。

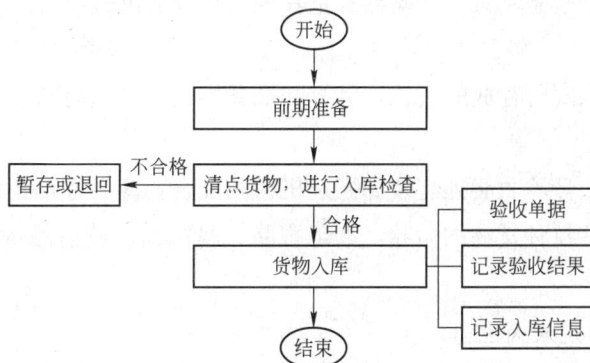

图 2-1-5 货物验收的一般流程

2. 货物验收的依据

货物验收的依据主要是存货人的入库通知单、订货合同、调拨通知单或采购计划。在这些资料中，主要依据是存货人的入库通知单，如表 2-1-2 所示。

表 2-1-2 入库通知单

通知日期：　　年　　月　　日

日　期	到货日期		供货单位		收货人		
	入库日期		合同单号		储位		
	验收日期		运单号		入库单号		

货物编号	货物名称	计量单位	数量					质量	价　格		说明
			交货	多交	短交	退货	实收		购入	基本	

货物入库详细信息

3. 货物验收的准备

仓库管理员接到到货通知后，应根据货物的性质和批量提前做好验收前的准备工作。验收前的准备工作大致包括以下内容。

（1）人员准备

安排好负责质量验收的技术人员或用料单位的专业技术人员，以及配合数量验收的装卸搬运人员。

（2）资料准备

收集并熟悉待验货物的有关资料，如技术标准、订货合同等。

（3）器具准备

准备好验收用的检验工具，如衡器、量具等，并校验准确。

（4）货位准备

确定货物验收入库时存放的货位，计算和准备堆码、苫垫材料。

（5）设备准备

大批量货物的数量验收必须有装卸搬运机械的配合，应做好设备的申请调用。

此外，对于有些特种货物的验收，如毒害品、腐蚀品、放射品等，还要准备相应的防护用品。

4. 货物验收的基本内容

货物验收的基本内容包括货物包装验收、货物数量验收和货物质量验收。

1）货物包装验收

货物包装验收主要是对货物的外包装进行检验。货物包装验收在初验时进行，主要内容包括：检验包装有无被撬、开缝、污染、破损、水渍等不良情况；检查包装是否符合有关标准要求，包括选用的材料、规格、制作工艺、标志、打包方式等；检查包装材料的含水率。包装材料的含水率是影响货物保管质量的重要指标，一些包装物的含水率高表明货物已经受损害，需要进一步检验。几种包装物的安全含水率如表 2-1-3 所示。

表 2-1-3　几种包装物的安全含水率

包装材料	安全含水率	说　明
木箱（外包装）	18%～20%	内装易霉、易锈货物
	18%～23%	内装一般货物
纸箱	12%～14%	五层瓦楞纸的外包装及纸板衬垫
	10%～12%	三层瓦楞纸的外包装及纸板衬垫
胶合板箱	15%～16%	
布包	9%～10%	

2）货物数量验收

货物数量验收又称细数验收，是保证货物数量准确、货物不缺少的重要步骤，是在初验的基础上做的进一步的货物数量验收。按货物性质和包装情况，货物数量验收主要有计件、检斤、检尺等形式。在进行数量验收时，必须注意相同供货方的货物采取相同的计量方法。采取何种方式计数要在验收记录中做出记载，出库时也按同样的计量方式，避免出现误差。

（1）计件

一般情况下，计件货物应逐一全部点清。固定包装的小件货物，如果外包装完好，打开包装不利于以后进行保管。通常情况下，国内货物只检查外包装，不拆包检查，而进口货物按合同惯例办理。

（2）检斤

按重量供货或以重量为计量单位的货物，在数量验收时，有的采用检斤称重的方法，有的采用理论换算的方法。其中，按理论换算重量的货物（如金属材料中板材、型材等），先通过检尺，然后按规定的换算方法换算成重量验收。对于进口货物，原则上应全部检斤，但如果订货合同规定按理论换算重量交货，则按合同规定办理。

（3）检尺

按体积供货或以体积为计量单位的货物，在数量验收时要先检尺，后求体积，如木材、竹材、砂石等。

一般情况下，数量验收应全验。有时也可根据货物来源、包装好坏或有关部门规定，确定对到库货物是采取抽验还是全验。在确定验收比例时，一般应考虑以下因素：

货物的性质和特点、货物的价值、货物的生产技术条件、供货单位的信誉、货物的包装情况、运输工具、气候条件等。

另外，某些电子设备的验收需要在收货方技术人员的指导下，戴上防静电手套，在防尘、防静电的环境下，根据装箱单逐一登记序列号，点查件数。

3）货物质量验收

货物质量验收是为了检验货物质量指标是否符合规定而进行的验收。仓储部门按照有关质量标准，检查入库货物的质量是否符合要求。仓库对到库货物进行质量验收是根据仓储合同的约定来实施的；合同没有约定的，按照货物的特性和惯例确定。由于新产品不断出现，不同货物具有不同的质量标准，仓库管理员应认真研究各种检验方法，必要时可要求客户、货主提供检验方法和标准，或者要求收货人员共同参与验收。

常用的货物质量验收方法主要包括以下几种。

（1）感官检验

在充足的光线下，利用视力观察货物的状态、颜色、结构等表面状态，检查有无变形、破损、脱落、变色、结块等损害情况，以判定质量。同时检查货物标签、标志是否具备、完整、清晰等，标签、标志与货物是否一致。通过摇动、搬运、轻度敲击货物听声音，或者用手感鉴定货物的细度、光滑度、黏度、柔软度等来判断货物有无结块、干涸、融化、受潮等；或通过货物所特有的气味等判定是否新鲜，有无变质。

（2）测试仪器检验

利用各种专用测试仪器对货物进行性质测定，如含水率、密度、黏度、成分、光谱等测试。

（3）运行检验

对货物进行运行操作，如检验电器、车辆操作功能是否正常。

在货物验收过程中，当发现货物数量与入库凭证不符、质量不符合规定、包装出现异常等情况时，必须做出详细记录。同时将有问题的货物另行堆放、采取必要的措施，防止损失继续扩大，并立即通知业务部门或邀请有关单位现场查看，以便及时做出处理。

5. 货物验收过程中问题的处理

在货物验收过程中，常见的问题及处理方法如下。

（1）数量不符

如果经验收发现货物的实际数量与凭证上所列的数量不一致，应由收货人在凭证上做好详细记录，按实际数量签收，并及时通知收货人员和发货方。

（2）质量问题

在与交通运输部门初步验收时发现质量问题的，应会同承运方清查点验，并由承运方编制商务记录或出具证明书，作为索赔的依据。如确认责任不在承运方，也应做好记录，由承运方签字，以便作为向供货方联系处理的依据。在拆包进一步验收时若发现有质量问题，应将有质量问题的货物单独堆放，并在入库单上分别签收，同时通知供货方，以划清责任。

（3）包装问题

在清点大件时发现包装有水渍、污染、损坏、变形等情况时，应进一步检查内部细数和质量，并由送货人员开具包装异状记录，或在送货单上注明。同时，通知仓库管理员单独堆放，以便处理。

（4）货物串库

货物串库是指应该送往甲库的货物被误送到乙库。若在初步检查时发现串库现象，应立即拒收；若在验收细数中发现串库货物，应及时通知送货人员办理退货手续，同时更正单据。

（5）有货无单

有货无单是指货物先到达而有关凭证还未到达。对有货无单的情况，应暂时安排场所存放货物，及时联系有关人员，待单证到齐后再验收入库。

（6）有单无货

有单无货是指存货方先将单证提前送到仓库，但经过一段时间后，尚没有见到货物。对有单无货的情况，应及时查明原因，将单证退回注销。

（7）货未到齐

由于运输方式的原因，同一批货物往往不能同时到达，对此应分单签收。

2.1.5　货物交接

交接手续是指仓库对收到的货物向送货人员进行的确认，表示已接收货物。办理完交接手续，意味着划清运输部门、送货部门和仓库的责任，完整的交接手续包括以下几个方面。

1. 接收货物

仓库通过理货、查验货物，将不良货物剔除、退回或者编制残损单证等明确责任，确定收到货物的确切数量、货物表面状态良好。

2. 接收文件

仓库接收送货人员送交的货物资料、运输的货运记录、普通记录等，以及随货在运输单证上注明的相应文件，如图纸、准运证等。

3. 签署单证

仓库与送货人员或承运人员共同在送货人员交来的送货单、货物交接清单（见表 2-1-4）上签字，并留存相应单证。若送货单与货物交接清单不一致或货物、文件有差错，还应附上事故报告或说明，并由有关当事人签章，等待处理。

表 2-1-4　货物交接清单

收货人	发站	发货人	品名	标记	单位	件数	重量	车号	运单号	货位	合同号

备注

送货人：　　　　　　　　收货人：　　　　　　　　经办人：

2.1.6　托盘货物码放

1. 托盘货物码放方式

托盘货物码放的方式主要包括重叠式码放、纵横交错式码放、正反交错式码放和旋转交错式码放。

（1）重叠式码放

重叠式码放即各层码放方式相同，上下对应。重叠式码放的优点：工人操作速度快，包装货物的四个角和边重叠垂直，承载能力大。重叠式码放的缺点：各层之间缺少咬合作用，容易发生塌垛。重叠式码放如图 2-1-6 所示。

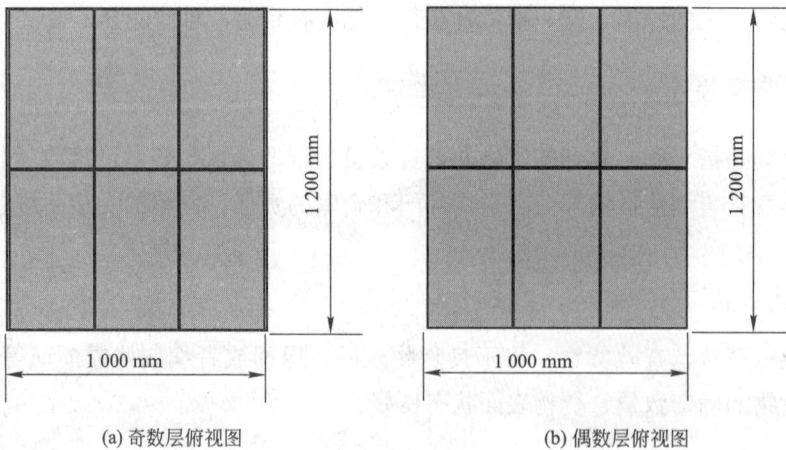

(a) 奇数层俯视图　　　　　　　　(b) 偶数层俯视图

图 2-1-6　重叠式码放

（2）纵横交错式码放

纵横交错式码放即相邻摆放旋转 90°，一层横向放置，另一层纵向放置。纵横交错式码放的每层间有一定的咬合效果，但咬合强度不高，纵横交错式码放如图 2-1-7 所示，常见于去往日本、韩国的托盘货物的码放。

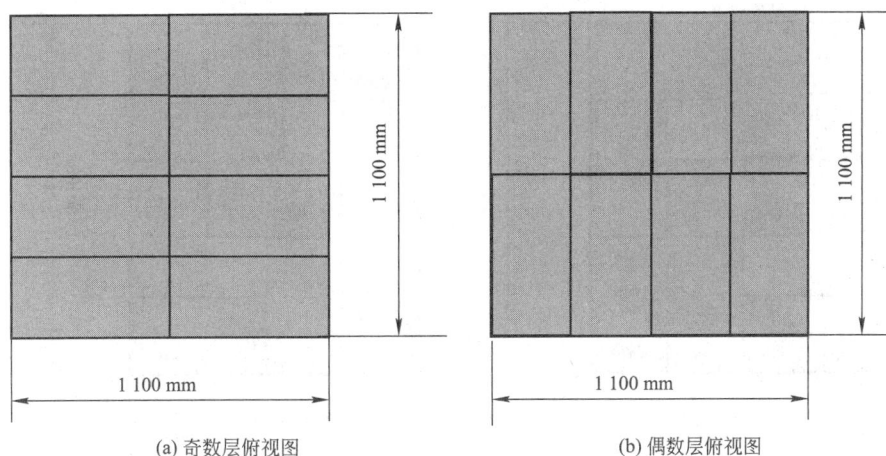

(a) 奇数层俯视图　　　　　　　　(b) 偶数层俯视图

图 2-1-7　纵横交错式码放

（3）正反交错式码放

正反交错式码放即在同一层中，不同列的货物垂直码放，相邻两层的码放形式是另一层旋转 180°的形式。这种方式类似于建筑上的砌砖方式，不同层间咬合强度较高，相邻层之间不重缝，因而码放后稳定性较高，但操作较为麻烦，且包装体之间不是垂直面相互承受载荷。正反交错式码放如图 2-1-8 所示。

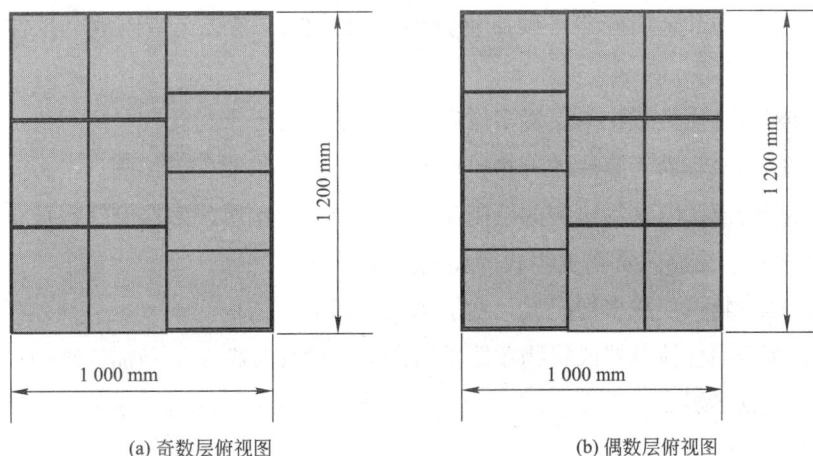

(a) 奇数层俯视图　　　　　　　　(b) 偶数层俯视图

图 2-1-8　正反交错式码放

（4）旋转交错式码放

旋转交错式码放即第一层相邻的两个包装体相互垂直，两层间码放又相差 180°。这样，相邻两层之间相互咬合交叉，货体的稳定性较高，不易塌垛。旋转交错式码放的缺点是码放的难度较大，且中间形成空穴，降低了托盘的利用效率。旋转交错式码放如图 2-1-9 所示。

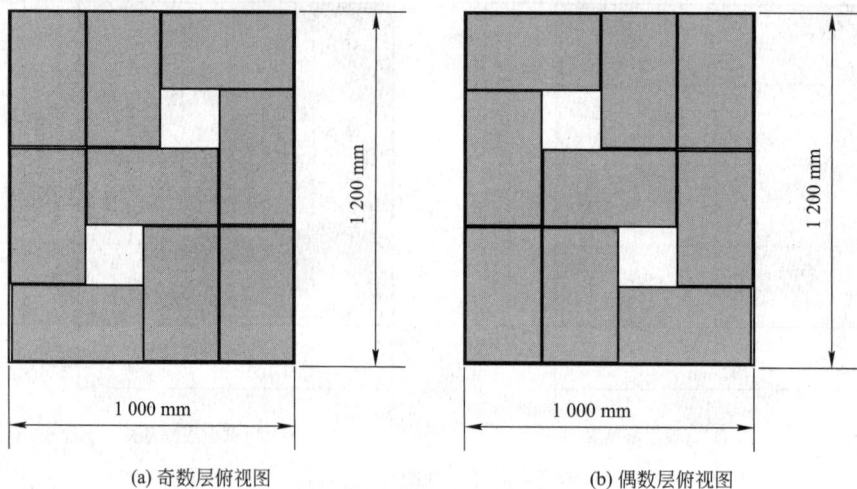

(a) 奇数层俯视图　　　　　　　　　　(b) 偶数层俯视图

图 2-1-9　旋转交错式码放

2. 托盘货物码放要求

根据货物的类型、托盘所载货物的质量和托盘的尺寸，合理确定货物在托盘上的码放方式。托盘的承载表面积利用率一般应不低于 80%。对于托盘货物的码放有以下要求：

① 木质、纸质和金属容器等硬质直方体货物单层或多层交错码放，拉伸或收缩膜包装；

② 纸质或纤维质类货物单层货多层码放，用捆扎带十字封合；

③ 密封的金属容器等圆柱体货物单层或多层码放，木质货盖加固；

④ 需进行防潮、防水等防护的纸制品、纺织品货物单层或多层交错码放，拉伸或收缩膜包装货增加角支撑，货物盖隔板等加固结构；

⑤ 易碎类货物单层或多层码放，增加木质支撑隔板结构；

⑥ 金属瓶类圆柱体容器或货物单层垂直码放，增加货框及板条加固结构；

⑦ 袋类货物多层交错压实码放。

2.1.7　存入货位

货物交接完毕，仓库管理员要根据货物的包装、理化性质、需求紧急程度准备货位，做好货位分配工作，并及时将货物存入货位。货位分配是指在储存空间、储存设备、储存策略、货位编码等一系列前期工作准备就绪之后，把货品分配到最佳的货位上。

1. 货位分配的方法

货位分配的方法有人工分配、计算机辅助分配和计算机全自动分配三种。

（1）人工分配

以人工进行货位的分配，所凭借的是管理者的知识和经验，其效率因人而异。人工分配货位的优点是投入费用少；缺点是分配效率低，出错率高，需要大量人力。

（2）计算机辅助分配

计算机辅助分配是利用图形监控系统，收集货位信息并显示货位的使用情况，提供给货位分配者实时查询，为货位分配提供参考，最终由人工下达货位分配指示。

（3）计算机全自动分配

计算机全自动分配是利用图形监控系统和各种现代化信息技术（条码扫描器、无线通信设备、网络技术、计算机系统等），收集货位有关信息，通过计算机分析后直接完成货位分配工作，整个作业过程不需要人工分配作业。

2. 货位分配的原则

货位分配要考虑的因素很多，包括货架受力情况、要便于货物的周转和盘点等，应遵循以下原则。

（1）上轻下重

重的货物存放在下面的货位，较轻的货物存放在上面的货位，使货架受力稳定；同时，应分散存放，即将物料分散存放在仓库的不同位置，避免因集中存放造成货格受力不均匀。

（2）加快周转，先入先出

同种货物出库时，先入库者，先提取出库，以加快货物周转，避免因货物长期积压发生锈蚀、变形、变质及其他损坏而造成损失。

（3）提高可靠性，分巷道存放

仓库有多个巷道时，应将同种货物分散在不同的巷道进行存放，以防止因某巷道堵塞而影响某种货物的出库，造成生产中断。

（4）提高效率，就近入、出库

为保证快速响应出库请求，一般将货物就近放置在出库台附近。

3. 基于物动量 ABC 分类法的货位分配

物动量 ABC 分类法的原理是"重要的少数，次要的多数"，以货物的累计周转量为衡量标准，划清货物的主次顺序。物动量 ABC 分类法为货物上架存储的安排提供了理论基础。

物动量 ABC 分类法的步骤如下：

① 统计每种货物的周转量；

② 计算货物的累计周转量百分比；

③ 分类。货物的累计周转量百分比为 70% 以下的划分为 A 类，累计周转量百分比为 70%～90% 的划分为 B 类，累计周转量百分比为 90% 以上的划分为 C 类。

一般来说，A类货物应放在货架低层、靠近出入口、存取方便的货位上，C类货物应放置在货架高层、远离出入口的货位上，B类货物应放置在货架中层、离出入口距离适度的货位上。

2.1.8　信息处理

1. 登账

登账是指货物入库，仓库应建立详细反映货物仓储的明细账，登记货物入库、出库、结转的详细情况，用以记录库存货物的动态，并为对账提供主要依据。登账的主要内容有：货物名称、货物规格、货物数量、货物件数、货物累计数或结存数、存货人或提货人、货物批次、货物金额，还需注明货位号或运输工具、接（发）货经办人等。登账时应遵循以下原则。

① 必须依据正式、合法的凭证，如入库单（见表2-1-5）、出库单等。

表2-1-5　入　库　单

No. ＿＿＿＿＿＿＿

送货单位：　　　　　　入库日期：　　年　　月　　日　　　　储存位置：

货物编号	品名	规格	单位	数量	检验	实收数量	备注

会计：　　　　　　　　仓库收货人：　　　　　　　　　　制单：

本单一式三联，第一联：送货人联；第二联：财务联；第三联：仓库存查。

② 一律使用蓝、黑墨水笔登账，用红墨水笔冲账。当发现登账错误时，不得刮擦、挖补、涂抹或用其他药水更改字迹，应在错处画一红线，表示注销，然后在其上方填上正确的文字或数字，并在更改处加盖更改者的印章，红线画过的原来的字迹必须仍可辨认。

③ 登账应连续、完整，依日期顺序，不能隔页、跳页，账页应依次编号，年末结存后转入新账，旧账应妥善保管。

④ 登账时，其数字书写应占空格的2/3空间，便于改错。

2. 立卡

货物入库或上架后，将货物名称、规格、数量或出入库状态等内容填在料卡上，称为立卡。货物料卡（见表2-1-6）又称货卡、货牌，插放在货物下方的货架支架上或摆放在货垛正面明显位置。

表 2 - 1 - 6　货物料卡

货物名称	
货物编号	
入库时间	
规格与等级	
单　价	
入库数量	
出库数量	
结存余额	
储存位置	
备　注	

每次货物入库码垛时，应按入库单所列内容填写料卡；发货时应按出库凭证随发随销料卡上的数字，以防事后漏记。料卡样式根据货物存放地点的不同而不同。

① 存放在库房内的货物一般挂纸卡或塑料卡。

② 存放在露天场所的货物，为防止料卡丢失或损坏，通常装在塑料袋中或放在特制的盒子里，然后再挂在垛位上，也可用油漆写在铁牌上。

3. 建档

仓库应对所接收的货物建立存货档案，以便货物管理和保持与客户的联系，也为将来可能发生争议保留凭据，同时有助于总结和积累仓储保管经验，研究仓储管理规律。

存货档案应一物一档设置，将货物入库、保管、交付的相应单证、报表、记录、作业安排、资料等的原件或附件、复制件存档。同时，存货档案应统一编号，妥善保管。存货档案的内容主要包括以下几个方面。

① 货物出厂时的各种凭证和技术资料，如技术证明、合格证、装箱单、发货明细表等。

② 货物运输单据、普通记录或货运记录、公路运输交接单等。

③ 货物验收的入库通知单、验收记录、磅码单、技术检验报告。

④ 货物入库保管期间的检查、保养、损益、变动等情况的记录。

⑤ 仓库内外温度、湿度记载及对货物的影响情况。

⑥ 货物出库凭证、交接签单、进出货单、检查报告。

⑦ 其他有关该货物仓储保管的特别文件和报告记录。

4. 签发提货凭证

仓库在接收仓储物后，根据合同的约定或者存货人的要求，及时向存货人签发提货凭证（仓单），并作为提货时的有效凭证，如表 2-1-7 所示。存储期满后，根据提货凭证的记载向提货凭证持有人交付物品，并承担提货凭证所明确的责任。

表 2-1-7 提货凭证（仓单）

物资名称：		规格：		单位：	单价：	
年月日	送（提）货单位	入库	出库	库存	经手人	

任务实施

根据以上相关知识，由教师组织学生分组进行讨论，各小组派代表进行总结汇报，小组互评，教师点评总结。学生掌握铁路仓储入库作业主要环节，能够及时发现入库作业中存在的问题并妥善解决，提高运用理论知识解决实际问题的能力。

任务 2.2 在库管理

教学目标

1. 思政素质目标

热爱党、热爱社会主义祖国、爱人民、爱集体；具有良好的职业道德和职业素养；爱岗敬业，恪尽职守；严格遵守规章制度和劳动纪律。

2. 知识目标

掌握货物的堆码与苫盖方法，掌握盘点的目的、过程、内容、分类及结果处理，了解理货、移库、包装加工作业过程，掌握货物的在库保管与养护、残次品处理。

3. 能力目标

能够完成铁路仓储货物在库管理作业，能够及时发现在库货物存在的问题并妥善处理。

🚚 工作任务

仓库货物堆码与保管

某日××铁路物流中心仓库收到 ABC 商贸有限公司发来入库单，货物于当天上午 10:30 到货，内容如下：

品名：五金工具　　规格：500 mm×200 mm×300 mm　　包装材质：杨木

单体毛重：45 kg　　包装标识限高 5 层　　　　　数量：3 600 箱

如果此批货物入库后就地码垛堆存，你作为仓库管理员请计算出至少需要多大面积的储位？如果目标存储区域宽度限制为 5.0 m，计算出计划堆成的货垛的垛长、垛宽、垛高各为多少箱？该货物在库管理过程中，应注意哪些问题？

注：① 仓库高度为 4.6 m，地坪荷载为 2 000 kg/m²；

② 垛型要求为重叠堆码的平台垛；

③ 储位面积计算不考虑墙距、柱距、垛距、灯距。

🌀 相关知识

铁路货物在库管理内容一般根据管理的对象、客户的要求不同而不同，但基本上都包含堆码与苫垫、盘点、理货、移库、包装加工、保管与养护、残次品处理等环节。在库管理工作是储存管理工作高效运转的核心环节和重要保障。

2.2.1　堆码与苫垫

1. 堆码

堆码是指根据货物的性质、形状、轻重等因素，结合仓库储存条件，将其堆码成一定的货垛。堆码的主要目的是便于对货物进行维护、盘点等管理，提高库容利用率。货物验收入库，根据仓库储存规划确定货位后，即应进行堆码。采用妥善的堆码技术是货物保管与养护中的一项重要工作，也是搞好货物管理的一个重要环节。

1）堆码的基本原则

（1）分类存放

分类存放是仓库储存规划的基本要求，也是保证货物质量的重要手段。不同类别的货物在分类存放时，甚至需要分区分库存放；不同规格、不同批次的货物也要分位、分堆存放；残损货物要与原货分开存放；对于需要分拣的货物，在分拣之后，应分位存放，以免混串。此外，对不同流向、不同经营方式的货物也要进行分类存放。

（2）选择适当的搬运活性

为了减少作业时间、次数，提高仓库物流速度，应该根据仓储业的要求，合理选择货物的搬运活性。对搬运活性高的货物，也应注意摆放整齐，以免堵塞通道，浪费库容。

（3）尽可能码高、使货垛稳固

为了充分利用库容，存放的货物要尽可能码高，使货物尽可能少地占用地面面积。尽可能码高包括采用码垛码高和使用货架在高处存放，以充分利用空间。货物堆码必须稳固，避免倒垛、散垛，要求叠垛整齐、放位准确，必要时采用稳固方法，如垛边、垛头采用纵横交叉叠垛，使用固定物料加固等。同时只有在货垛稳固的情况下才能码高。

（4）面向通道，不围不堵

一是货垛及货物的正面尽可能面向通道，以便查看；二是所有货物的货垛、货位都应有一面与通道相连，处在通道旁，以便能对货物进行直接作业。只有在所有的货位都与通道相通时，才能保证不围不堵。

2）堆码的基本要求

（1）牢固

选择合适的垛底面积、堆码高度和衬垫材料，提高货垛的稳定性，保证堆码的牢固、安全、不偏不歪、不倚不倒和货物不受损害。

（2）合理

要求搬运活动合理、分垛合理、垛形合理、重量合理、间距合理、顺序合理。垛形必须适合货物的性能特点，不同品种、型号、规格、牌号、等级、批次、产地、单价的货物，均应该分开堆码，以便于保管。

（3）整齐

堆码排列应整齐有序，同类货物垛形应统一，形成良好的库容。货垛横成行、纵成列，货物包装上的标志一律朝外，便于查看和拣选。

（4）定量

为便于检查和盘点，能使仓库管理员过目成数，在货物堆码时，垛、行、层、包等数量力求为整数，每垛应有固定数量，通常采用"五五堆码"。

（5）节约

坚持一次堆码，减少重复作业；爱护苫垫物，节约备品用料，降低消耗；堆码科学，节省货位，提高库容利用率。

（6）方便

选用的垛形、货垛尺寸、堆码方法应便于装卸搬运，便于收发保管，便于日常维护保养，便于检查点数，便于灭火消防，利于货物保管和安全。

（7）垛高

一般情况下，组托高度不超过 1 m（已扣除托盘高度与叉车作业高度）。

3）堆码的设计

（1）货垛"五距"要求

货垛的"五距"指的是垛距、墙距、柱距、顶距和灯距。货垛"五距"应符合安全规范要求。堆码时，不能倚墙、靠柱、碰顶、贴灯；不能紧挨旁边的货垛，必须留有一定的间距。无论采用哪一种垛形，库房内必须留出相应的走道，方便货物的进出和消防工作。

① 垛距。货垛与货垛之间的必要距离称为垛距，常以支道作为垛距。垛距能方便存取作业，起通风、散热的作用，方便消防工作。库房垛距一般为 0.3～0.5 m，货场垛距一般不少于 0.5 m。

② 墙距。为了防止库房墙壁和货场围墙上的潮气对货物的影响，也为了利于散热通风、消防工作、建筑安全、收发作业，货垛与墙之间必须留有一定的距离，此距离称为墙距。墙距可分为库房墙距和货场墙距，其中库房墙距又分为内墙距和外墙。内墙距是指货垛离没有窗户墙体的距离，此处潮气相对少些，内墙距一般为 0.1～0.3 m，外墙距是指货垛离有窗户墙体的距离，这里湿度相对大些，外墙距一般为 0.1～0.5 m。

③ 柱距。为了防止库房柱子的潮气影响货物，也为了保护仓库建筑物的安全，货垛与柱子之间必须留有一定的距离，此距离称为柱距。柱距一般为 0.1～0.3 m。

④ 顶距。货垛堆放的最大高度与库房、货棚屋顶横梁间的距离，称为顶距。顶距应能便于装卸搬运作业，能通风散热，有利于消防工作，有利于收发、查点。顶距一般为 0.5～0.9 m，具体视情况而定。

⑤ 灯距。货垛与照明灯具之间的必要距离称为灯距。为了确保储存货物的安全，防止照明灯具发出的热量引起靠近的货物燃烧而发生火灾，货垛必须留有足够的安全灯距。灯距按规定应不少于 0.5 m。

（2）堆码的设计内容

为了达到堆码的基本要求，必须根据保管场所的实际情况、货物本身的特点、装卸搬运条件和技术作业过程等的要求，对货物堆垛进行总体设计。堆码的设计内容包括垛基、垛形、货垛参数、堆码方式、货垛苫盖、货垛加固等。

① 垛基。垛基是货垛的基础，主要作用包括承受整个货垛的重量，将货物的垂直压力传递给地坪；将货物与地面隔开，起防水、防潮和通风的作用；垛基空间为搬运作业提供方便的条件。因此，对垛基的基本要求是：将整垛货物的重量均匀地传递给地坪；保证良好的防潮和通风；保证垛基上存放的货物不发生变形。

② 垛形。垛形是指货垛的外部轮廓形状。垛形按垛底的平面形状可以分为矩形、正方形、三角形、圆形、环形等；按货垛立面的形状可以分为矩形、正方形、三角形、梯形、半圆形，另外还可组成矩形-三角形、矩形-梯形、矩形-半圆形等复合形状，如图 2-2-1 所示。不同立面的货垛都有各自的特点。矩形、正方形货垛易于堆码，便于

盘点计数，库容整齐，但随着堆码高度的增加货垛稳定性就会下降。三角形、梯形和半圆形货垛的稳定性好，便于苫盖，但是不便于盘点计数，也不利于库容的利用。矩形-三角形等复合货垛恰好可以整合以上几种货垛的优势，尤其是在露天存放的情况下更需加以考虑。

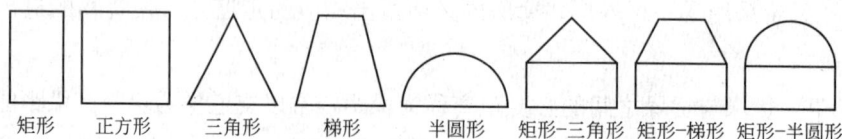

| 矩形 | 正方形 | 三角形 | 梯形 | 半圆形 | 矩形-三角形 | 矩形-梯形 | 矩形-半圆形 |

图 2-2-1　按货垛立面的形状分类

③ 货垛参数。货垛参数是指货垛的长、宽、高，即货垛的外形尺寸。通常情况下，需要首先确定货垛的长度，如长形材料的尺寸长度就是其货垛的长度，包装成件货物的垛长应为包装长度或宽度的整数倍。货垛的宽度应根据库存货物的性质、要求的保管条件、搬运方式、数量多少及收发制度等确定，一般多以2个或5个单位包装为货垛宽度。货垛高度主要根据库房高度、地坪承载能力、货物本身和包装物的耐压能力、装卸搬运设备的类型和技术性能，以及货物的理化性质等来确定。在条件允许的情况下应尽量提高货垛的高度，以提高库容利用率。

（3）堆码的基本方法

根据货物的基本性能、外形等不同，堆码有各种方式。

① 重叠式堆码。重叠式堆码也称直堆法，是逐件逐层向上重叠堆码，一件压一件的堆码方式，如图2-2-2所示。为了保证货垛稳定，在一定层数后（如10层）改变方向继续向上堆放，或者长宽各减少一件继续向上堆放，俗称"四面收半件"。该堆码方式方便作业、计数，但稳定性较差，适用于钢板、集装箱等货物。

② 纵横交错式堆码。纵横交错式堆码是指将长短一致、宽度排列能够与长度相等的货纵横交错堆码，形成方形垛，如图2-2-3所示。该堆码方式较为稳定，但操作不方便，长短一致的管材、棒材，狭长的箱装材料等均可用这种堆码方式。有些一头大、一头小的材料，如铸铁管、钢锭等，堆码时要大、小头错开。化工品、水泥等外包装统一的货物，可采用"二顶三""一顶四"等方法在同一平面内纵横交叉，然后再层层纵横交错堆垛，以求牢固。

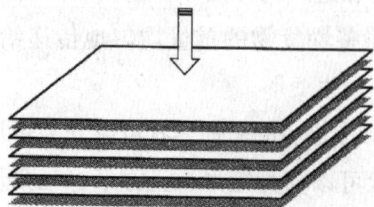

图 2-2-2　重叠式堆码

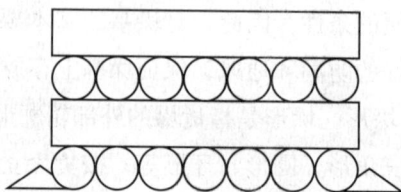

图 2-2-3　纵横交错式堆码

③ 仰俯相间式堆码。对于钢轨、槽钢、角钢等货物，可以一层仰放、一层俯放，仰俯相间而相扣，使堆垛稳固，如图 2-2-4 所示。角钢和槽钢如果是露天存放，应该一头稍高、一头稍低，以利于排水。该堆码方式较为稳定，但操作不便。

④ 压缝式堆码。将货垛底层排列成正方形、长方形或环形，然后依次压缝上码，如图 2-2-5 所示。由正方形或长方形堆成的垛，其纵、横断面呈层脊形，适用于阀门、缸、建筑卫生陶瓷等货物的堆码。

图 2-2-4 仰俯相间式堆码

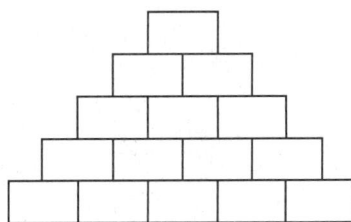

图 2-2-5 压缝式堆码

⑤ 通风式堆码。通风式堆码是指货物在堆码时，任意两件相邻的货物之间都留有空隙，以便通风，如图 2-2-6 所示。层与层之间采用压缝式或者纵横交错式堆码。通风式堆码可以用于所有箱装、桶装及裸装货物的堆码，起到通风防潮、散湿散热的作用。

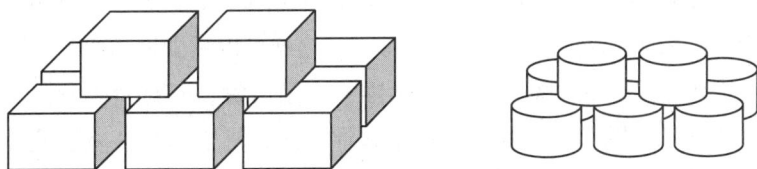

图 2-2-6 通风式堆码

⑥ 托盘式堆码。托盘式堆码是近年来迅速发展起来的一种堆码方式，其特点是货物直接在托盘上存放。货物从装卸、搬运入库，直到出库运输均不离开托盘，这就大大提高了机械作业的效率。包装整齐、不怕压的货物可以使用平托盘；散装或零星货物可以使用箱式托盘；怕压或形状不规则的货物，为了增加堆码高度，可以使用立柱托盘。货物在托盘上的码放方法具体见任务 2.1。

⑦ 栽柱式堆码。栽柱式堆码是指在货垛的两旁栽上 2～3 根木柱或者钢棒，然后将材料平铺在柱中，每层或间隔几层在两侧相对应的柱子上用铁丝拉紧，以防倒塌，如图 2-2-7 所示。这种堆码方式多用于金属材料中的长条形材料，如圆钢、中空钢的堆码。

⑧ 衬垫式堆码。衬垫式堆码是指堆码时在每层或每间隔几层货物之间夹衬垫物，利用衬垫物使货垛的横断面平整，使货物互相牵制，以加强货垛的稳固性。衬垫物需要视

货物的形状而定。这种堆码方式适用于四方整齐的裸装货物，如电动机等。

⑨"五五化"堆码。"五五化"堆码就是以5为基本计算单位，堆码成各种总数为5的倍数的货垛，即大的货物堆码成五五成方，小的货物堆码成五五成包，长的货物堆码成五五成行，短的货物堆码成五五成堆，带孔洞的货物堆码成五五成串，如图2-2-8所示。这种堆码方式便于清点，不易出现差错，收发快，效率高，适用于按件计量的货物。

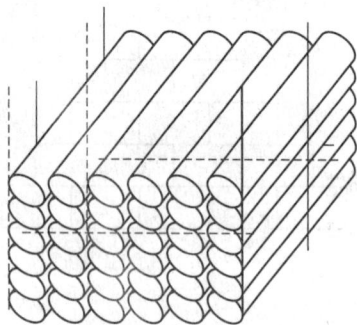

图2-2-7　栽柱式堆码　　　　　　　　图2-2-8　"五五化"堆码

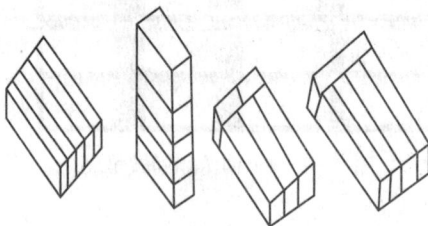

⑩ 架式堆码。架式堆码是利用货架存放货物，主要用于存放零星或怕压的货物。这些货物如果使用货架储存就可以提高储存空间的利用率。在库房中货架一行一行地排列，中间留有通道以便取放货物。为了进一步提高库容的利用率，还可以采用可移动式货架。可移动式货架能够沿着两条导轨做水平方向的移动，这样可以减少货架间的通道数量。

铁路运输货物堆码标准见附录A，该标准规定了大宗、常见货物货场内堆码、货车上装载堆码的要求，适用于全国铁路各营业站货物线、货物站台、货物仓库及货车上的装卸搬运作业。

2. 苫垫

苫垫是指用某种材料对货垛进行苫盖和铺垫的操作方法，如图2-2-9所示。对储存保管的货物进行合理的上盖和下垫，是保护货物质量的必要措施。货物在堆码时，为了避免受到日光、雨水、冰雪、潮气、风露的损害，必须妥善苫垫。苫垫是防止各种自然条件对库存货物质量产生不良影响的一项安全措施。

1）苫盖

苫盖是指采用专用苫盖材料对货垛进行遮盖，以减少自然环境中的阳光、雨、雪、风、露、霜、尘、潮气等对货物的侵蚀、损害，并尽可能减少货物由于自身的理化性质所造成的自然损耗，保护货物在储存期间的质量。常用的苫盖材料有帆布、芦席、竹席、塑料膜、铁皮铁瓦、玻璃钢瓦、塑料瓦等。

（1）苫盖的基本要求

由于苫盖的目的是给货物遮阳、避雨、挡风、防尘，因此苫盖的基本要求如下。

图 2-2-9 货物的苫垫

① 选择合适的苫盖材料。选用防火、无害的安全苫盖材料；苫盖材料不会对货物产生不良影响；苫盖材料应成本低廉，不易损坏，能重复使用，没有破损和霉变。

② 苫盖牢固。每张苫盖材料都需要牢固固定，必要时在苫盖物外用绳索、绳网绑扎或者用重物压住。

③ 苫盖的接口要有一定深度的互相叠盖，不能迎风叠口或留空隙，苫盖必须拉挺、平整，不得有折叠和凹陷，防止积水。

④ 苫盖的底部与垫垛齐平，不腾空或拖地，并牢固地绑扎在垫垛外侧或地面的绳桩上，衬垫材料不露出垛外，以防雨水顺延渗入垛内。

⑤ 使用旧的苫盖物或在雨水丰沛的季节，垛顶或者风口需要加层苫盖，确保雨淋不透。

（2）苫盖方法

① 就垛苫盖法。就垛苫盖法是指直接将大面积苫盖材料覆盖在货垛上进行遮盖的方法。此方法适用于起脊垛或大件包装货物，一般采用大面积的帆布、油布、塑料膜等。就垛苫盖法操作简便，但基本不具备通风条件。就垛苫盖法适用于对通风要求不高的货物，要注意地面干燥。

② 鱼鳞式苫盖法。鱼鳞式苫盖法是指将苫盖材料从货垛的底部开始，自下而上呈鱼鳞式逐层交叠围盖的方法。此方法一般采用面积较小的席、瓦等材料苫盖。鱼鳞式苫盖法具有较好的通风条件，但每件苫盖材料都需要固定，操作比较烦琐复杂。

③ 固定棚架苫盖法。固定棚架苫盖法是指用预制的苫盖骨架与苫叶合装而成简易棚架，对货垛苫盖的方法。固定棚架苫盖法不需要基础工程，可随时拆卸和人力移动。

④ 活动棚架苫盖法。与固定棚架不同的是，活动棚架在四周及顶部铺围苫盖物，在棚柱底部装上滚轮，整个棚架可沿固定轨道移动。活动棚架本身需要占用仓库位置，固定轨道也要占用一定的使用面积，而且需要较高的购置成本。

⑤ 隔离苫盖法。隔离苫盖法与就垛苫盖法的区别在于苫盖不直接摆放在货垛上，而

是采用隔离物使苫盖物与货垛间留有一定空隙。隔离物可以是竹竿、木条、钢筋、隔离板等。隔离苫盖法的优点是利于排水通风。

2）垫垛

垫垛是指在货物码垛前，在预定的货位地面位置，根据货物的保管要求和堆放场所的条件，使用合适的衬垫物进行铺垫。常见的衬垫物有枕木、废钢轨、货板架、木板、帆布、芦席、钢板等。垫垛的目的包括：使货物与地面隔离，避免地面潮气自垛底侵入，并使垛底通风；通过强度较大的衬垫物使重物的压力分散、减少货物对地坪的压力；避免地面污染物污染货垛货物。

（1）垫垛的基本要求

① 地面一定要平整夯实，防止承载负荷后下沉、倾斜导致货垛倒塌造成货物变形或损坏。

② 下垫必须保证雨水不浸入、不潮湿，通风良好。

③ 要疏通排水沟道，防止积水。

（2）垫垛的基本方法

① 在露天货场垫垛的基本方法。首先把地面平整夯实，再摆放水泥墩、石墩或建固定式垛基（墩）。垛基（墩）与垛基（墩）之间要留有一定距离，以利空气流通，必要时可先在垛基（墩）上铺一层防潮纸再放置货物。垫垛的高度可保持在 40 cm 左右。

② 在库房和货棚内垫垛的基本方法。水泥地面一般只需垫水泥条、枕木或仓板，垫垛的高度为 20 cm 即可。防潮地面、楼层干燥地坪可以不垫垛，铺一层防潮纸即可。有些箱装、成包、成件货物，箱上或包上已有垫木的，也可不再垫垛。化工材料、棉麻、动植物制品及其他易受潮变质的货物，应尽可能加垫层，使垛底保持良好通风。对于本身具有排水性，又没有严格要求通风的货物（如沥青）和使用时必须重新加工的原料（如生铁），也可以不进行垫垛。

③ 底层库房（货棚）垫垛的基本方法。要视库房地面干湿程度确定垫垛高度。一般货物垛底垫一层枕木或一层托盘，离开地面 15～20 cm 即可。怕潮货物垛底应加垫芦席、油毛毡或塑料薄膜等隔潮材料。垫垛时，要注意垫垛材料的排列方向，枕木的空隙要对准走道或门窗，以利通风散潮。

2.2.2　盘点

盘点是指定期或临时对库存货物的实际数量进行清查、清点的作业，即为了掌握货物的流动情况（入库、在库、出库的流动状况），对仓库现有货物的实际数量与保管账上记录的数量相核对，检查有无残缺和质量问题，以便准确地掌握库存数量，进而核对金额。盘点是保证储存货物达到账、物、卡相符的重要措施之一。

理论上，账面的数字和实际数字应该是一致的，但在实际盘点时往往发生不相符的情况。即使货物账面数量与现有货物数量一致，但由于风化、锈蚀等自然原因，货物质量下降，有的已经成为不能使用的劣质品，或质量虽然未变化，但随着时间的推移却成为过时的旧型号货物，这些货物的价格必然下降。因而，应准确掌握质量低下的劣质品或陈旧品的数量，查找质量下降的原因，以便采取措施，防止类似事件的发生。

1. 货物盘点的目的

（1）确定现存量

通过盘点可以查清实际库存数量，并确认实际库存数量与账面库存数量的差异。账面库存数量与实际库存数量不符的主要原因通常是收发作业中产生的误差，如记录库存数量时多记、误记、漏记；作业中导致的商品损坏、遗失；验收与出库时清点有误；盘点时误盘、重盘、漏盘等。当发现盘点的实际库存数量与账面库存数量不符时，应及时查清问题原因，并做出适当的处理。

（2）确认企业损益

库存货物的总金额直接反映企业库存资产的使用情况，库存量过大，将增加企业的库存成本。通过盘点，可以定期核查企业库存情况，从而提出改进库存管理的措施。

（3）核实货物管理成效

通过盘点，可以发现呆品和废品及其处理情况、存货周转率以及商品保管、养护、维修情况，从而采取相应的改善措施。

2. 货物盘点的程序

（1）盘点前的准备工作

盘点前的准备工作是否充分，关系到盘点作业能否顺利进行。事先对可能出现的问题及盘点工作中易出现的差错进行周密的研究和准备是相当重要的。

货物盘点前的准备工作主要包括下列内容：

① 确定盘点的程序和具体方法；

② 配合会计人员做好盘点准备；

③ 设计、印制盘点用的各种表格；

④ 准备盘点使用的基本器具。

（2）确定盘点时间

一般情况下，盘点的时间选择在月末或财务决算前。从理论上讲，在条件允许的情况下，盘点的次数越多越好。但每一次盘点都要耗费大量的人力、物力和财力，因此，应根据实际情况确定盘点时间。存货周转率比较低的企业，可以半年或一年进行一次货物的盘点。存货周转量大、库存品种比较多的企业可以根据货物的性质、价值、流动速度、重要程度等分别确定不同的盘点时间。盘点时间可以是每天、每周、每月、每季、每年盘点一次不等。

（3）确定盘点方法

不同的储存场所对盘点的要求不尽相同，盘点方法也会有所差异，为尽可能快速、准确地完成盘点作业，必须根据实际需要确定合适的盘点方法。

（4）培训盘点人员

盘点的结果如何取决于作业人员的认真程度和盘点程序是否合理。为保证盘点作业顺利进行，必须对参与盘点的所有人员进行集中培训。通过培训使盘点工作人员准确掌握盘点的基本要领、表格及单据的填写等事项。

（5）盘点清理作业

当盘点作业开始时，首先要对储存场所及库存货物进行一次清理。清理工作主要包括下列内容：

① 对尚未办理入库手续的货物，应标明不在盘点之列。

② 对已办理出库手续的货物，要提前通知有关部门将货物运到相应的配送区域。

③ 账卡、单据、资料应整理后统一结清。

④ 整理货物堆垛、货架等，使其整齐有序，以便清点计数。

⑤ 检查计量器具，使其误差符合规定要求。

⑥ 确定在途运输货物是否在盘点范围内。

（6）盘点作业

盘点作业即盘点人员按照盘点单到指定库位清点货物，并且将货物数量填入盘存单中。当使用盘点机进行盘点时，可以采用以下两种方式：一是输入货物编码及数量；二是逐个扫描货物条码。对货物的盘点一般采用实地盘点法，盘点时应注意：仓库管理员必须在场，协助盘点人员盘点；按盘点计划有步骤地进行，防止重复盘点或漏盘；盘点过程一般采用点数、过秤、量尺、技术推算等方法确定盘点数量。

盘点的工作步骤如下：

① 将全体工作人员分组；

② 由小组中一人先清点所负责区域的货物，将清点结果填入各货物的盘存单；

③ 由第二人复点，将清点结果填入盘存单的下半部分；

④ 由第三人核对，检查前两人的记录是否相同且正确；

⑤ 将盘存单交给会计部门，合计货物库存总量；

⑥ 等所有盘点结束后，再与计算机或账册进行对照。

3. 货物盘点的内容

（1）查数量

通过盘点查明库存货物的实际数量，核对账面库存数量与实际库存数量是否一致，这是盘点的主要内容。

（2）查质量

检查在库货物的质量有无变化，包括受潮、锈蚀、发霉、干裂、鼠咬，甚至变质等情况；检查有无超过保管期限和长期积压的现象；检查技术证件是否齐全，是否证物相符；必要时，还要进行技术检查。

（3）查保管条件

检查库房内外的储存空间与场所的利用是否合理；检查储存区域划分是否明确，是否符合作业情况；检查货架布置是否合理；检查货物进出是否方便、简单、快速；检查工作联系是否便利；检查货物搬运是否方便；检查货物传递距离是否过长；检查通道是否宽敞；检查储区标志是否清楚、正确，有无脱落或不明显等情况；检查有无废弃物堆置区；检查储区温湿度是否控制良好；检查堆码是否合理稳固，苫垫是否严密，库房是否漏水，场地是否积水，门窗通风洞是否良好等，即检查保管条件是否与各种货物的保管要求相符。

（4）查设备

检查各项设备的使用和养护是否合理，是否定期保养；检查储位、货架标志是否清楚明确，有无混乱；检查储位、货架是否充分利用；检查计量器具和工具，如皮尺、磅秤及其他自动装置等是否准确，使用与保管是否合理，在检查时要用标准件校验。

（5）查安全

检查各种安全措施和消防设备、器材等是否符合安全要求；检查使用工具是否齐备、安全；检查药剂是否有效；检查货物堆放是否安全，有无倾斜；检查货架头尾防撞杆有无损坏、变形；检查建筑物是否损坏而影响货物储存；检查对于地震、水灾、台风等自然灾害有无紧急处理对策等。

4. 货物盘点的种类

货物盘点分为账面盘点及现货盘点两种。

（1）账面盘点

账面盘点又称永续盘点，就是把每天入库及出库货物的数量及单价，记录在电脑或账簿上，而后不断地累计加总算出账面上的库存量及库存金额。

（2）现货盘点

现货盘点又称实地盘点，也就是实地去点数，调查仓库内货物的库存数，再依货物单价计算出库存金额的方法。

因而，要想得到最准确的库存情况并确保盘点无误，最直接的方法就是确定账面盘点与现货盘点的结果完全一致。如存在差异，即产生账货不符的现象，就应寻找错误原因，弄清究竟是账面盘点记错还是现货盘点点错，划清责任归属。

5. 货物盘点的方法

货物盘点的方法包括以下几种。

（1）动态盘点法

动态盘点法又称永续盘点法，是指对有动态变化的货物，即发生过收、发的货物，及时核对该批货物的余额是否与账、卡相符的一种盘点方法。动态盘点法有利于及时发现差错并及时处理。

（2）重点盘点法

重点盘点法是指对进出动态频率高的、易损耗的或昂贵的货物进行盘点的一种方法。

（3）全面盘点法

全面盘点法是指对在库货物进行全面盘点清查的一种方法，通常用于清仓查库或年终盘点。全面盘点法的盘点工作量大，检查的内容多，通常把数量盘点、质量检查、安全检查结合在一起进行。

（4）循环盘点法

循环盘点法是指在每天、每周按顺序一部分一部分地进行盘点，到了月末或期末每项货物至少完成一次盘点的方法。循环盘点是按照货物入库的先后顺序，不论是否发生过进出业务，对货物进行有计划的循环盘点。其优点有：对盘点中发现的差错，很容易及时查明原因；节省人力，全部盘完再开始下一轮的盘点，化整为零；不用加班加点，可以节约经费。

（5）定期盘点法

定期盘点法又称期末盘点法，是指在期末一起清点所有货物数量的方法。定期盘点必须关闭仓库，做全面性的货物清点，对货物的核对十分方便、准确，可减少盘点中的不少错误，简化存货的日常核算工作。其缺点有：关闭仓库，停止业务会造成损失，并且动员大批员工从事盘点工作，加大了期末的工作量；不能随时反映存货收入、发出和结存的动态，不便于仓库管理员掌握情况；容易掩盖存货管理中存在的自然和人为的损失；不能随时结转成本。期末盘点与循环盘点的差异比较，如表 2-2-1 所示。

表 2-2-1　期末盘点与循环盘点的差异比较

比较内容	盘点方式	
	期末盘点	循环盘点
时间	期末、每年仅数次	日常、每天或每周一次
所需时间	长	短
所需人员	全体动员（或临时雇用）	专门人员
盘点差错情况	多且发现很晚	少且发现很早
对营运的影响	须停止作业数天	无
对商品的管理	平等	A类重要商品：仔细管理 C类不重要商品：稍微管理
盘点差错原因追究	不易	容易

6. 货物盘点结果的处理

（1）盘点产生差异的因素分析

盘点结束后，当发现账货不符时，应追查产生差异的原因，可以从以下因素着手。

① 是否因记账员的记账及账务处理有误，进、出库的原始单据丢失，盘点不佳而导致账货不符。

② 是否因盘点方法不当，导致漏盘、重盘或错盘。

③ 是否因盘点制度不当导致账货不符。

④ 是否因货账处理制度的缺点，导致货物数目无法表达。

⑤ 是否可事先预防，是否可以降低货账差异的程度。

（2）盘点结果的处理

货物盘点产生差异的原因追查清楚后，应针对主要原因进行调整与处理，制订解决方案：

① 依据管理绩效，对分管人员进行奖惩。

② 废次品、不良品减价的部分，应视为盘亏。

③ 存货周转率低、占用金额过大的库存货物宜设法降低库存量。

④ 盘点工作完成以后，对所发生的差错、呆滞、变质、盘亏、损耗等结果，应予以迅速处理，并防止以后再发生。

⑤ 呆滞品比例过大时，宜设法使其比例降低。

⑥ 货物除了盘点时产生数量的盘亏外，价格也会有增减，这些差异经主管部门审核后，必须利用商品盘点数量盈亏及价格增减更正表修改，如表 2-2-2 所示。

表 2-2-2　商品盘点数量盈亏及价格增减更正表

年　　月　　日

商品名称	单位	账面资料			盘点实存			数量盈亏				价格增减				差异原因	责任人	备注
		数量	单价	金额	数量	单价	金额	盘盈		盘亏		增价		减价				
								数量	金额	数量	金额	单价	金额	单价	金额			

2.2.3　理货

1. 理货的概念及意义

仓库理货是指仓库在接收入库货物时，根据入库单、运输单据、仓储合同和仓储规章制度等，对货物进行数量清点、外表质量检查、分类分拣、数量接收等交接工作。

仓库理货是货物在库管理的一项基础工作，它对货物在库管理具有积极的意义，具体体现在以下几方面。

（1）理货是仓库履行仓储合同的行为

仓库理货是仓库确认收存货物实体的作业过程，经过理货意味着接收货物，因此理货是仓库履行仓储合同中保管人义务的行为。

（2）理货是仓库保管质量的第一道关口

仓库理货是货物入库的第一次检查，通过对货物的全面检查，可及时发现货物的不良情况，对已残损、受污、粘连、变质的货物可以拒绝接收；对已存在质量隐患的货物，予以认定和区别，并采取针对性的妥善处理措施，或者采用特别的保管手段，防止损害扩大，有利于提高保管质量。

（3）理货可以划分仓库的责任

通过理货确定货物的数量、质量状况。在理货时若发现货物短少、残损，仓库不对其承担责任；若在理货时未发现，以后发现的货物短少、残损就会成为仓储期间的损耗，要由仓库承担责任。对货物质量隐患的认定，减轻了仓库对货物保管质量的负责程度。另外，理货工作也是从时间上划分了仓库负责的期间，在理货之后发生的残损，原则上由仓库负责。

（4）理货是仓储作业的过程

理货过程是仓库管理员安排仓储、指挥装卸搬运作业的过程，仓库承担对货物分类、分拣的作业。

（5）理货是货物的交接工作

货物经过理货确认，由理货人员与送货部门人员或者承运人员办理货物交接手续，签署送货单或交接清单，签署现场单证，接收送货文件。

2. 理货的主要内容

理货是仓库管理员在货物入库现场的管理工作，其工作内容不只是狭义的理货工作，还包括货物入库的一系列现场管理工作。

（1）清点货物件数

对于按件包装的货物，包括有包装的货物、裸装货物、捆扎货物，根据合同约定的计件方法，点算完整货物的件数。如果合同没有约定则仅限于点算运输包装件数（称为大数点收）。对于合同约定的需要细数及需要在仓库拆除包装的货物，则需要点算最小独立包装（装满包装）的件数，包括捆内细数、箱内小件数等；对于件数和单重同时要确定的货物，一般只点算运输包装件数；对于入库拆箱的集装箱，要在理货时开箱点数。

（2）查验货物单重、尺寸

货物单重是指每一运输包装的货物重量。单重分为净重和毛重，确定了包装内货物的含量。对于需要拆除包装的货物需要核定净重。货物单重一般通过称重的方式核定，按照数量检验方法确定称重程度。

对于根据长度、面积或者体积进行交易的货物，入库时必然要对货物的尺寸进行丈量，以确定入库货物数量。丈量的项目（长、宽、高等）根据约定或货物的特性确定，通过使用合法的标准量器，如卡尺、直尺、卷尺等进行丈量。同时，货物丈量还是区分大多数货物规格的方法，如管材、木材的直径及钢材的厚度等。

（3）查验货物重量

查验货物重量是对入库货物的整体重量进行查验。对于计重货物（如散装货物）、件重并计货物（如包装的散货、液体），需要衡定货物重量。衡重方法有以下几种：

① 衡量单件重量，则总重等于所有单件重量之和。

② 分批衡量重量，则总重等于每批重量之和。

③ 入库车辆衡重，则总重＝总重车重量－总空车重量。

④ 抽样衡量重量，则总重＝（抽样总重/抽样样品件数）×整批总件数。

⑤ 抽样重量核定，误差在1%以内，则总重＝货物单件标重×整批总件数。

对于设有连续法定计量设备的仓库，可以直接用该计量设备进行自动衡重。连续计量设备主要有轨道衡、皮带衡、定量灌装机、流量计等。连续计量设备必须经国家计量行政管理部门检验发证（审证）方可有效使用。

此外，还可以通过对容器或运输工具内的液体货物进行体积量算（容器、货舱体积）和液体的比重测定来计算重量，此法称为液量计算。用船舶的排水体积乘以水的比重，再减去空船、储备、油水重量来计算货物重量，此法称为船舶水尺计重，但通过此法计算的重量不是很准确。

（4）检验货物表面状态

理货时应对每一件货物的外表进行感官检验，查验货物外表状态，确定货物有无包装破损、内容外泄、变质、油污、散落、标志不当、结块、变形等不良质量状况，接收货物外表状态良好的货物。

（5）剔除残损

在理货时若发现货物外表状况不良或者怀疑内容损坏等，应将不良货物剔出，单独存放，避免与其他正常货物混淆。待理货工作结束后对不良货物进行质量确定，确定内容有无受损及受损程度。对不良货物可以采取退货、修理、重新包装等措施，或者制作残损报告，以便明确划分责任。

（6）货物分拣

仓库原则上采取分货种、分规格、分批次的方式储存货物，以保证仓储质量。对于同时入库的多品种、多规格货物，仓库有义务进行分拣、分类、分储。对于仓储委托的特殊分拣作业，如对外表分颜色、分尺码等，也应在理货时进行，以便分储。如需要开包进行内容分拣，则需要进行独立作业。

(7) 安排货位，指挥作业

根据货物质量检验的需要，指定检验货位，无须进一步检验的货物，直接确定存放位置。要求作业人员按照预定的堆垛方案堆码或者上架，并根据实际需要，适当做好垫垛与苫盖工作。作业完毕，作业人员应清扫运输、搬运工具、收集地脚货。

(8) 处理现场事故

对于在理货中发现的残损货物，不能退回的，仓库只能接收，但要制作残损记录，并由送货人员、承运人员签署确认。对理货作业中发生的工损事故，也应制作事故报告，由事故责任人签署。

(9) 办理交接

由理货人员与送货人员、承运人员办理货物交接手续，接收随货单证、文件，填制收费单据，代表仓库签署单证，提供单证由对方签署。

3. 理货的方法

(1) 在运输工具现场进行理货

仓库理货必须在送货入库的运输工具现场进行，一般在运输工具旁卸货时同时进行，或者在运输工具上点数，卸货时查验外表状态。除在特殊情况下或者对于特种货物之外，经送货人员、存货人同意，也可以在其他地方理货。例如，双方同意在货垛点数，或需开箱查验货物内容质量，或约定在卸货时不查验外表质量。

(2) 与送货人员一起理货

理货又称理货交接，是货物交接的一个环节，因此理货必须有交接双方在场共同进行，以免将来发生争议。如果送货人员或存货人拒绝参与理货，表明其放弃理货权，只能接受仓库单方的理货结论。

(3) 按送货单或者仓储合同理货

仓库管理员在理货时，按照送货单的货物记载、质量要求或者仓储合同的约定进行理货，只要货物符合单据、合同所描述的状态和质量标准，符合送货人员提供的验收标准，就可以验收，无须要求货物的质量绝对合格。例如，送货单记载货物使用旧包装，则不要求包装物表面无污迹。没有约定质量标准的，按照国家标准、行业标准或者能保证储存保管质量不发生变化的要求进行验收，验收货物的品种、规格、数量、外表状态、包装状态等。

(4) 在现场进行记录和及时签署单证

对于在理货过程中查验的事项、发现的问题，理货人员应在现场进行记录和编写单证，并要求送货人员给予签署证明，不能等待事后补编补签。

2.2.4 移库

移库操作是仓储管理内部常见的作业流程，本书所讨论的移库操作是指未发生物权转移及产品属性变更的移库操作，仅包含普通的移库操作。

1. 移库的定义及其产生原因

物品移库是库内作业的一种，是根据仓库内货物质量变化、库存因素、货物放置错误、储位变更等因素进行调整库存储位的一种手段。

在铁路物流仓储作业中，形成移库操作的原因有很多，其中主要包含以下几种情况：

① 商品种类细分造成的储位移动，如食品类，又下设奶制品及休闲食品等；

② 流程作业间的储位转变及暂存的需求，如成品总仓转移到加工部分仓；

③ 日常整仓作业的需求，即库内的"碎片整理"工作；

④ 仓库储位安排变更，如仓库减能需求，临时整合多个分仓为一个主仓；

⑤ 仓库内货物质量发生变化，需要将货物储存到其他保管区域。

2. 移库的主要目的

物品移库的主要目的是提高仓储效率和优化储位。

（1）提高仓储效率

为了提高库内仓储效率，对不满一个托盘的商品进行拼盘作业，以提高储位的仓储效率。

（2）优化储位

根据商品的周转率，进行物动量 ABC 分类分析，对商品进行储位的移动，以优化库存结构。

3. 移库的类型

货物的移库类型主要有同一仓库内移库、不同仓库间移库。

（1）同一仓库内移库

适用于仓储移库员在同一实物仓库内进行货物储位、库存形态间移动的处理过程，以下是针对这种移库操作的说明。

① 库存商品在仓库库位间的任何移动均需进行移库作业。

② 移库需求单位填写移库单交由仓储主管核准后，方可执行移库操作。

③ 仓储移库员根据仓储主管核准的移库单进行实物及系统的移库操作。

（2）不同仓库间移库

隶属于同一公司的不同仓库间的移库操作主要分为两个步骤，即移出库和移入库。

4. 移库作业的流程

进行仓储移库作业时，最简单的原则是要保证仓储主计划不受干扰，以及仓库的进出作业畅通。因此，移库作业要选择适宜的时段进行，并安排好作业人员及各项工作。移库作业主要流程如下。

（1）制订合理的移库计划

应根据项目需求，制订合理的移库计划，原则上需要包含移出库位、移入库位、移出托盘、移入托盘及计划移动时间等内容。移库计划的制订，一般需要提前统一安排，但如遇小量的日常巡仓、整仓则可由各库组长现场处理。

（2）打印移库单

信息系统对库内数据进行分析后，打印移库单，交给移库作业人员。

（3）移库作业

移库作业人员凭移库单进行移库作业，并对完成的移库作业进行确认。由于货架式仓库的进出，往往伴随大量独立储位、机具的使用以及储位移动时间较长的问题，因此现场作业需要注意几个细节。仓库管理系统的货架库位较多，故移库计划生成后，如为人工拣选，需现场再次确认库位及托盘信息，减少计划与执行间的差错率；库位移动的任务生成与实物移动中间的间隔期也较长，且往往操作的地点不同或多人操作，故库位移动计划在现场作业中往往需分段保存，即移出后保存一次，移入后保存一次。

（4）调整储位

信息系统对确认过的移库作业进行储位信息的更新，完成移库作业。

（5）移库后复核

由于一个品项的库位移动任务步骤分解后，往往伴随多条操作，在人工拣选方面，复核变得格外重要。而这方面的复核功能，往往一般的仓库管理系统都能满足。在工作时间允许的情况下，尽量根据库位移动计划进行逐条排查。

2.2.5 包装加工

包装分为生产领域的包装和流通领域的包装。生产领域的包装称为销售包装、商业包装，也叫小包装、内包装；流通领域的包装称为运输包装或工业包装，也叫大包装、外包装。商业包装是以促进货物销售为主要目的的包装，它本身构成货物的一部分；运输包装是以满足货物的运输、装卸和储存需要为目的的包装，起到保护、定量、便利等作用。铁路物流要保证货物包装完整、牢固，捆绑结实，便于装卸、搬运、堆码、点件、保管、交接，保证货物在作业过程中不发生损失。

这里的加工指的是流通加工，流通加工与一般的货物生产加工相比，有极大的差别。一般的生产加工是生产企业以原材料为加工对象，改变原材料的形状和性质，形成一定新产品的活动，其加工程度复杂，目的是创造产品的价值和使用价值。流通加工是物流企业以进入流通环节的货物为对象，为完善其使用价值或提高附加值而改变货物的空间状况和时间状况的作业过程。

货物在仓储保管过程中需要根据客户要求进行一定的包装加工，如鱼和肉类的冷冻及将冷冻的鱼和肉磨碎、蛋品加工、生鲜食品的原包装、大米的自动包装、上市牛奶的灭菌和摇匀、钢板切割等。包装与流通加工的内容将在项目 3 中重点介绍。

2.2.6　保管与养护

在储存期间，由于货物成分、结构性质的差异，以及受到外界因素的影响，货物都会发生这样或那样的变化，货物的质量和数量会受到一定的损失。货物的保管与养护就是根据货物在储存期间的质量变化规律，针对货物的不同特性，创造一个适宜货物储存的环境，控制外界因素的影响，达到防止或减弱货物的质量变化、降低货物的损耗、防止货物损失的目的。

仓库管理员需要针对货物的性质，研究和探索各类货物在不同的外界环境下质量变化的规律，采取恰当的方法和措施，控制不利因素，保护货物质量，减少货物损耗，创造优良的储存环境。同时，还要结合仓库的具体条件，采取各种科学手段对货物进行保养，最大限度地减少货物的自然消耗，杜绝因保管不善而造成的货物损害，防止货物损失。

仓库保管养护的措施主要有：经常对货物进行检查测试，及时发现异常情况；合理地对货物通风散热；控制阳光照射；防止雨雪水弄湿货物，及时排水除湿；除虫灭鼠，消除虫鼠害；妥善进行湿度控制、温度控制；防止货垛倒塌；防霉除霉，剔出变质货物；对特种货物采取针对性的保管措施等。

1. 货物质量变化概述

1）货物质量变化的形式

货物质量变化的形式有很多，归纳起来主要包括物理机械变化、化学变化、生理生化变化及其他生物引起的变化等。

（1）物理机械变化

物理机械变化是指仅改变货物的外部形态（如气体、液体、固体"三态"之间发生的变化），不改变其本质，在变化过程中没有新物质生成，并且可能反复进行的形态变化现象。物理机械变化的结果不是数量损失就是质量降低，甚至是货物失去使用价值。货物常发生的物理机械变化有挥发、溶化、熔化、渗漏、串味、沉淀、受污、破碎与变形等。

（2）化学变化

化学变化是指构成货物的物质发生变化后，不仅改变了货物本身的外观形态，也改变了货物的本质，并有新物质生成，且不能恢复成原状的变化现象。货物发生化学变化，严重时会使货物完全丧失使用价值。常见的化学变化有化合、分解、水解、氧化、老化、聚合、裂解、风化、曝光、锈蚀等。

（3）生理生化变化及其他生物引起的变化

生理生化变化是指有机体货物（有生命力的货物）在生长发育过程中，为了维持生命活动，自身发生的一系列特有的变化，如呼吸作用、发芽、胚胎发育和后熟等。其他生物引起的变化是指货物在外界有害生物作用下受到破坏的现象，如虫蛀、鼠咬、霉变等。

2）影响货物质量变化的因素

货物在储存过程中发生质量变化，是由一定的因素引起的。为了保护好货物的质量，就要掌握货物质量变化的规律，明确和掌握货物质量变化的内因和外因。内因决定了货物质量变化的可能性和程度，外因是促进这些变化发生的条件。

（1）影响货物质量变化的内因

对货物在储存期间发生的各种变化起决定作用的是货物本身的内因，如化学成分、结构形态、物理化学性质、机械及工艺性质等。货物本身的组成成分、分子结构及其所具有的物理性质、化学性质和机械性质决定了货物发生损耗的可能程度。通常情况下，固态货物比液态货物稳定且易保存保管，液态货物又比气态货物稳定并易保存保管；化学性质稳定的货物不易变化、不易产生污染；物理吸湿性、挥发性、导热性都差的货物不易变化；机械强度高、韧性好的货物易保管。

（2）影响货物质量变化的外因

影响货物质量变化的外因有很多，从大的方面可分为自然因素、人为因素和储存期。

① 自然因素。自然因素主要指温度、湿度、有害气体、日光、大气、尘土、生物及微生物、自然灾害等。

② 人为因素。人为因素是指人们未按货物自身特性的要求或未认真按有关规定和要求作业，甚至违反操作规程而使货物受到损害和损失的情况。这些情况主要包括保管场所选择不合理、包装不合理、装卸搬运不合理、违章作业等。

③ 储存期。货物在仓库中停留的时间越长，受外界因素影响发生变化的可能性就越大，而且发生变化的程度也越深。货物储存期的长短主要受采购计划、供应计划、市场供求变动、技术更新，甚至金融危机等因素的影响。因此，仓库应坚持先进先出的发货原则，定期盘点，将接近保存期限的货物及时处理，对于落后的产品或接近淘汰的产品应限制入库或随进随出。

3）货物保管与养护的基本要求

对在库储存货物的保管与养护要建立健全定期和不定期、定点和不定点、重点和一般相结合的检查制度、严格控制库内温湿度，做好卫生清洁管理。"以防为主、防治结合"是货物保管与养护的核心，要特别重视货物损害的预防，及时发现和消除事故隐患，防止损害事故的发生。要特别预防爆炸、火灾、水浸、污染等恶性事故和造成大规模损害事故的发生。在发现、发生损害现象时，要及时采取有效措施，防止损害扩大，减少损失。

货物保管与养护的基本要求包括以下内容。

（1）严格验收入库货物

为了防止货物在储存期间发生各种不应有的变化，在货物入库时就要严格验收，弄清货物及其包装的质量状况。对有异常情况的货物要查清原因，针对具体情况进行处理和采取救治措施，做到防微杜渐。

（2）适当安排储存场所

由于不同货物的性能不同，对保管条件的要求也不同，分区分类、合理安排存储场所是货物保管与养护工作的一个重要环节。性能互相抵触或易串味的货物不能在同一库房混存，以免相互产生不良影响。

（3）进行科学的堆码苫垫

阳光、雨雪、地面潮气等对货物质量影响很大，要切实做好货垛苫垫工作。货垛的垛形与高度应根据各类货物的性能和包装材料确定，并结合季节、气候等外部因素妥善堆码。

（4）控制好仓库的温湿度

仓库应根据货物的性能要求，适时采取密封、通风、吸潮及其他控制和调节温湿度的方法，控制好仓库的温湿度，以维护货物质量安全。

（5）定期进行货物在库检查

定期进行货物在库检查，对维护货物安全具有重要作用。库存货物质量发生变化，如不能及时发现并采取措施进行救治，就会造成或扩大损失。因此，对库存货物的质量情况应进行定期检查。

（6）搞好仓库清洁卫生

储存环境不清洁易引起微生物、虫类寄生繁殖，危害货物。因此，对仓库内外环境应经常清扫，彻底铲除仓库周围杂草、垃圾等。

2. 仓库的温湿度控制

仓库的温湿度对货物质量变化的影响极大，是影响各类货物质量变化的重要因素。因此，货物保管与养护的首要问题就是采用科学的方法控制与调节温湿度，使之适合货物的储存，以保证货物完好无损。

控制与调节温湿度必须做到：熟悉货物的性能，了解货物质量的变化规律及货物储存的最适宜温湿度；掌握本地区的气候变化规律及气象、气候知识；采取相应措施控制温湿度的变化，对不适宜货物储存的温湿度要及时调节，保持适宜货物安全储存的环境。控制温湿度最常用的方法有密封、通风、吸潮等。

1）密封

密封是控制和调节仓库内温湿度的基础，没有密封措施，就无法利用通风、吸潮、降温、升温等方法调节温湿度。对库房进行密封就能保持库房内温湿度处于相对稳定的状态。密封储存不仅能够达到防潮、防热、防干裂、防冻、防熔化等目的，还可以收到防霉、防虫、防锈蚀、防老化等多方面的效果。

常用的密封材料有塑料薄膜、防潮纸、油毡等。密封材料必须干燥清洁，无异味。密封常用的方法有整库密封、小室密封、按垛密封，以及按货架、按件密封等。

2）通风

通风就是根据空气流动的规律，有计划地使仓库内外的空气进行交换，以达到调节库内空气温湿度的目的。通风不是随便开启门窗，让仓库内外空气自由交换，而是利用仓库内外空气、温度不同而形成的气压差，使仓库内外的空气形成对流，以达到调节库内温湿度的目的。仓库内外温度差距越大，空气流动就越快；若库外有风，借助风的压力更能加速库内外空气的对流，但风力也不能过大（风力超过 5 级，灰尘较多）。

正确地进行通风，不仅可以调节与改善库内的温湿度，还能及时散发货物及包装物的多余水分。通风的作用有降温（或增温）和散潮两种。

3）吸潮

在梅雨季节或阴雨天，当库内湿度过高，不适宜货物保管，而库外湿度也过高，不适宜进行通风散潮时，可以在密封库内用吸潮的办法降低库内湿度。现代仓库普遍使用机械吸潮，即把库内的潮湿空气通过抽风机吸入除湿机冷却器内，使潮湿空气凝结为水而排出。除湿机一般适用于储存棉布、棉针织品、贵重百货、医药、仪器、电工器材和烟糖类的仓库。

此外，还可以用吸湿剂吸潮，吸湿剂具有较强的吸湿性，能够迅速吸收库内空气中的水分，从而降低仓库内的相对湿度。可作为吸湿剂的物质有很多，常用的吸湿剂主要有生石灰、氯化钙和硅胶等。

3. 货物的防锈蚀、防霉腐、防虫害、防老化

1）货物的防锈蚀

金属制品的锈蚀是指通常所说的金属制品的生锈和腐蚀。锈蚀是由于金属表面受到周围介质的化学作用或电化学作用而引起的破坏现象。

在金属货物中，最容易锈蚀的是以钢铁为原料的制品。金属锈蚀可分为大气锈蚀、海水锈蚀和土壤锈蚀等。产生这些锈蚀的根本原因有化学锈蚀、电化学锈蚀，其中电化学锈蚀最普通、最严重。因此，要对金属类的货物进行妥善保管与养护。

（1）选择适宜的保管场所

保管金属制品的场所，不论是库内还是库外，均应清洁干燥。金属制品不得与酸、碱、盐、气体和粉末类货物混存。不同种类的金属制品在同一地点存放时，也应有一定的间隔距离，防止发生接触腐蚀。

（2）保持库房干燥

库房内相对湿度在 60％以下，就可以防止金属制品表面凝结水分，生成电解液层而

使金属制品遭受电化学锈蚀。但相对湿度较难达到 60% 以下，一般库房内的湿度应控制在 65%～70%。

(3) 塑料封存

塑料封存就是利用塑料对水蒸气及空气中腐蚀性物质的高度隔离性能，防止金属制品在环境因素的作用下发生锈蚀。塑料封存常用的方法有以下几种。

① 塑料薄膜封存。在干燥的环境中用塑料薄膜直接封装金属制品或封入干燥剂，以保持金属制品的长期干燥，而不至于锈蚀。

② 收缩薄膜封存。将薄膜纵向或横向拉伸几倍，处理成收缩性薄膜，使得在包装金属制品时薄膜能紧紧粘附在货物表面，既防锈又可减少包装体积。

③ 可剥性塑料封存。以塑料为成膜物质，加入增塑剂、稳定剂、缓蚀剂及防霉剂等加热熔化或熔解，喷涂在金属表面，待冷却或挥发后在金属表面可形成保护膜，阻隔腐蚀介质对金属制品的作用，达到防锈蚀的目的。

(4) 涂油防锈

涂油是一种被广泛采用的防锈方法。涂油可借油层的隔离作用，使水分和大气中的氧气及有害气体不易接触金属制品表面从而防止金属制品锈蚀，或降低金属锈蚀速度。常用的防锈油有凡士林、硬脂酸铝。涂油防锈主要用于刀具、板牙、轴承及汽车、自行车零件等。

(5) 涂漆防锈

对于一些瓦木工具、农具、炊具等不便于进行涂油防锈的金属制品，可用脂胶清漆或酚醛清漆添加等量稀释剂，然后用来浸沾或涂刷，使金属表面附着薄膜，干燥后即可防锈。但由于漆膜较薄，仍可以透过氧气及水汽，因此只能在短期内有防锈作用。

如果储存条件比较干燥，环境又比较清洁，则防锈时间可以得到适当延长。反之，如果储存条件湿度较大，环境卫生条件又较差，则防锈时间会缩短。

(6) 气相防锈

气相防锈是利用气相缓蚀剂，在密封的包装或容器内对金属零配件进行防锈的方法。气相防锈主要是在密封严格的金属制品包装内，放入一些有挥发性的防锈药剂，这些防锈药剂在常温下很短时间内挥发出的气体就能够充满包装内每个角落和缝隙，对形状和结构复杂的金属零配件具有良好的防锈效果。

常用的气相缓蚀剂主要有亚硝酸二环己胺、碳酸环己胺、亚硝酸二异丙胺、苯并三唑、乙二酸二丁醋、磷酸环乙胺等。

2) 货物的防霉腐

货物的霉腐是指在某些微生物的作用下，货物发生生霉、腐烂和腐败发臭等质量变化的现象。要防止霉变，必须根据霉菌的生理特点和生长繁殖的环境条件，采取相应措施抑制或杀灭霉菌微生物。货物防霉腐的方法主要有以下几种。

（1）加强货物入库验收

易霉腐货物入库，首先应检验其包装是否潮湿，含水率是否超过安全含水率。如包装潮湿，应及时采取通风、晾晒等方法，降低货物包装的含水率，并应将情况及时反映给生产厂商或有关部门，使其采取措施加以改进。

（2）加强仓库温湿度管理

仓库温湿度对货物有重大影响，必须加强管理。加强仓库温湿度管理主要是指根据货物性能，正确运用密封、通风及吸潮等方法管理好库内温湿度。特别是在梅雨季节，要将相对湿度控制在不适宜霉菌生长的范围内。

（3）选择合理的储存场所

易霉腐货物应尽量安排在空气流通、光线较强、比较干燥的库房，并应避免与含水率大的货物储存在一起。

（4）合理堆码

易霉腐货物堆码时要下垫隔潮垫，货物堆垛不应靠墙靠柱。

（5）使用聚乙烯塑料薄膜密封

当使用聚乙烯塑料薄膜密封时，应注意货物及其包装的含水率必须不超过安全含水率，否则密封后反而会促使货物霉变。

（6）做好日常的清洁卫生和在库检查工作

仓库里的积尘会吸潮，容易使菌类寄生繁殖。保持仓库的清洁卫生，对货物的养护也起着重要的作用。尤其在潮热的季节，对易霉腐货物应根据其性能加强检查，掌握规律，采取有效措施。

（7）化学药剂防霉腐

化学药剂防霉腐主要是将防霉防腐化学药剂喷洒在货物体和包装物上，或喷洒在仓库内，可达到防霉防腐的目的。

（8）气相防霉腐

气相防霉腐是将具有挥发性的物质放置在货物包装内或密封垛内，利用挥发性的物质产生的气体，杀死霉菌或抑制霉菌的生长，以防止货物霉腐。

3）货物的防虫害

仓库害虫的防治是搞好货物保管与养护工作的一个重要组成部分。在仓库储存的货物中，有不少是以动植物为原料制成的。由于这些货物含有蛋白质、脂肪、纤维素、淀粉等害虫喜食的成分，因此常易遭受害虫的蛀蚀。仓库害虫对环境的适应能力较强，能耐热、耐冻、耐干、耐饥，有的还有一定的抗药能力。对仓库的虫害防治工作应做到以下几点。

（1）搞好环境卫生

害虫的防治工作主要是应杜绝虫源，并破坏害虫生长繁殖的环境。因此，搞好库内外环境卫生是一项重要的工作。要特别注意害虫喜藏匿和过冬之处，定期做好消毒工作。对储存易生虫货物的库房，在害虫繁殖期之前可使用磷化铝、溴甲烷、硫酸氟等进行一次熏蒸，或在库内墙角、走道、垛底、苫垫物料等处喷洒杀虫药剂，如敌敌畏（0.1%～0.2%）、敌百虫（0.2%～0.5%）、马拉硫磷（0.1%～0.2%）等的水溶液。清洁卫生、消毒工作要形成制度化，定期进行，可以有效防止虫害的发生。

（2）物理防治

物理防治就是利用物理因素（光、电、热、冷冻、原子能、超声波、远红外线、微波及高频振荡等）破坏害虫的生理机能与机体结构，使其不能生存或抑制其繁殖。

常用的物理防治方法有灯光诱集、高温杀虫、低温杀虫、电离辐射杀虫、微波杀虫等。此外，还可使用远红外线、高温干燥等方法进行防虫。

（3）化学防治

化学防治就是使用各种化学杀虫剂，通过胃毒、触杀或熏蒸等作用杀灭害虫，是防治仓库害虫的主要措施。常用的防虫、杀虫药剂有驱避剂、杀虫剂、熏蒸剂等。

4）货物的防老化

货物老化是指塑料、橡胶、纤维、皮革、涂料、黏结剂等一类高分子货物，在加工、储运、使用过程中，由于受到各种因素的影响，而出现外观质量、物理机械性能下降等现象。高分子货物老化与货物本身的分子结构、分子量高低、支化度大小、添加剂选用、制造方法、加工条件等均有关。另外，货物在储运和使用过程中，外部环境因素如气温、湿度、日光、空气、微生物、高能辐射、机械应力等，也会造成货物的老化。根据影响高分子材料老化的内外因素，在货物老化防治上应该从两方面着手：一方面通过对原材料的改性，如改进聚合方法、成型工艺、添加防老化剂等，提高材料本身的耐老化性能；另一方面控制仓储条件，尽量减少外界因素的干扰与影响。

货物防老化的具体方法包括以下几种。

① 清除杂质，以降低或消除杂质对货物老化的影响。

② 在满足货物使用性能的基础上，运用共聚、交联、改变分子构型、减少不稳定结构等方法，以提高制品的耐老化性能。

③ 改进成型加工工艺，对制品进行热处理，以消除制品内部的残余应力，稳定制品尺寸。降低摩擦系数，以提高制品的耐磨性、机械强度、表面硬度等。

④ 添加防老化剂，延长货物的寿命。防老化剂按其作用不同可分为抗氧剂、热稳定剂、光屏蔽剂、紫外线吸收剂、变价金属离子抑制剂等。通过添加防老化剂，可以改善材料的加工性能，延长货物的储存期限和使用寿命，而且方法简便，效果显著，虽然用量少，但能使其耐老化性能提高数倍乃至数千倍。

2.2.7　残次品处理

残次品是指物料或产品在采购、研发、生产、仓储、配送、店堂售卖、团餐销售过程中造成的产品本身新鲜度降低以及包装破损、产品剩余等情形，从而无法使用的、加工配比改变的、不能按正常标准销售的商品。这里所说的残次品主要是指在理货、盘点、保管等仓储作业中出现的无使用价值或有部分使用价值的货品。

在仓储保管中，由仓储部负责设定独立的残次品区域，对残次品进行独立编码、建账，并录入系统进行统一管理。铁路在为客户提供仓储服务过程中发现残次品，一般按下列程序来处理。

① 堆场部或仓储部仓管员在作业时发现残次品，将其移入残次品区域。

② 仓管员对残次品加残次品标识，并做入库记录。

③ 客户中心调度员将残次品情况通知客户。

④ 客户确定残次品的处理方法。

任务实施

根据以上相关知识，由教师组织学生分组进行讨论，各小组派代表进行总结汇报，小组互评，教师点评总结。学生掌握铁路仓储货物的堆码苫盖、盘点、理货、移库、包装加工、保养、残次品处理等在库管理作业，能够及时发现在库货物存在的问题并妥善处理，提高运用理论知识解决实际问题的能力。

任务 2.3　出库作业

教学目标

1. 思政素质目标

热爱党、热爱社会主义祖国、爱人民、爱集体；具有良好的职业道德和职业素养；爱岗敬业，恪尽职守；严格遵守规章制度和劳动纪律。

2. 知识目标

掌握铁路仓储出库作业流程，掌握出库计划编制、单证核对、拣选备货、出库复核、交接装车及信息处理作业要点。

3. 能力目标

能够制订合理的出库作业方案，能够准确、及时完成出库作业，能够正确处理出库作业中的问题。

工作任务

出库作业方案的制订与实施

某日××铁路物流中心接到 ABC 商贸有限公司出库任务，出库任务单具体见表 2-3-1。假设你是该铁路物流中心仓储作业人员，请制订合理的货物出库作业方案，并完成出库作业。

表 2-3-1　出库任务单

出库任务单编号：S20190320　　　　　　　　　　　　　　　　计划出库时间：3 月 20 日

序号	商品名称	包装规格[（长/mm）×（宽/mm）×（高/mm）]	单价/（元/箱）	重量/kg	限制码放层数	出库/箱
1	狮王护龈牙膏	415×285×180	20	16	6	30
2	瑞宝壁纸	338×258×180	80	8	6	35
3	潘婷洗发露	315×210×180	160	2	6	60
4	公元管材	500×323×180	100	10	5	21

相关知识

货物出库作业是货物储存阶段的终止，也是仓储作业管理的最后一个环节，它使仓储作业与运输部门、货物使用单位直接发生联系。铁路货物出库作业是铁路仓库根据使用单位或业务部门开出的货物出库凭证（提货单、领料单、调拨单等），按其所列的货物名称、规格、数量、时间、地点等项目组织货物出库，包括编制出库计划、单证核对、拣选备货、出库复核、交接装车、信息处理等一系列工作的总称。

2.3.1　出库作业管理概述

1. 货物出库作业

货物出库作业是货物保管工作的结束，既涉及仓库同货主（或收货企业）和承运部门的经济联系，也涉及仓库各有关业务部门的作业活动。为了能以合理的物流成本保证出库货物按质、按量、及时、安全地发给用户，满足其生产经营的需要，仓库应主动与货主联系，由货主提供出库计划，这是仓库出库作业的依据。特别是供应异地的和大批量的货物出库时更应提前发出通知，以便仓库及时办理流量和流向的运输计划，完成出库任务。

2. 出库的基本原则和依据

仓库必须建立严格的出库和发运程序，严格遵循"先进先出、后进后出、推陈储新"的原则，尽量一次完成，防止差错。

1）出库的基本原则

（1）先进先出、后进后出、推陈储新

所谓先进先出，就是根据货物入库的时间先后，先入库的货物先出库，以保持库存货物质量完好。尤其对于易变质、易破损、易腐败的货物，以及机能易退化、易老化的货物，应加快周转。变质失效的货物不准出库。

（2）凭证发货

"收有据、出有凭"是货物收发的重要原则。所谓凭证发货，是指货物出库必须凭正式单据和手续，非正式凭证或白条一律无效（国家或上级指令的、紧急抢险救灾货物除外）。出库凭证的格式不尽相同，但不论采用何种形式，都必须真实、有效。出库凭证不符合要求的，仓库不得擅自发货。

（3）严格遵守仓库有关出库的各项规章制度

① 货物出库必须遵守各项制度，按章办事。发出的货物必须与提货单、领料单或调拨单上所列的货物的名称、规格、型号、单价、数量相符。

② 未验收的货物及有问题的货物不得发放出库。

③ 货物入库检验与出库检验的方法应保持一致，以免造成人为的库存盈亏。

④ 超过提货单有效期尚未办理提货手续的，不得发货。

（4）提高服务质量，满足客户需要

货物出库要做到以下几点：及时、准确、保质、保量地将货物发放给收货单位，防止差错事故发生；工作尽量一次完成，提高作业效率；为客户提货创造各种方便条件，协助客户解决实际问题。

2）出库的依据

货物出库必须依据货主开出的货物出库凭证进行。在任何情况下，仓库都不得擅自动用、变相动用或者外借货主的库存货物。货主的出库通知或出库请求的格式不尽相同，不论采用何种形式，都必须是符合财务制度要求的有法律效力的凭证，要坚决杜绝凭信誉或无正式手续的发货。

3. 出库的基本方式

出库方式是指仓库用什么样的方式将货物交付客户。选用何种方式出库，要根据具体条件，由供需双方事先商定，出库的基本方式有以下几种。

1）送货上门

送货上门是指根据货主单位的出库通知或出库请求，通过发货作业把应发货物交由运输部门送达收货单位或使用仓库自有车辆把货物运送到收货地点的出库形式，就是通常所称的送货制。

送货上门具有"预先付货、按车排货、发货等车"的特点。仓库实行送货上门具有多方面的好处：仓库可预先安排作业，缩短发货时间；可使收货单位避免因人力、车辆等不便而造成的取货困难；在货物运输上，可合理使用运输工具，减少运费。

2）收货人自提

收货人自提是指由提货人凭货主填制的发货凭证，用自己的运输工具到仓库提货的出库形式。仓库会计根据发货凭证转开货物出库单，仓库管理员按证单配货，经专人逐项复核后，将货物当面点交给提货人员，并办理交接手续，开出门证，由提货人员提走货物。这种出库形式是由收货人或其代理持取货凭证直接到库取货，仓库凭单发货，即通常所称的提货制。

收货人自提具有"提单到库、随到随发、自提自运"的特点，仓库管理员与提货人在仓库现场对出库货物当面交接清楚并办理签收手续。这种方式适用于运输距离近、提货数量少的客户。

3）过户

过户是一种就地划拨的形式，货物实物并未出库，但是所有权已从原货主转移到新货主。仓库必须根据原货主开出的正式过户凭证才可办理过户手续。

4）取样

取样是指货物所有者即货主由于商检或样品陈列等需要，到仓库提取货样（通常要开箱拆包、分割抽取样本）。在办理取样业务时，要根据货主填制的正式样品出库单转开货物出库单，要核实货物的名称、规格、牌号、等级和数量等，核实无误后备货，即仓库必须根据正式取样凭证发出样品，将货物交付提货人，并做好账务记载。

5）转仓

转仓是指货主为了业务方便或改变储存条件，将某批库存货物自甲库转移到乙库。转仓分为内部转仓与外部转仓。内部转仓填制仓储企业内部的转仓单，并据此发货；外部转仓时仓库必须根据货主单位开出的正式转仓单，办理转仓手续并结算发货。

6）代办托运

代办托运简称托运，由仓库会计根据货主事先送来的发货凭证转开货物出库单或备货单，交仓库管理员做好货物的配送、包装、集中、理货、待运等准备作业。设有理货员的仓库应由理货员负责进行集中理货和待运工作，管理员和理货员之间要办理货物交接手续，然后由仓库管理员（或直接由理货员）与运输人员办理点验交接手续，以便明确责任，最后由运输人员负责将货物运往车站或码头。简言之，托运是指仓库接受客户的委托，依据货主开具的出库凭证上所列货物的品种、规格、质量、数量、价格等，办理出库手续，通过运输部门，如公路、铁路、水路、航空等，把货物发运到客户指定地点的一种出库方式。这种方式较为常见，也是仓库推行优质服务的措施之一，适用于大宗、长距离的货物运输。

2.3.2　出库计划

在进行出库作业前，仓库要做好周密的出库计划。出库计划做得是否到位，直接影响着出库作业的效率。出库计划工作，即根据货主提出的出库计划或出库请求预先做好货物出库的各项安排，包括货位、机械设备、工具和工作人员的准备和安排等，提高人、财、物的利用率。不同仓库在出库的准备操作程序上会有所不同，操作人员的分工也各不相同，但就整个发货作业的过程而言，出库前的准备工作一般可分为以下几个方面。

1. 包装整理、标志重刷

货物经过多次装卸、堆码、翻仓和拆检等会使部分包装受损，不适宜运输。仓库应清理原货包装，清除积尘、污物；对包装已残损的，要更换包装；提货人员要求重新包装、灌装或加固的，仓库要及时安排包装作业。对原包装标志脱落、标志不清的进行补刷补贴；提货人要求标注新标志的，应在提货日之前进行。

2. 对零星货物进行组配、分装

为了方便作业，需要对零星货物进行配装，即使用大型容器收集零星货物或者将零星货物堆装在托盘上，以免提货时遗漏；有些货物依货主要求需拆零后出库，仓库应为此备足零散货物；有些货物需要拼箱，仓库应事先做好挑选、分拣、分类、整理和配套等准备工作。例如，每箱 1 000 个螺丝，客户习惯每次提货 200 个，仓库人员就应将 1 000 个螺丝平均分装在 5 个周转箱内，循环补货。在实际工作中，如果是供应生产工位，就不必将 200 个螺丝一个不差地数出来，每个螺丝价值低，没有必要浪费人力进行检斤和点数。

3. 准备好包装材料、作业工具及相关用品

对需要包装、拼箱或改装的货物，仓库在发货前应根据货物的性质和运输部门的要求，准备各种包装材料及相应的衬垫物，以及刷写包装标志的用具，如记号笔、封签、标签、胶带、剪刀、胶带座、颜料和钉箱等。

4. 转到备货区备运

将要出库的货物借助装卸搬运设备预先搬运到备货区，以便能及时装运。

当备货时发现有下列情况的货物，应立即与货主或仓单持有人联系，货主或仓单持有人认为可以出库，并在正式出库凭证上签注意见后，方可备货、出库，否则不备货、不出库。

① 没有全部到齐的一票入库货物；

② 入库验收时发现的问题尚未处理的；

③ 货物质量有异状的。

备货中如发现出库货物的包装有破损、断绳、脱钉等情况，仓库要负责加固修理，严格禁止包装破损的货物出库。

当提货的客户较多时，尽量按照受理时间先后合理安排货物出库的先后顺序。考虑到发货作业是一项涉及人员多、处理时间紧、工作量大的工作，进行合理的人员（仓库管理员、分拣员、叉车司机、辅助工人等）组织和机械（叉车等）协调安排，也是完成发货的必要保证。

2.3.3　单证核对

作为货物的出库凭证，不论是领（发）料单或调拨单，均应由主管分配的业务部门签章。仓库核对出库凭证的主要内容包括：审核出库凭证的合法性和真实性；核对货物的名称、型号、规格、单价、数量、收货单位、到站及银行账号；审核出库凭证的有效期等。出库货物应附有质量证明书或副本、磅码单、装箱单等，机电设备、电子产品等货物，其说明书及合格证应随货同付。

在证件核对过程中，凡有货物名称或规格型号不对、数量有涂改、手续不符合要求等情况的均不能发货出库。

2.3.4　拣选备货

当拣选备货时，应本着"先进先出、易霉易坏先出、接近失效期先出"的原则，根据领料数量备货。拣选作业将在任务3.1中重点讲述。备货的计量实行"以收代发"，即利用入库检验时的清点数，不再重新过磅。需分割或拆捆的应根据情况进行。备货后要及时变动料卡余额数量，填写实发数量和日期等。备货具体包括以下工作。

（1）销卡

大多数仓库的货卡是悬挂在货垛上的，但也有采用集中保管的，在货物出库时应先销卡、后付货。

（2）理单

根据出库单的货位，按出库单顺序排列，以便迅速找位付货。

（3）核对

当按照货位找到应付货物时，要"以单对卡、以卡对货"，进行单、卡、货三核对。

（4）点数

要仔细点清应付货物的数量，防止差错。

（5）批注地区代号

当多批货物同时发货而需要理货时，为方便下一个环节，仓库管理员在货物的外包装上还必须批注地区代号。

（6）签单

应付货物按单付讫后，仓库管理员逐笔在出库凭证上签名并批注结存数，前者以明确责任，后者供账务员（业务会计）登账时进行账目实数的核对。

2.3.5　出库复核

1. 复核的概念

复核也称发货检查，是根据客户信息和车次对拣取货物进行货物号码的核实，以及根据有关信息对货物数量进行核对，并对货物状态及质量进行检查。为保证出库货物不出差错，备货后应立即进行复核。当采用人工拣选和分货的作业方式时，每经一个作业环节，必须仔细检查，按照"动碰复核"的原则，既要检查单、货是否相符，又要检查货位结存数量来验证出库量是否正确。发货前由专职或兼职复核员按出库凭证对出库货物的品名、规格、单位、数量等仔细地进行复验；检查无误后，由复核员在出库凭证上签字，货物方可包装或交付装运。

在货物包装、装运过程中要再次进行复核。发货检查的目的是防止发货出现差错，避免由此影响出库质量和效率。

2. 复核的内容

复核的形式有仓库管理员自行复查、仓库管理员互核、专职人员复核、负责人复查等。复核的内容主要包括以下几方面。

① 认真审查正式出库凭证填写的项目是否齐全，出库凭证的抬头、印鉴、日期等是否符合要求，复核货物的名称、规格、等级、产地、重量、数量、标志、合同号等是否正确。

② 将正式出库凭证上所列项目逐一与备好的货物相对照，逐项复核、检查，看是否完全相符。如经反复核对确实不符，应立即调换，并将原错误货物标志除掉，退回库房。

③ 检查包装是否有破损、污染，标志、箱（包）号是否清楚，标签是否完好，配套是否齐全，技术证件是否齐备。

④ 需要计重、计尺的货物，要与提货人员一起过磅，或根据货物的具体情况抽磅，或理论换算重量，一起检尺。要填写磅码单或尺码单，并会同提货人员签字。

⑤ 复核结余货物数量或重量是否与保管账目、货物保管卡片上结余数相符，发现不符应立即查明原因。

复核的目的是要求出库货物手续完备，交接清楚，不错发、错运。出库货物经过复核无误后，方可发运。

3. 复核的方法

复核是保证单、货相符，避免差错，提高服务质量的关键，是进一步确认拣取作业是否有误的处理工作。因此，必须认真核对，找出产生差错的原因，采取措施防止差错的产生。复核的方法有人工复核法、条码复核法和重量计算复核法三种。

（1）人工复核法

人工复核法是由人工将出库货物逐个点数，查对条码、货号、品名，并逐一核对出货单，进而检验出货质量及出货状况的方法。

（2）条码复核法

条码复核法首先必须导入条码，让条码始终与货物同行。

在复核时，只需扫描所拣取货物的条码，计算机便自动将拣选资料输出进行对比，查对是否有数量和号码上的差异，然后在出货前再由人工进行整理和检查。

（3）重量计算复核法

重量计算复核法是把货单上的货物重量自动相加求和，然后称出出库货物的总重量。把两种重量进行对比，可以检查发货是否正确。

2.3.6　交接装车

出库货物经复核后，要向提货人员点交。同时，应将出库货物及随行证件逐笔向提货人员当面核对。在交接过程中，对于一些重要货物的技术要求、使用方法、注意事项，保管员应主动向提货人员交代清楚，做好技术咨询服务工作。货物移交清楚后，提货人员应在出库凭证上签名，保管员应做好出库记录并签名，将出库凭证有关联次及有关证件即时送交货主，以便办理有关款项结算。

当货物装车时，最重要的是做好车辆装载、配载工作。铁路仓库出库的货物主要有两个去向，一是通过铁路运输运达目的地，此时货物装载要严格按照铁路货物运输装载加固定型方案装车；二是主要通过公路运输运达目的地。根据不同的送货要求，在选择合适的车辆的基础上对车辆进行配载，以达到提高车辆利用率的目的。由于货物品种、特性各异，为提高送货效率，确保货物质量，首先必须对特性差异大的货物进行分类，并分别确定不同的运送方式和运输工具。有异味、散发粉尘、渗水的货物不能与其他货物混装。

2.3.7　信息处理

出库信息处理主要包括人工处理和计算机管理。其中，人工处理流程为"登记入账—批注出库货物的编号—核对结余"；计算机管理流程为"出库信息录入—生成作业计划出库调度—打印出库单—出库作业—出库反馈"。不同企业可能采用的仓储管理系统（WMS）软件不同，具体信息处理作业也会有一定差异。这里需重点掌握出库单证及其流转。

1. 出库单证

出库单证主要是指出库单和领料单，它们是向仓库提取货物的正式凭证。不同单位出库单证的名称和制作有细微的差别，如出库的相关单证还有提货单、发货单、发货清单、货物资料卡和作业通知单等。

1）出库单

出库单见表 2-3-2。

表 2-3-2　出　库　单

客户名称：　　　　　　　　　　储存凭证号码：

发货日期：　　　　　　　　　　仓库地址：

货号、品名、规格、牌号	国别及产地	包装及件数	单位	数量	单价	总价	实发数
危险品标志章及备注	运费			包装押金			
	总金额：人民币（大写）						

审核：　　　　　　　　　　制单：

不同性质的仓储企业出库单的单据联组成有差别。例如，××铁路物流公司的出库单和提货单一式六联，如表 2-3-3、表 2-3-4 所示。

表 2-3-3　××铁路物流公司出库单

单据 No.　_____

存货单位_____　开单日期　年　月　日　发站_____车号_____

区　号_____　入库日期　年　月　日　技术证件号_____

货物品名	规格、型号、材质	计量吨位	应出		实出		备注
			数量	件数	数量	件数	

主管：　　　　　　业务经办人：　　　　　　库管员：

注：此单证一式六联，第一联留存；第二联返业务；第三联仓库管理员保存；第四联客户保存；第五联核算用；第六联运输方保存。

表 2-3-4 ××铁路物流公司提货单

编号_____

20 年 月 日

开票依据_____ _____区

发货单位								自提	代运
品　名	规格、材质	计量单位	应发		实发		备　注		
			数量	件数	数量	件数			
代运	收货到站				自提		费用由　　付		
	专用线						车号		
	邮编　　电话　　报价						自提料三日内有效		

主管：　　　　　经办人：　　　　　发料人：　　　　　收料人：

注：此单证一式六联，第一联留存；第二联运输方保存；第三联返业务；第四联核算用；第五联仓库下账；第六联为出门证。

2) 领料单

领料单见表 2-3-5。

表 2-3-5 领 料 单

领料日期：　　年 月 日　　　　　发料日期：　　年 月 日

领用单位：　　　　　　　　　　　领料单号：

编　号	材料名称	规　格	单　位	领料数量	实发数量	备注

批准人：　　　　　发料人：　　　　　领料人：

注：此单证一式四联，一般只填写一种物料，以便分类和统计。

3) 提货单

提货单见表 2-3-6。

表2-3-6 提 货 单

提货单位：　　　　　　　　　　　提货时间：　年　月　日

名　称	规　格	单　位	数　量
合　计			

负责人（签字）：　　　　　制单（签字）：　　　　　经办人（签字）：

　注：此单证一式两联，第一联仓库留存，第二联提货人保存。

　4）发货单

　　发货单见表2-3-7。

表2-3-7 发 货 单

出库单号码：　　　　　　　　　　发货单号码：

提货单位：　　　　　　　　　　　发货日期：　年　月　日

货　号	品　名	规格及型号	包装及件数	数　量
合　计				

业务主管（签字）：　　　　　　　制单（签字）：

　注：此单证一式两联，第一联仓库留存，第二联为出门证。

　5）发货清单

　　发货清单见表2-3-8。

表2-3-8 发货清单

收货单位：　　　　　　　　年　月　日　第　号

编　号	品　名	规格及型号	包装及件数	数　量
1				
2				
3				
4				
合　计				

负责人（签字）：　　　　　　　经办人（签字）：

　注：此单证一式两联，第一联仓库留存，第二联随货同行。

　6）货物资料卡

　　货物资料卡见表2-3-9。

表 2 - 3 - 9 货物资料卡

货物名称	
货物编号	
入库时间	
规格与等级	
单 价	
收入数量	
出库数量	
结存余数	
存储位置	
备 注	

7) 作业通知单

作业通知单见表 2 - 3 - 10。

表 2 - 3 - 10 作业通知单

作业通知单

仓储部：

　　兹有××公司前来提货，请根据《发货单》所列项目，按时做好出库准备。

×××仓储有限公司业务部

年　月　日

2. 出库单证的流转

不同单位在不同出库方式下，单证流转与账务处理的程序都会有所不同。通常情况下，出库单证流转操作是仓库管理员接到货主或仓库主管通知后，制作生成要货通知单或发货通知单，然后根据要货通知单或发货通知单积极备货。备齐货物并经复核无误后，仓库管理员必须当面与提货人员或承运人员按单逐件点交清楚，分清责任，办好交接手续。若是自提，待货物交清后，提货人员应在出库凭证上签章，发运货物保管员应向发运人员点交，发运人员在出库凭证上签字。发货结束后，应在出库凭证发货联上加盖"发讫"或"货物付讫"戳记，并留据存查。同时，应由仓库管理员填写出库货物清单或出门证，写明承运单位名称、货物名称、货物数量、运输工具和编号，并由承运人员或司机签字。出库货物清单或出门证一式三联，分别为：第一联由仓库发货人留查；第二联由承运人员交仓库，以便门卫查验放行；第三联给承运人员作为交货凭据。

2.3.8 出库中异常问题的处理

货物出库过程中出现的问题是多方面的，应分别对待处理。

1. 出库凭证（提货单）的问题

① 出库凭证超过提货期限，客户前来提货的，必须先办理手续，按规定缴足逾期仓

储保管费后方可提货。任何非正式凭证都不能作为发货凭证。若客户在提货时发现货物规格出错，仓库管理员不得自行调换规格发货。

② 凡发现出库凭证有疑点，或者情况不清楚，以及出库凭证有假冒、复制、涂改等情况时，应及时与仓库保卫部门及出具出库单的单位或部门联系，进行妥善处理。

③ 若货物入库未验收或期货未入库，当提货人员持出库凭证前来提货时，一般暂缓发货并通知货主，待货到并验收后再发货，提货期顺延。

④ 若客户因各种原因将出库凭证遗失，客户应及时与仓库发货员和账务人员联系挂失。如果挂失时货已被提走，仓库管理员不承担责任，但要协助货主单位找回货物；如果货还没有被提走，经仓库管理员和账务人员查实后，做好挂失登记，将原凭证作废，缓期发货。

2. 提货数量与货物实存数量不符的问题

若出现提货数量与货物实存数量不符的情况，一般是实存数量小于提货数量。造成这种问题的原因主要有以下几个方面。

① 当货物入库时，由于验收问题，增大了实收货物的签收数量，从而造成账面数量大于实存数量。

② 仓库管理员和发货人员在以前的发货过程中，因错发、串发等差错使实际货物库存数量小于账面数量。

③ 货主单位没有及时核减开出的提货数量，造成库存账面数量大于实际储存数量，从而开出的提货单数量过大。

④ 仓储过程中造成部分货物毁损。

当遇到提货数量大于实际货物库存数量时，无论是何种原因造成的，都需要和仓库主管部门及货主单位及时取得联系后再做处理。

出库货物发出后，当收货单位提出数量不符时，属于重量短少而包装完好且件数不缺的，应由仓库保管部门负责处理；属于件数短少的，应由运输单位负责处理。若发出的货物种类、规格、型号不符，由仓库保管部门负责处理。若发出的货物损坏，应根据承运人员出具的证明，分别由仓库保管部门及运输单位处理。

3. 串发和错发货的问题

所谓串发和错发货，是指发货人员因对货物的种类规格不是很熟悉，或者由于工作中的疏漏而把规格、数量错误的货物发出库的情况。

串发和错发货的处理方式为：如果货物尚未离库，应立即组织人力重新发货；如果货物已经离开仓库，仓库管理员要根据实际库存情况，向本库主管部门和货主单位说明串发和错发货的品名、规格、数量、提货单位等情况，会同货主单位和运输单位共同协商解决。一般在无直接经济损失的情况下，由货主单位重新按实际发货数冲单（票）解决；如果形成了直接经济损失，应按赔偿损失单据冲转、调整保管账。

4. 包装破漏的问题

包装破漏是指在发货过程中因货物外包装破损而引起渗漏等问题。包装破漏主要是在储存过程中因堆垛挤压、发货装卸操作不慎等情况引起的，发货时应进行整理或更换包装，确保包装完好后才能出库，否则造成的损失应由仓储单位承担。

5. 漏记账和错记账的问题

漏记账是指在出库作业中，由于没有及时核销明细账而造成账面数量大于或小于货物实存数量的现象。错记账是指在货物出库后核销明细账时没有按实际发货出库的货物名称、数量等登记，从而造成账实不相符的情况。

无论是漏记账还是错记账，一经发现，除及时向有关领导如实汇报情况外，还应根据出库凭证查明原因，调整保管账，使之与实际库存保持一致。如果漏记账和错记账给货主单位、运输单位和仓储单位造成经济损失，应予赔偿，同时追究相关人员的责任。

总之，如果出库过程中出现了出库凭证超过提货期限、出库凭证有疑点、出库凭证规格开错、提货数量与结存数量不符等异常情况时，要填写货物异常情况报告。

任务实施

根据以上相关知识，由教师组织学生分组进行讨论，各小组派代表进行总结汇报，小组互评，教师点评总结。学生应掌握铁路仓储出库作业主要环节，能够及时发现出库作业中存在的问题并妥善解决，提高运用理论知识解决实际问题的能力。

课后思考题

1. 什么是入库预报？
2. 简述如何进行入库前的准备。
3. 简述货物接运的主要方式。
4. 当出现接货差错时应如何处理？
5. 如何进行货物验收？
6. 仓库如何办理货物交接？
7. 简述托盘货物码放方式和要求。
8. 简述货位分配的方法和原则。
9. 如何进行物动量 ABC 分类，如何根据物动量 ABC 分类结果安排货物储位？
10. 如何进行入库货物信息处理？
11. 简述货物堆码的基本原则和要求。
12. 简述货物堆码的基本方法。
13. 简述盘点的目的、过程、内容、分类及结果处理。

14. 简述理货的主要内容。

15. 简述如何进行移库作业。

16. 如何进行仓储保管与养护？

17. 如何进行残次品处理？

18. 简述出库的基本原则和依据。

19. 出库的基本方式有哪些？

20. 出库前的准备工作有哪些？

21. 如何进行单证核对？

22. 备货具体包括哪些工作？

23. 简述出库复核的内容与方法。

24. 如何进行出库作业信息处理？

项目 3
铁路配送作业管理

项目描述

　　配送作业也是铁路物流中心重要的物流活动之一，是铁路向现代物流转型发展、满足客户需求、提升客户服务质量的重要突破点。通过本项目的学习，使学生掌握铁路配送内部作业、铁路配送运输及铁路接取送达作业，提升学生配送作业操作技能及配送方案制订的创新能力。

任务 3.1 铁路配送内部作业

🎯 教学目标

1. 思政素质目标

热爱党、热爱社会主义祖国、爱人民、爱集体；具有良好的职业道德和职业素养；爱岗敬业，恪尽职守；严格遵守规章制度和劳动纪律。

2. 知识目标

掌握订单处理流程，掌握配送计划的编制，掌握拣选、理货、配货作业过程。

3. 能力目标

能够制订合理的铁路配送内部作业方案，能够准确、及时完成铁路配送内部作业，能够正确处理铁路配送内部作业中的问题。

🚚 工作任务

铁路配送订单处理与拣选作业方案的制订与实施

××铁路物流中心收到A、B、C、D、E五个客户订单，订单信息如表3-1-1所示。请为该铁路物流中心制订一份订单处理与拣选作业方案，并按该计划实施拣选作业。

表3-1-1　A、B、C、D、E五个客户订单

客户名称	品　名	单价/元	订购数量/箱	金额/元
A	利鑫达板栗	240	7	1 680
	蜂圣牌蜂皇浆冻干粉片	260	11	2 860
	休闲黑瓜子	110	6	660
	金多多婴儿营养米粉	400	8	3 200
	大王牌大豆酶解蛋白粉	420	8	3 360
	合　计		40	11 760
B	大王牌大豆酶解蛋白粉	420	12	5 040
	小师傅方便面	160	14	2 240
	利鑫达板栗	240	9	2 160
	蜂圣牌蜂皇浆冻干粉片	260	8	2 080
	合　计		43	11 520

续表

客户名称	品　　名	单价/元	订购数量/箱	金额/元
C	蜂圣牌蜂皇浆冻干粉片 大王牌大豆酶解蛋白粉	260 420	20 50	5 200 21 000
	合　　计		70	26 200
D	诚诚油炸花生仁 利鑫达板栗 大王牌大豆酶解蛋白粉 吉欧蒂亚干红葡萄酒 蜂圣牌蜂皇浆冻干粉片	180 240 420 300 260	24 10 8 9 8	4 320 2 400 3 360 2 700 2 080
	合　　计		59	14 860
E	好娃娃薯片 蜂圣牌蜂皇浆冻干粉片 大王牌大豆酶解蛋白粉 利鑫达板栗	80 260 420 240	20 6 9 4	1 600 1 560 3 780 960
	合　　计		39	7 900

相关知识

铁路配送内部作业主要包括订单处理、制订配送计划、拣选、理货、配货与出货等作业环节。

3.1.1 订单处理

订单处理包括订单接收、订单确认、订单有效性分析、存货查询与分配、订单优先权分析、订单录入与资料输出、订单处理状态跟踪等业务流程，处理的手段主要有传统的手工处理和以计算机网络为基础的电子处理两种形式。无论是手工处理还是应用现代信息处理技术，订单处理流程基本一样，如图 3-1-1 所示。

1. 订单接收

订单接收是订单处理作业的第一个步骤，物流中心接收客户订货的方式主要有传统订货方式和电子订货方式两种。随着流通环境和科技的发展，接收客户订货的方式也逐渐由传统的人工下单、接单，演变为计算机直接传输订货信息的电子订货方式。

1) 传统订货方式

传统订货方式皆需人工输入资料而且经常需重复输入、重复填写传票，并且在输入输出间常造成时间耽误或产生错误，这些都是无谓的浪费。尤其是现今客户订货更趋高频率，且要求快速配送，传统订货方式已无法满足客户的需求，这使得新的订货方式——电子订货应运而生。

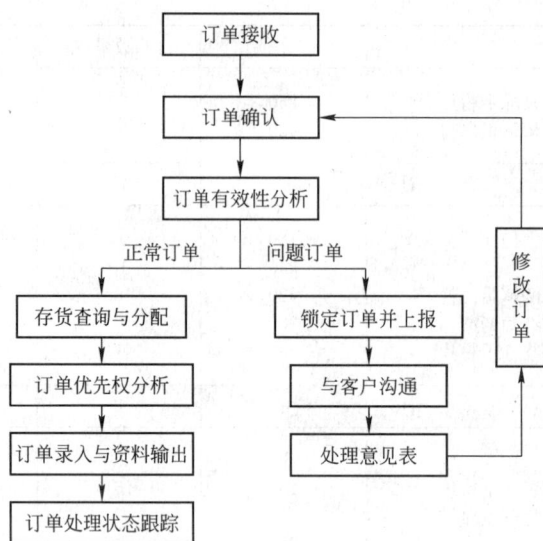

图 3-1-1　订单处理流程图

2）电子订货方式

电子订货，顾名思义就是由电子传递方式取代传统人工书写、输入、传送的订货方式。电子订货系统（electronic ordering system，EOS）就是将批发、零售所发生的订货数据输入计算机，通过计算机网络将资料传送至物流中心、批发商、商品供货商或制造商处，即采用电子资料交换方式取代传统商业下单、接单运作的自动化订货系统。

一般而言，通过计算机直接连线的方式最快也最准确，而通过邮寄、电话或销售员携回的方式较慢。由于订单传递时间是订货前置时间内的一个因素，其可经由存货水平的调整来影响客户服务及存货成本，因而传递速度快、可靠性及正确性高的订单处理方式，不仅可大幅提升客户服务水平，对于与存货相关的成本费用也能有效地缩减。

2. 订单确认

1）订单确认步骤

订单确认分为人工处理和计算机处理两种形式。人工处理具有较大弹性，但只适合少量的订单处理。计算机处理则速度快、效率高、成本低，适合大量的订单处理，因此目前主要采取后一种形式。接单之后，必须对相关事项进行确认。订单确认步骤如图 3-1-2 所示。

2）订单确认内容

接收订单后，客服人员要根据下面内容对订单进行确认，避免存在遗漏或错误，确保配送作业的准确性和有效性。当采用传统订货方式时，订货处理系统人员可以在订单输入的同时对订单进行确认；当采用电子订货方式时，订货处理系统应设立订单确认功能模块，自动对收到的订货数据进行确认，并生成确认结果。

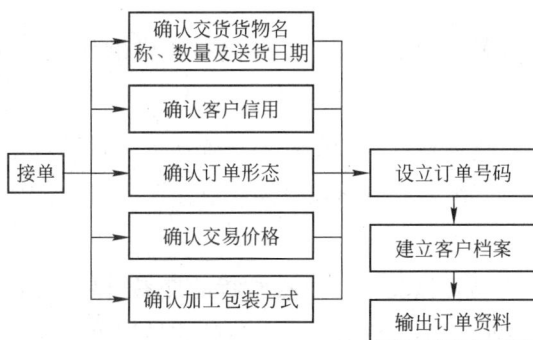

图 3-1-2　订单确认步骤

（1）确认交货货物名称、数量及送货日期

这是对订货资料项目的基本检查，即检查货物名称、数量、送货日期等是否有遗漏、笔误或不符合物流中心要求的情况。尤其当送货日期有问题或出货时间已延迟时，更需要再与客户确认订单内容或更正期望送货日期。同样若采用电子订货方式接单，也须对订货资料加以检查确认，若通过通信网络（如 VAN 中心）进行电子订货处理，可委托其进行一些基本的客户下单资料检查，对于错误的下单资料，可传回给客户修改再重新传送回来。

（2）确认客户信用

不论订单由何种方式传输，订单管理系统首先要查核客户的财务状况，以确定其是否有能力支付该件订单的账款，其做法多是检查客户的应收账款是否已超过其信用额度。

因而订单管理系统中应设计下述两种途径来查核客户信用的状况。

① 通过输入客户代号或客户名称进行查询。当输入客户代号或客户名称资料后，系统即加以核实客户的信用状况，若客户应收账款已超过其信用额度时，系统应加以警示，以便输入人员决定是否继续输入其订货资料或拒绝其订货。

② 通过订购货品资料进行查询。当客户此次的订购金额加上以前累计的应收账款超过信用额度时，系统应将此笔订单资料锁定，以便主管审核。只有审核通过，此笔订单资料才能进入下一个处理步骤。

原则上客户的信用调查是由销售部门来负责的，但有时销售部门往往为了争取订单并不太重视这种查询工作，因而也有些公司会授权物流中心负责。一旦查询结果发现客户的信用有问题，物流中心可将订单送回销售部门做进一步调查或做退回处理。

（3）确认订单形态

在接受订货业务上，有多种订单交易形态，物流中心在处理不同的客户或不同的商品时有不同的订货处理方式，因而接单后必须再对客户订单或订单上的订货品种的交易形态加以确认，以便让系统针对不同形态的订单提供不同的处理功能。

① 一般交易订单。

交易形态：正常、一般的交易订单。接单后按正常的作业程序拣选、出货、配送、收款发货。

处理方式：接单后，将资料输入订单处理系统，按正常的订单处理程序处理，资料处理完后进行拣选、出货、配送、收款发货等作业。

② 现销式交易订单。

交易形态：与客户当场直接交易、直接给货的交易订单，如业务员至客户处巡货、铺销所得的交易订单或客户直接至物流中心取货的交易订单。

处理方式：订单资料输入后，因其货品已交予客户，故订单资料不再参与拣选、出货、配送等作业，只需记录交易资料，以便收取应收款项。

③ 间接交易订单。

交易形态：客户向物流中心订货，但由供应商直接配送给客户的交易订单。

处理方式：接单后，将客户的出货资料传给供应商由其代配送。此方式要注意客户的送货单是自行制作还是委托供应商制作的，要核对确认出货资料（送货单回联）。

④ 合约式交易订单。

交易形态：与客户签订配送契约的交易订单。如签订某期间内定时配送某数量商品。

处理方式：当约定的送货日来临时，将该配送的资料输入系统处理以便出货配送；或一开始便输入合约内容的订货资料并设定各批次送货时间，以便在约定日期来临时系统自动产生送货的订单资料。

⑤ 寄库式交易订单。

交易形态：客户因促销、降价等市场因素而先行订购一定数量的货品，随后视需要再要求出货的交易订单。

处理方式：当客户要求配送寄库货品时，系统应检查客户是否确实有此项寄库货品，若有，则出货并且扣除此项货品的寄库量。注意此项货品的交易价格应依据客户当初订购时的单价计算。

⑥ 兑换券交易订单。

交易形态：客户用兑换券所兑换的货品配送出货时所产生的订单。

处理方式：将客户用兑换券所兑换的货品配送给客户时，系统应查核客户是否确实有此兑换券回收资料，若有，则依据兑换券兑换的货品及兑换条件予以出货，并应扣除客户的兑换券回收资料。

（4）确认交易价格

客户（批发、零售）不同、订购量不同，售价也可能不同，当输入价格时系统应加以核对。若输入的价格不符（如输入错误或因业务员降价强接单等），系统应加以锁定，以便主管审核。

（5）确认加工包装方式

对于订购的货品是否有特殊的包装、分装或贴标签等要求，或有关赠品的包装等资料，都需要详细加以确认记录。

订单确认无误后，要设定订单号码。每一张订单都要有其单独的订单号码，此号码由控制单位或成本单位来指定，除了便于计算成本外，还可用于制造、配送等有关工作，而且所有工作说明单及进度报告均应附此号码。

3. 订单有效性分析

1）影响订单有效性的因素

订单的有效性主要受订单本身和需求商的状况影响，影响订单有效性的因素主要有以下几种。

（1）订单时间

订单时间是影响订单有效性的首要因素。订单时间必须在有效期之内，物流中心接收到订单的时间必须在客户所要求的货物送达时间之前，同时两者之间的时间差也不能太短，也就是必须给物流中心留出合理的备货时间。

（2）订单的准确性

在接收订单之后要检查订单的准确性，如订单编号、数量、品种、价格等，如果出现明显的订单错误，就可以认为是无效订单。在现代电子订货方式下，尤其采用电子邮件发送的订单有时候会出现订单接收对象错误的现象，也就是业务员把订单下给了错误的供应商，尤其是订购产品与物流中心所经营的产品类型完全不一致，对于这种订单物流中心就可以认为是无效订单。如食品物流中心接收到药品类的订单，这种订单就是无效订单。

（3）客户的信用状况

客户的信用状况直接影响到其订单所涉及产品的金额总量及其应收账款量，也就是客户所订购产品总额不能够超过其信用额度与其应收账款之差。另外，对于信用额度有一定期限的客户也应该注意，在其信用有效期之外所发送的订单是无效的。

（4）客户的金融状况

客户的金融状况主要体现在客户的资金状况和付款态度上。资金状况可以通过与客户有联系的银行方面获得，如果客户资金短缺却又订购了金额比较大的订单，就可以认为该客户的订单无效。付款态度可以从与该客户以往的合作中得到信息。

2）建立客户档案

详细记录客户状况，不但能使此次交易更易进行，而且有益于以后合作机会的增加。客户档案应包含订单处理需用到的及与配送作业相关的资料。客户档案内容如表 3-1-2 所示。

表 3-1-2 客户档案内容

序号	项 目	细 则
1	基本信息	客户姓名、代号、等级形态（产业交易性质）
2	客户信用状况	银行信用、客户信用额度
3	销售优惠	客户销售付款及折扣率的条件
4	业务员	开发或负责此客户的业务员
5	客户配送区域	如地区、省、市、县及城市各区域等，基于地理位置或相关特性将有助于提升管理及配送的效率
6	客户收账地址	征收客户账款的地址
7	配送路径顺序	按照区域、街道、客户位置为客户分配适当的配送路径
8	车辆形态	往往客户所在地点的街道对车辆大小有所限制，因此需将适合该客户的车辆形态记录于资料档案中
9	卸货特征	由于建筑物本身或周围环境的特性（地下室有限高或高层楼）、客户所在地点和客户卸货位置可能造成卸货有不同的需求及难易程度，在车辆及工具的调度上需加以考虑
10	客户配送要求	客户对于送货时间有特定要求或有协助上架、贴标签等要求的，也应将其记录于资料档案中
11	过期订单处理指示	按客户能同意延迟订单的处理方式，事先将其记录于资料档案中，以省去临时询问或须紧急处理的不便

4. 存货查询与分配

1）存货查询

存货查询在于确认是否有库存能够满足客户需求，通常称为"事先拣选"（pre-picking the order）。存货档案的资料一般包括货品名称、存货单位（stock keeping unit, SKU）代码、产品描述、库存量、已分配存货、有效存货及期望进货时间。

因而当输入客户订货商品的名称、代码时，系统即开始核对存货档案的相关资料，看此商品是否缺货，若缺货则可提供商品资料或此缺货商品的已采购未入库信息，便于接单人员与客户协调是否改订替代品或是否允许延后出货等权宜办法，以提高人员的接单率及接单处理效率。

2）存货分配

当订单资料输入系统并确认无误后，最主要的处理作业在于如何将大量的订货资料作最有效的汇总分类、调拨库存，以便后续的物流作业能有效地进行。存货的分配模式可分为单一订单分配及批次分配两种。

（1）单一订单分配

单一订单分配多为线上即时分配，即在输入订单资料时就将存货分配给该订单。

（2）批次分配

批次分配就是在累积汇总数笔已输入订单资料后，再进行库存分配。物流中心因订单数量多、客户类型等级多，且多为每天固定配送次数，因此通常采用批次分配以确保对库存作最佳的分配。

当采用批次分配时，要注意订单的分批原则，即批次的划分方法。作业不同，各物流中心的分批原则也可能不同，主要有以下几种。

① 按接单顺序划分：将整个接单时段划分成几个区段，若一天有多个配送批次，可配合配送批次将订单按接单先后顺序分为几个批次处理。

② 按配送区域路径划分：将同一配送区域路径的订单汇总在一起处理。

③ 按流通加工要求划分：将有加工需求的订单汇总在一起处理。

④ 按车辆需求划分：若配送商品需要用特殊的配送车辆（如低温车、冷冻车、冷藏车）或者客户所在地、订货有特殊要求，则可汇总合并处理。

然而，若以批次分配选定参与分配的订单后，若这些订单的某商品总出货量大于可分配的库存量，则应如何分配有限的库存呢？可依以下四原则来决定客户订购的优先性。

① 具有特殊优先权者先分配：对于一些例外的订单，如缺货补货订单、延迟交货订单、紧急订单、远期订单（在前次即允诺交货的订单），或者客户提前预约、紧急需求的订单，应有优先取得存货的权利。因此当存货已补充或已到交货期限，应确定这些订单的优先分配权。

② 依客户等级来取舍，将重要性程度高的客户订单作优先处理。

③ 依订单交易量或交易金额来取舍，将对公司贡献度大的订单作优先处理。

④ 依客户信用状况来取舍，将信用较好的客户订单作优先处理。

此外，也可依上述原则在接受客户订单时就将优先顺序输入系统（以 A、B、C 或 1、2、3 来表示），而后在作分配时即可依此顺序自动作取舍，也就是建立一套订单处理的优先系统。

3）存货分配不足之异动处理

若现有存货数量无法满足客户需求且客户又不愿以替代品替代，则应依客户意愿与物流中心政策而定。

（1）依客户意愿而定

① 客户不允许过期交货，应删除订单上不足额的订货，甚或取消订单。

② 客户允许不足额的订货，等待有货时再予以补送。

③ 客户允许不足额的订货，留待下一次订单一同配送。

④ 客户希望所有订货一同送达。

（2）依物流中心政策而定

一些物流中心允许过期分批补货，但一些物流中心因为成本原因，不愿意分批补货，则可能宁愿客户取消订单，或要求客户延长交货日期。配合上述客户意愿与物流中心政策，对于缺货订单的处理方式归纳如下。

① 重新调拨。

若客户不允许过期交货，而物流中心也不愿失去此客户订单，则有必要重新调拨分配订单。

② 补送。

● 若客户允许不足额订单等待有货时再予以补送，且物流中心政策也允许，则采取"补送"方式。

● 若客户允许不足额订单或整张订单留待下一次订单一同配送，则采取"补送"方式。但需注意，对这些待补送的缺货品项要先记录存档。

③ 删除不足额订单。

● 若客户允许不足额订单可等待有货时再予以补送，但物流中心政策并不希望分批出货，则只好删除不足额订单。

● 若客户不允许过期交货，且物流中心也无法重新调拨，则可考虑删除不足额订单。

④ 延迟交货。

● 有时限延迟交货：客户允许一段时间的过期交货，且希望所有订单一同配送。

● 无时限延迟交货：不论需等多久客户都允许过期交货，且希望所有订货一同送达，则等待所有订货到达再出货。

对于这些整张延后配送的订单也要先记录存档。

⑤ 取消订单。

若客户希望所有订单一同送达，且不允许过期交货，而物流中心也无法重新调拨，则只能将整张订单取消。

5. 订单优先权分析

订单处理的先后顺序就是订单优先权，对于缺货商品应该先满足优先权高的客户的需求。要进行订单优先权分析，首先要明确影响订单优先权的因素，其次明确订单优先权的确定方法。

1）影响订单优先权的因素

订单处理的先后顺序可能会影响所有订单的处理速度，也可能影响较重要订单的处理速度。很多企业因为订单处理人员在忙得不可开交时会先处理不太复杂的订单，致使公司重要客户的订单在履行时拖延过久。因而需要首先明确影响订单优先权的因素有哪些，具体来说主要有订单本身因素和客户因素两大类。

（1）订单接收的先后顺序

大多数物流中心在处理客户因素相对类似的订单时，往往会根据订单接收的先后顺序来确定订单处理的先后顺序，也就是先收到的订单先处理。

（2）订单紧急程度

按时交货是客户考察供应商的一个重要指标，因此对于物流中心来说，应该尽量保证大多数订单能够按时交货，以降低订单延迟率。因此在确定订单处理的先后顺序时，距离交货日期越近的订单，其紧急性程度越高，越应该优先处理，其优先权也应该越高。

（3）订货量和订货品种

从物流中心操作人员的角度来说，操作人员倾向于首先处理订货量较小或订货品种较少的订单，主要由于这类订单处理较简单，操作时间上受其他因素影响较小。

（4）订单金额和利润

金额较大的订单给企业带来的营业额较高，其优先权较高；利润较大的订单给企业带来的收益较大，其优先权也较高。

（5）客户的重要性程度

物流中心在对客户进行管理时，往往会根据客户对于企业盈利的贡献度，将企业分为不同的等级进行管理。客户的级别越高，其对于企业的盈利贡献越大，对于这类客户订单要优先处理，在库存商品不能满足所有客户的需求时要优先满足这类客户。

（6）客户的信誉和金融状况

信誉好、付款及时、资金充足的客户往往会被物流中心划分为较高等级的客户类型，因此这一类客户的优先权也会比较高。

（7）合作年限和累计交易金额

合作年限长的客户属于企业的稳定客户，其订单优先权高；累计交易金额高的客户，能够为企业提供稳定的交易量，其订单优先权也较高。

综上所述，以下是一些可供选择的优先权法则。

① 先收到先处理；

② 使处理时间最短；

③ 预先确定顺序号；

④ 优先处理订货量小、相对简单的订单；

⑤ 优先处理承诺交货日期最早的订单；

⑥ 优先处理距离约定交货日期最近的订单；

⑦ 优先处理级别较高客户的订单。

2）订单优先权的确定方法

订单优先权的确定方法有很多，总体来说可以分为定性分析法和定量分析法两种。

（1）定性分析法

定性分析法主要通过对比与分析几个差别比较明显的定性指标，确定客户优先权的顺序。这种方法在客户较少且不同客户的几个定性指标差别比较明显时使用比较方便。但是在客户数量多、指标差别不明显或指标等级有交叉时，定性分析就较难使用了。例如，对表 3-1-3 中的客户指标使用定性分析来确定就比较容易。

表 3-1-3　定性分析指标

客户名称	客户指标	等　级
乐家超市	实力强	一
	货款到位及时	
	信誉好	
	为企业创造的利润是总利润的 20％以上	
	是企业的战略合作伙伴，签有长期合作协议	
乐福超市	实力良好	二
	货款到位较为及时	
	信誉良好	
乐乐超市	实力一般	三
	货款到位一般，偶有拖欠货款行为	
	信誉一般	

（2）定量分析法

由于定量分析法可以采用数据进行分析，能够清楚地说明每一项指标对于结果的影响程度，因此对于差别不明显或影响有交叉的指标进行评价，使用定量分析法效果比较好。

对于受到多因素影响的问题，经常采用综合价值系数方法来分析多因素对决策结果的影响，这就是多目标决策问题。这种情况下，评价配送的标准是客户的综合价值，一般可采用综合价值系数。某客户的综合价值系数越大，说明该客户的综合价值越大，其优先权就越靠前，只要按照综合价值系数进行排序，就可以得到客户的优先权排序。综合价值系数可用公式 $V = \sum MF$（V 为综合价值系数，M 为分数，F 为权数）来计算，这种方法在使用前需要先给每一个影响因素赋权重。表 3-1-4 所示为某物料供应商上期统计资料表。

表 3-1-4　某物料供应商上期统计资料表

供应商	收到的商品量/个	验收合格量/个	单价/元	合同完成率/％
甲	3 000	2 920	88	98
乙	3 400	3 200	86	92
丙	600	480	93	95
丁	1 300	1 200	90	100

按照以下分配比例来评价本地的供应商；产品质量占 40 分，单价占 35 分，合同完成率占 25 分。请根据表 3-1-4 中的数据对供应商进行评价，按照优先权排序。

以上各指标可以分为三个：商品合格率、单价、合同完成率。其中商品合格率和合同完成率对于供应商的排序影响是正相关（指数值越高越好）的，单价对于供应商的排序影响是负相关（指数值越低越好）的。商品合格率和合同完成率都是百分数，无相关单位；单价是实际价格，有单位，因此不能使用公式 $V=\sum MF$ 进行加和。这里使用最小价格比率，即最小价格与每一个价格的比值，以达到去除单位的目的；如果单价是正相关影响，则用最大价格比率，即每一个价格与最大价格的比值。再使用公式 $V=\sum MF$ 进行综合价值系数的计算。计算方法如下：

甲：$(2\,920/3\,000)\times 40+(86/88)\times 35+0.98\times 25=97.63$

乙：$(3\,200/3\,400)\times 40+(86/86)\times 35+0.92\times 25=95.65$

丙：$(480/600)\times 40+(86/93)\times 35+0.95\times 25=88.12$

丁：$(1\,200/1\,300)\times 40+(86/90)\times 35+1\times 25=95.36$

从计算结果很容易得到四家供应商的优先权排序为：甲＞乙＞丁＞丙。

6. 订单录入与资料输出

1）订单录入

订单录入是指将客户订货信息转变为物流中心订单的过程，包括以下步骤。

① 检查订货信息的准确性，如订货编号、数量、品种、价格等。

② 检查库存状况、是否有货、是否能满足客户订货条件等。

③ 准备延期订货单据或取消订单。如果不能满足客户的订货条件，则需同客户商议，是改变订货条件，还是延期订货，或者取消订单。

④ 检查客户信用等级。

⑤ 规范客户订单，把客户的订货信息按照要求的格式规范化。

⑥ 开单，准备发货单据等。

进行上述工作是必须的，因为订货请求所包含的信息往往与要求的格式不符，无法做进一步处理，要么表述不够准确，要么在交给订单履行部门执行之前还需要做一些额外的准备工作。

订单录入可以由人工完成，也可以进行全自动处理。信息技术的迅速发展大大提高了订单录入的效率。条码扫描技术的广泛应用提高了订货信息输入的速度与准确性，并降低了处理成本。借助计算机数据库使库存可供水平和客户信用的监测等活动实现自动化处理。与传统的手工处理相比，自动化订单录入所需要的时间减少了60%以上。

2）订单资料处理输出

订单资料经由上述处理后，即可开始打印一些出货单据，以展开订单处理作业。

（1）拣货单（出库单）的制作

拣货单的产生，是为了提供商品出库指示资料，作为拣选的依据。拣选资料的形式需配合物流中心的拣选策略及拣选作业方式来加以设计，以提供详细有效的拣选信息，便于拣选的进行。

拣货单的打印应考虑商品储位，依据储位前后相关顺序打印，以减少人员的重复往返取货，同时拣选数量、单位也要详细标示。随着拣选、储存设备的自动化，传统拣货单的形式已不符合需求，利用计算机、通信等方式处理并显示拣选资料已取代部分传统的拣货单，如配有电子标签的货架、拣选台车及自动存取的自动化立体仓库等。采用这些自动化设备进行拣选作业，需注意拣选资料的格式与设备显示器的配合，以及系统与设备间的资料传送和回收处理。

　　一般拣货单分为两种：按用户分类的单一用户拣货单（分户拣货单）和按商品品种分类的批量拣货单（品种拣货单），分别如表3-1-5、表3-1-6所示。

表3-1-5　分户拣货单

拣货单号					用户订单编号				
用户名称									
出货时间					出货货位号				
拣货时间	年 月 日至 年 月 日				拣货人				
核查时间	年 月 日至 年 月 日				核查人				
序号	储位号码	商品名称	规格型号	商品编码	包装单位			数量	备注
					箱	整托盘	单件		

（注：本表是单一用户、多个品种所用单据。实际使用的拣货单由于商品种类可能很多，本表只给出2行，可按实际需要增加行数）

表3-1-6　品种拣货单

拣货单号			包装单位			储位号码
商品名称			箱	整托盘	单件	
规格型号		数量				
商品编码						
生产厂家						
拣货时间	年 月 日至 年 月 日				拣货人	
核查时间	年 月 日至 年 月 日				核查人	
序号	订单编号	用户名称	包装单位			数量	出货单位	备注
			箱	整托盘	单件			

（注：本表是单一商品、多个用户所用单据，在实际使用时可根据需要增加用户的数量）

（2）送货单的制作

当物品交货配送时，通常需附上送货单给客户清点签收，其正确性及明确性很重要。要确保送货单上的资料与实际送货资料相符，除了出货前的清点外，出货单据的打印时间及修改也必须注意。

① 单据打印时间。保证送货单上的资料与实际出货资料一致的最好方法是，在出车前，当一切清点动作完毕且不符合的资料也在计算机上修改完毕时，再打印出货单。但此时再打印出货单，常因单据数量多，耗费许多时间，影响出车时间。若提早打印，则对于因为拣选、分类作业后发现实际存货不足或客户临时更改订单等原因，造成原出货单上的资料与实际不符的情况，须重新打印送货单。

② 送货单资料。送货单上的资料除了基本的出货资料外，对于一些订单异动情形（如缺货品项或缺货数量等）也必须打印注明。送货单如表 3-1-7 所示。

表 3-1-7　送 货 单

客　户_____　　　　　　　送货日期：_____

负责人_____　　　　　　　单据类型：_____

地　址_____

	品名规格	品名代号	品级	单位	数量	单价	金额	重量	出库单位	出库代号	门卫 No.
1											
2											
3											
合计											

销货通知单：		客户编号：	
提货单：		统一发票：	
承运商或送达方式：			

备注	单价金额及统一发票号码由业务部核填	业务部		发送单位			月　　日
		主管	主办	科长	组长	填表	交运单

第二联　会计联（仓库、业务、会计存）

（3）缺货资料

分配库存后，对于缺货的商品或缺货的订单资料，系统应提供查询或报表打印功能，以便人员处理。

① 库存缺货商品。提供依商品类别或供应商类别进行查询的缺货商品资料，以提醒采购人员紧急采购。

② 缺货订单。提供依客户类别查询的缺货订单资料，以便相关人员处理。

7. 订单处理状态跟踪

为了给客户提供更好的服务，满足客户希望了解订单处理状态信息的要求，需要对订单处理状态进行跟踪，并与客户交流订单处理状态信息。

3.1.2 制订配送计划

1. 配送计划的主要内容

一份完整的、具有可操作性的配送计划由以下几方面内容组成。

（1）客户订单方面

客户需求的商品名称、规格、数量、交货时间和交货地点。

（2）配送作业方面

① 送货车辆、送货路线与人员。尽可能优化车辆行走路线与送货批次，并将送货地点和路线在地图上标明或在表格中列出，配备合适人员全程、全车负责，完成对客户的送货。

② 时间性需求。结合运输距离确定送货提前期。

③ 送达服务的具体组织方式和规范。包括货物的卸下、搬运、放置，设施的安装、调试、维护、修理、更换，废弃物的清理、回收，单据的填写、签章，货款的结算方式和规范。

（3）配送预算方面

配送计划应对配送成本支出项目作出合理预算，包括资本成本分摊、支付利息、员工工资福利、行政办公费用、商务交易费用、自有车辆设备运行费、外车费用、保险费或残损风险、工具及耗损材料费、装卸搬运作业费、车辆燃油费等。

配送计划确定之后，还应将货物送达时间、品种、规格、数量通知客户，使客户按计划准备接货工作。

2. 制订配送计划的依据

制订配送计划的依据主要有以下几方面。

① 客户订单。客户订单对配送商品的品种、规格、数量、送货时间、送达地点、收货方式等都有要求，因此客户订单是制订配送计划的最基本的依据。

② 客户分布、送货距离、送货路线。客户的地理位置分布、客户位置到物流中心距离的长短、物流中心到达客户收货地点的路线选择，直接影响到配送成本。

③ 物品特性。配送货物的体积、形状、重量、性能、运输要求，是决定运输方式、车辆种类、载重、容积、装卸设备的制约因素。

④ 运输、装卸条件。道路交通状况、送达地点及其作业地理环境、装卸货时间、气候等对配送作业的效率也有相当大的约束作用。

⑤ 根据分日、分时的运力配置情况，决定是否要临时增减配送业务。

⑥ 调查各配送点的物品品种、规格、数量是否适应配送业务的要求。

3. 配送计划制订的影响因素

配送计划作为指导配送活动的方案，在配送方案设计中具有重要意义。配送计划的制订受以下因素的影响。

（1）配送对象（客户）

客户是分销商、物流中心、连锁门店、超市、便利店、平价商店等业态中的一种或几种。不同的客户其订货量不同，出货形式也不尽相同。比如，分销商、物流中心及连锁门店等的订货量较大，出货形态可能大部分为整托盘出货，小部分为整箱出货；超市的订货量其次，出货形态可能有 10％属于整托盘出货，60％属于整箱出货，30％属于拆箱出货；便利店及平价商店的订货量较小，出货形态可能有 30％属于整箱出货，70％属于拆箱出货。

出货形态不一致，会影响到理货、拣选、配货、配装、包装、送货、服务与信息等作业在人员、设备、工具、效率、时间和成本等方面的不同，也就是配送计划的内容会有所不同。

（2）配送物品种类

物流中心处理的物品种类，多则几千甚至上万种，少则几十种，品种数不同，复杂性与困难性也不同。另外，物流中心所处理的物品种类不同，其特性也不完全相同。

（3）配送数量或库存量

物流中心的配送数量、库存量、库存周期，影响到物流中心的作业能力和设备的配置，也影响到物流中心的面积和空间的需求。因此，应对库存量和库存周期进行详细的分析。

（4）配送物品价值

在做配送计划的预算或结算时，配送成本往往会按物品的比例进行计算。如果物品的单价高则其占比相对会比较低，配送成本较低；如果物品的单价低则其占比相对会比较高，配送成本较高。

（5）物流渠道

物流渠道大致有以下几种模式：

① 生产企业—物流中心—分销商—零售商—消费者；

② 生产企业—分销商—物流中心—零售商—消费者；

③ 生产企业—物流中心＋零售商—消费者；

④ 生产企业—物流中心—消费者。

在制订物流配送计划时，应根据物流中心在物流渠道中的位置和上下游客户的特点进行规划。

（6）物流服务水平

衡量物流服务水平的指标主要包括订货交货时间、货品缺货率和增值服务能力等。

物流中心应该针对客户的需求，制订一个合理的服务水准，使配送服务与配送成本均衡，实现客户满意。

（7）物流交货期

物流交货期是指从客户下订单开始，经过订单处理、库存查询、集货、流通加工、分拣、配货、装车、送货后，到达客户手中的这段时间。

物流的交货时间依服务水准不同，可分为 2 h、12 h、24 h、2 天、3 天、1 星期等几种。

4. 配送计划的决策

配送计划的决策主要考虑以下几个问题。

（1）基本配送区域划分

首先对客户所在地的具体位置做系统统计，并将其进行区域上的整体划分，再将每一客户划分在不同的基本配送区域之中，以作为配送决策的基本参考。例如，按行政区域或交通条件划分配送区域。

（2）车辆配载

由于配送货物的品种、特性存在差异，为了提高送货效率，确保货物品质，在接到客户订单后应首先对货物分类，按类别采取不同的送货方式和运输工具，例如根据食品、冷冻食品、服装、图书等进行分类配载；然后，根据货物需求的轻重缓急做好车辆的初步配装工作。

（3）暂定配送先后顺序

根据客户订单的交货期要求，对送货的先后顺序做大致的安排，为后续车辆积载做准备工作，以有效保证送货时间，提高运作效率。

（4）车辆安排

车辆安排要解决的问题是安排什么类型、什么吨位的配送车辆，是使用自用车还是外雇车。首先，要了解有哪些车辆可供调派且符合要求，也就是了解这些车辆的容积和额定载重量是否满足要求；其次，分析订单物品信息，如重量、数量、体积、装卸要求、包装要求、运输要求等。综合考虑各方面影响因素后，做出合适的车辆安排。

（5）确定每辆车所负责的客户

确定配送车辆安排以后，应确定每辆车所负责的客户。

（6）路线选择

知道了每辆车所负责的客户后，根据各客户点的位置关联性及交通状况来选择送货路线，以最快的速度完成这些客户点的配送。除此之外，对于有些客户或所在环境有送达时间要求的也要加以考虑，如有些客户不愿中午收货、有些道路在高峰时间不准卡车进入等，都必须尽量在选择路线时避开。

（7）确定最终配送顺序

做好车辆调度并选择好配送路线后，依据每车所负责配送的具体客户的先后，即可确定客户的最终配送顺序，为后续车辆积载做好准备。

（8）车辆装载方式

确定了客户的配送顺序，接下来就要解决如何装车、装车次序的问题。原则上，知道了客户的配送顺序后，只要将货品依后送达先上车的顺序装车即可，但有时为妥善利用空间，可能还要根据货品的性质（怕振、怕撞、怕湿）、形状、容积及重量等来做弹性置放。此外，有些货品的装卸方式也有必要依货品的性质、形状等来决定。

最后，根据上述步骤，结合客户订单情况，制订配送任务的配送计划，形成配送计划书。

3.1.3　拣选

1. 拣选作业流程

1）拣选作业的含义

（1）拣选作业

拣选作业又称拣货作业、分拣作业，是物流中心依据顾客的订货要求或物流中心的送货计划，尽可能迅速、准确地将商品从其储位或其他区域拣取出来，并按一定的方式进行分类、集中、等待配装送货的作业流程。

在物流中心搬运成本中，拣选作业的搬运成本约占90%；在劳动密集型的物流中心，与拣选作业直接相关的人力占50%；拣选作业时间占整个物流中心作业时间的30%～40%。因此，在配送作业的各个环节中，拣选作业是整个物流中心作业系统的核心。合理规划与管理拣选作业，对物流中心作业效率的提高具有决定性的影响。

配送多为多品种、小体积、小批量的物流作业，而且工艺复杂，特别是对于客户多、需求频率高、送货时间要求高的配送服务，拣选作业的速度和质量不仅对物流中心的作业效率起决定性的作用，而且直接影响整个物流中心的信誉和服务水平。因此，迅速、准确地将顾客要求的商品集合起来，并通过分类、配装及时送交顾客，是拣选作业的最终目的及功能。

（2）拣选单位

一般而言，拣选单位可分成托盘、箱、单品及特殊品四种。

① 托盘。托盘由箱堆叠而成，无法用人手直接搬运，拣选时以整个托盘为拣取单位搬运，必须利用电动堆高机、叉车或拖车等机械设备。

② 箱。箱由单品组成，可由托盘上取出，人必须用双手拣取。

③ 单品。单品是拣选的最小单位，可由箱中取出，人可以单手拣取。

④ 特殊品。特殊品的体积大、形状特殊，无法按栈板、箱归类或必须在特殊条件下

作业。例如，大型家具、桶装油料、长杆形货物、冷却货品等都属于特殊品，其拣选系统的设计将更为严格。

拣选单位是根据订单分析的结果来决定的，如果订货的最小单位是箱，则不需要单品拣选单位。

（3）拣选作业流程

制定科学合理的拣选作业流程，对于提高物流中心的运作效率与商品服务具有重要的意义。拣选作业流程如图3-1-3所示。

图3-1-3　拣选作业流程图

2）拣选作业的基本内容

拣选作业的基本内容包括以下四个环节。

（1）形成拣选资料

在拣选作业开始前，指示拣选作业的单据或信息必须先行处理完成。虽然一些物流中心直接利用顾客订单或公司交货单作为拣选指示，但此类传票容易在拣选过程中受到污损而产生错误，所以多数拣选方式仍需将原始传票转换成拣货单或电子信号，使拣选人员或自动拣取设备进行更有效的拣选作业。

（2）行走与搬运

当拣选时，拣选人员或机器必须直接接触并拿取货物，这样就形成了拣选过程中的行走与货物的搬运。这一过程有以下两种完成方式。

①人—物方式：拣选人员以步行或搭乘拣选车辆的方式到达货物储位。这一方式的特点是物静而人动，拣取者包括拣选人员、自动拣货机或拣货机器人。

②物—人方式：与第一种方式相反，拣选人员在固定位置作业，而货物保持动态。这种方式的特点是物动而人静，如轻负载自动仓储、旋转自动仓储等。

（3）拣选

无论是人工或机械拣取货物都必须首先确认被拣货物的品名、规格、数量等内容是否与拣选信息传递的指示一致。这种确认既可以通过人工目视读取信息，也可以利用无线传输终端机读取条码，由计算机进行对比。后一种方式可以大幅度降低拣选的错误率。当拣选信息被确认后，拣取的过程可以由人工或自动化设备完成。

（4）分类与集中

物流中心在收到多个客户的订单后，可以形成批量拣取。然后，再根据不同客户和送货路线进行分类与集中，有些需要进行流通加工的商品还需根据加工方法进行分类，加工完毕再按一定方式分类出货。多品种分类的工艺过程较复杂，难度也大，容易发生错误，必须在统筹安排形成规模效应的基础上提高作业的精确性。分类完成后，经过查对、包装便可以出货了。

拣选作业消耗的时间主要包括四大部分：订单或送货单经过信息处理过程，形成拣选指示的时间；行走与搬运货物的时间；准确找到货物的储位并确认所拣货物及数量的时间；拣取完毕，将货物分类集中的时间。提高拣选作业效率主要是缩短以上四个作业时间。

2. 拣选方式与策略

1）拣选作业的形式

实施拣选作业首先面临的问题就是要依据各物流中心内部环境确定拣选形式。根据手段的不同，拣选作业通常可分为以下几种形式。

（1）人工拣选

由拣选作业人员一次巡回或分段巡回于各货架之间，按订单拣选，直至配齐。

（2）人工加手工作业车拣选

拣选人员推着手工作业车一次巡回或分段巡回于货架之间，按订单进行拣选，直到配齐。它与人工拣选基本相同，区别在于借助半机械化的手工作业车进行作业。

（3）机动作业车拣选

拣选人员乘车辆或台车为一个用户或多个用户拣选，在拣选过程中开始进行货物装箱或装托盘的处理。

（4）传送运输带拣选

拣选人员只在附近几个货位进行拣选作业，传送运输带不停地运转；或拣选人员按照电子标签的指令将货物取出放在传送运输带上，或放入传送运输带上的容器内。传送运输带转到末端时把货物卸下来，放在已划分好的货位上，待装车发货。每个拣选人员仅负责几种货物的拣选。

（5）拣选机械拣选

自动分拣机或由人工操作的叉车、分拣台车巡回于高层货架间进行拣选，或者在高层重力式货架一端进行拣选。这种方式可以由人工操作机械或车，也可以通过计算机控制使拣选机械自动寻址、自动取货。

（6）回转式货架拣选

拣选人员固定在拣选的位置，按用户的订单操纵回转货架作业。

对于重量和体积都较大且易形成集装单元的货物，可选择拣选机械拣选或机动作业车拣选；对于拣选作业区域窄小的作业，可选用回转式货架拣选；对于货物数量少、重量和体积较小的货品，可采用人工拣选或人工加手工作业车拣选。

2）拣选作业的主要方法

（1）单一拣取

① 结合分区策略，单一拣取方式又可以分为单人拣取、分区接力拣取和分区汇总拣取三种方式。

单人拣取是指一张订单由一个人从头到尾负责到底。此种拣选方式只需将拣货单中的订单资料转为拣选需求资料即可。

分区接力拣取是将存储区或拣选区划分成几个区域，一张订单由各区人员采取前后接力的方式合力完成。

分区汇总拣取是将存储区或拣选区划分成几个区域，将一张订单拆成各区域所需的拣货单，再将各区域所拣取的商品汇集在一起。

② 一般来讲，单一拣取的准确度较高，很少发生货差，并且机动灵活。这种方式可以根据用户要求调整拣选的先后次序；对于紧急需求，可以集中力量快速拣取；对机械化、自动化没有严格要求；一张货单拣取完毕后，货物便配置齐备，配货作业与拣选作业同时完成，简化了作业程序，有利于提高作业效率。

③ 在以下情况下，单一拣取方式比较适用。

首先，用户不稳定，波动较大；其次，用户需求种类不多；最后，用户之间需求差异较大，配送时间要求不一。

（2）批量拣取

批量拣取是将数张订单汇总成一批，再将各订单相同的商品订购数量加总，一起拣取处理。

批量拣取的分批方式主要有下面几种。

① 按拣选单位分批，就是将同一种拣选单位的品种汇总合并处理。

② 按配送区域路径分批，就是将同一配送区域路径的订单汇总合并处理。

③ 按流通加工需求分批，就是将需加工处理或需相同流通加工处理的订单汇总合并处理。

④ 按车辆需求分批，就是将配送商品需特殊的配送车辆（如低温车、冷冻、冷藏车）或客户所在地需特殊类型车辆的订单汇总合并处理。

与单一拣取方式相比，批量拣取方式由于将用户的需求集中起来进行拣取，所以有利于进行拣取路线规划，减少不必要的重复行走。但其计划性较强，规划难度较大，容易发生错误。

批量拣取方式比较适合用户稳定、用户数量较多的专业性物流中心，需求数量可以有差异，配送时间要求也不太严格，但品种共性要求相同。

（3）两种常用的拣选作业方法

根据物品特性常采用以下两种方法进行拣选。

① 摘果式拣选作业。摘果式拣选作业又称作"拣取式""按单分拣""人到货前式"拣选作业，即针对每一张订单，拣选人员按照订单所列的商品及数量，将商品从储存区域或分拣区域拣取出来，然后集中在一起，是较传统的拣选方法。储物货位相对固定，而拣选人员或工具相对运动。一般是一次只为一个客户进行配货作业，在搬运车容积许

可而且配送商品不太复杂的情况下，也可以同时为两个及以上的客户配货。摘果式拣选作业可以按照客户要求的时间确定配货的先后次序，而且配好的商品可以直接配载到运送车辆上。当商品的数量较少时，应用这种方法可以减少下一步分拣作业的过程，既简化了作业环节，提高了作业效率，又有利于提高配货作业的准确性，是提高配货效率的有效方法。有人将这种方法称为"人就货"的拣选作业方法，即拣选人员依靠各种设备往来于不同货架、不同货位之间，到所需要商品的储存货位拣取商品。

一般来讲，摘果式拣选作业的准确度高，机动灵活。这种方法可以根据客户的要求调整拣选顺序，对于紧急需求可集中力量快速拣取。一张订单拣取完毕，货物便配置齐全，配货作业与拣选作业同时完成，简化了作业程序，有利于提高效率。但当商品品种较多时，行走路径加长，拣取效率则较低。

摘果式拣选作业常用于以下几种情况：储存的商品不易移动；客户需要的商品品种较多、每种商品的数量较小，会增加统计和共同取货的难度，采取其他方法配货时间太长，而利用此拣选方法能起到简化作用；订单大小差异较大、订单数量变化频繁、商品差异较大的情况，如化妆品、家具、电器、百货、高级服饰等；用户不稳定，波动较大，不能建立相对稳定的用户分货货位，难以建立稳定的分货路线，当用户少时或用户很多时都可以采取此拣选方法；在用户之间共同需求差异较大的情况下，统计用户共同需求，将共同需求一次取出再分给各用户的办法无法实行，在有共同需求又有很多特殊需求的情况下，采取其他配货方式容易出现差错，而采取摘果式拣选有利得多；在紧急的、有限定时间的情况下，采用摘果式拣选方法可有效地调整拣选配货顺序，满足不同的时间需求，尤其对于紧急的即时需求更为有效。因此，即使是以其他工艺路线为主，仍然需要辅以拣选式路线。当传统的仓库改造为物流中心或新建的物流中心初期运营时，摘果式拣选作业可作为一种过渡性的办法。

② 播种式拣选作业。播种式拣选作业又称为"分货式""批量分拣"拣选作业，是把多张订单集合成一批，按照商品品种将数量汇总后进行拣取，之后按照客户订单做分类处理的拣选作业方法。

播种式拣选作业类似于田野中的播种操作，用户货位固定，分货人员和工具相对运动。将多张订单集合成一批，先将需要配送数量较多的同种商品从储存货位取出，集中搬运到发货区；组配机械在各个客户的发货位间移动，并依次将各个客户需要的该类商品按照要求的数量分出来。这样，每巡回一次，就将某一种商品分到若干个需要该类商品的客户发货位上。如此反复，直到将每个客户需要的各种商品都配齐，就完成了一次配货作业任务。

与摘果式拣选作业相比，播种式拣选作业可以提高配货速度，节约配货的劳动消耗，提高作业效率。尤其是当需要配送的客户数量很多时，采用播种式作业能够取得更好的效果。

播种式拣选作业由于将客户订单集中起来进行拣取，所以有利于规划拣取路径，减少不必要的重复行走。但其计划性较强、规划难度较大，容易发生错误。

播种式拣选作业常用于以下几种情况：客户需要的商品种类较少、每种商品的需要量不大；订单变动较小，订单数量稳定，外形较规则、固定的商品；需进行流通加工的商品，先批量拣取，再批量加工，然后分类配送；连锁企业内部的物流中心，用户都是自营的门店，用户稳定，且用户数量较多，各用户需求具有很强的共同性，差异较小，在需求数量上有一定的差异，但需求的种类差异很小；用户需求种类有限，易于统计和分货时间不太长的情况；用户对配送时间没有严格限制或轻重缓急要求的情况。

3）拣选作业策略

拣选作业策略是影响拣选作业效率的关键，主要包括分区、订单分割、订单分批、分类四个因素，这四个因素相互作用可产生多个拣选作业策略。

（1）分区

分区是指将拣选作业场地进行区域划分，主要的分区原则有以下三种。

① 按拣选单位分区。如将拣选区分为箱装拣选区、单品拣选区等，基本上这一分区与存储单位分区是相对应的，其目的在于将存储与拣选单位分类统一，以便使拣取与搬运单元化。

② 按物流量分区。这种方法是按各种货物出货量的大小及拣取次数的多少进行分类，再根据各组群的特征，决定合适的拣选设备及拣选方式。这种分区方法可以减少不必要的重复行走，提高拣选效率。

③ 按工作分区。这种方法是指将拣选作业场地划分为几个区域，由专人负责各个区域的货物拣选。这种分区方法有利于拣选人员记忆货物存放的位置，熟悉货物品种，缩短拣选所需时间。

（2）订单分割

当订单所订购的商品种类较多或需要及时快速地完成拣选作业时，需要将一份订单分割成多份订单，交给不同的拣选人员同时进行拣取。要注意的是：订单分割要与分区原则结合起来，才能取得较好的效果。

（3）订单分批

订单分批是将多张订单集中起来进行批次拣取的作业。订单分批的方法有多种。

① 按照总合计量分批。将所有订单中的订货量按品种进行累计，然后按累计的总量进行拣取，其好处在于可以缩短拣选路径。

② 按时窗分批。在存在紧急订单的情况下可以开启短暂而固定的 5 min 或 10 min 的时窗，然后将这一时窗的订单集中起来进行拣取。这一方式非常适合到达间隔时间短而平均的订单，常与分区及订单分割联合运用，不适宜订购量大及品种过多的订单。

③ 固定订单量分批。在这种分批方法下，订单按照先到先处理的原则，积累到一定

量后即开始拣选作业。这种分批方法可以维持较稳定的作业效率。

④ 智能型分批。将订单输入计算机后，将拣选路径相近的各订单集合成一批。这种方法可以有效减少重复行走的距离。

（4）分类

如果采用分批拣选策略，还必须明确相应的分类策略。分类的方法主要有两种：一是在拣取货物的同时将其分类到各订单中；二是集中分类，先批量拣取，然后再分类，可以用人工集中分类，也可以用自动分类机进行分类。

3. 形成拣选资料

拣选信息是指根据客户订单的相关资料，及时准确地为拣选人员提供拣选作业所需要的信息，以保证拣选人员在既定拣选方式下正确而迅速地进行拣选作业。拣选信息是拣选作业规划设计中极为重要的一环，是拣选人员的指示依据，也是拣选作业的原动力。

拣选信息是拣选作业的指令。拣选信息的作用在于指导拣选作业的进行，使拣选人员正确而迅速地完成拣选工作。拣选作业的依据是顾客的订单或其他送货指令，因此拣选信息最终来源于顾客的订单。拣选信息既可以通过手工单据来传递，也可以通过其他电子设备和自动拣选控制系统来传输。

（1）订单传票

订单传票即直接利用客户的订单，或以物流中心送货单来作为拣选指示凭据。这种方法适合订单订购品种较少、批量较小的情况，经常配合单一订单拣取方式。订单在传递和拣选过程中易受到污损，可能导致作业过程发生错误，并且订单上未标明货物储放的位置，靠拣选人员的记忆拣取，影响拣选效率。

（2）拣货单传递

拣货单传递是目前最常用的拣选方式。拣货单传递拣选信息，是将原始的客户订单输入计算机，进行拣选信息处理后，生成并打印出来，拣选人员据此拣货。产品的储位编号显示在拣货单上，同时可按路径先后次序排列储位编号，引导拣选人员按最短路径拣选。采用拣货单传递拣选信息，其优势在于：经过处理后形成的拣货单上所标明的信息能更直接、更具体地指导拣选作业，提高拣选作业的效率和准确性。但处理、打印拣货单需要一定成本，而且必须尽可能防止拣货单出现误差。

（3）贴标签

标签可以取代拣货单。标签上印有物品的名称、位置、数量和价格等信息。标签的数量等于拣取量，在拣取的同时贴标签于货物上。因货物和标签同步前进，利用扫描器读取货品的条码，错误率极小。

（4）显示器传递

显示器传递是在货架上安装液晶显示器，通过计算机控制来显示该货位应该拣取货物的数量。这种方式可以安装在重力式货架、托盘货架、一般货物棚架上。显示器传递方式可以配合人工拣选,防止拣选错误,加快拣选人员的反应速度,提高拣选效率。

(5)条码

条码被贴附在物品或货箱表面上,经过扫描器阅读、计算机解码把"线条符号"转变成"数字符号",便于计算机进行信息处理。

条码是商品从制造、批发到销售过程中自动化管理的符号。通过条码扫描器自动读取,不但能准确、快速地掌握商品信息,而且可提高库存管理精度,是一种实现商品管理现代化、提高物流效率的有效方法。例如,通过条码扫描器读取表示货架位置号码的条码后,什么货物放在何处保管的信息就可立即得到。

(6)无线通信传递

把无线电识别器安装在移动设备(叉车或堆垛机等)上,同时把接收和发射电波的ID卡或电子标签等信息的反应器安装在货物或储位上,当无线电识别器接近货物时,就会立即读取货物或储位上的信息,通过识别电路传给计算机。

例如,若将ID卡安装在托盘上,而把无线电识别器安装在堆垛机上,当堆垛机接近托盘时,托盘上的信息就会被无线电识别器读取并传递给计算机。

(7)计算机随行指示

在堆垛机或台车上安装辅助拣选的计算机终端,在拣选之前把拣选信息输入计算机,拣选人员根据计算机显示和引导,能迅速而正确地拣取货物。

(8)自动拣选系统信息输入

拣取的动作由自动机械负责,当电子信息输入自动拣选系统后,自动完成拣选工作,无须人工介入。这是世界上最先进的拣选系统,是物流拣选设备研究发展的方向。

4. 确定拣选路径、拣取商品

物流中心根据拣货单所指示的商品编码、储位编号等信息,能够明确商品所处的位置,确定合理的拣选路径,安排拣选人员进行拣选作业。

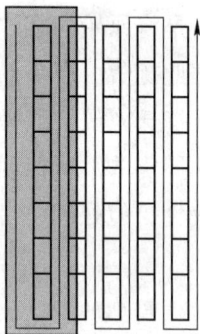

图3-1-4 顺序拣选路径示意图

顺序拣选路径是一种最为常见的拣选路径,是指按商品所在货位号的大小从储存区域的入口顺序来确定拣选路径,如图3-1-4所示。按这种拣选路径,拣选人员首先拣取储存区域内某一通道上所有的产品。当拣选人员从通道的一端向另一端行进时,下一个要拣出的产品的货位离上一个最近,这样走完全程就能一次性地把所有商品拣出。按这种拣选路径拣选的优点是缩短拣选人员的拣选时间和拣选路程,减少疲劳和拣选误差,提高拣选效率。

根据不同的客户或送货路线将拣出的商品进行分类与集中,有些需要进行流通加工的商品还需根据加工方法进行分类，加工完毕再按一定方式出货。多品种分货的工艺过程较复杂，难度也大，容易发生错误，必须在统筹安排形成规模效应的基础上，提高作业的精确性。在物品体积小、重量轻的情况下，可以采取人工分拣，也可以采取机械辅助作业，或利用自动分拣机自动将拣取出来的货物进行分类与集中。

拣选作业是一项非常繁重的工作，尤其是面对零售业多品种、少批量的订货，物流中心的劳动量大大增加，若无新技术的支撑将会导致作业效率下降。理想的拣选作业应该具备以下七个要点：

① 不要等待——零闲置时间；

② 不要拿取——零搬运（多利用输送带、无人搬运车）；

③ 不要走动——动线的缩短；

④ 不要思考——零判断业务（不依赖熟练工）；

⑤ 不要寻找——储位管理；

⑥ 不要书写——免纸张（paper-less）；

⑦ 不要检查——利用条码由计算机检查。

3.1.4　理货

1. 补货

1）补货作业的目的与类型

（1）补货作业的目的

补货作业是指在物流中心的存货低于设定标准时而发出存货再订购指令的作业活动，或者在拣选区的存货低于设定标准的情况下，将货物从仓库保管区域运到拣选区的作业活动。

补货作业的目的是确保存货中的每一种商品都在目标服务水平下达到最优库存水平，或是将正确的商品在正确的时间、正确的地点，以正确的数量和最有效的方式送到指定的拣选区，确保拣选区随时有货可拣，是保证充足货源的基础，能够及时满足客户订货、出货的需要，提高拣选的效率。

（2）补货作业的类型

在物流中心的所有作业中，补货作业和拣选作业前后相连，紧密结合。提高补货作业的运作效率对改善物流中心的物流运作效率发挥着越来越重要的作用。根据物流中心的物理配置和储存策略的不同，补货作业可分为多种类型，流动补货和移动补货是两个常用类型。

① 流动补货。将货物从保管区移至流动式货架，由流动式货架向商品拣选作业区进行补货。

② 移动补货。将货架上层作为储存区，下层作为拣选区，商品由货架上层向货架下

层补货。

2）选择补货方式

补货的目的是为拣选提供货源，拣选作业的效率与补货作业密切相关，所以补货是为了支持拣选。支持拣选的补货主要有以下方式。

（1）按每次补货量划分

按每次补货量划分，补货有三种方式：整箱补货、整托盘补货和货架上层向货架下层的补货。

① 整箱补货。由货架保管区补货到有流利货架的拣选区。在这种补货方式下，保管区为货架储放，拣选区为两面开放式的流利货架储放。当拣选时拣选人员在流利货架拣取单品并放入周转箱后，由输送机将货品运至出货区。当拣选区的库存低于标准时，即开始补货。作业人员到货架保管区取货箱，使用手推车或电动堆高机载至拣选区，从流利货架的后方（非拣取面）补货。这种补货方式适合体积小且少量多样出货的货品。

② 整托盘补货。由地板平置堆叠保管区补货至地板平置堆叠拣选区。在这种补货方式下，保管区为以托盘为单位的地板平置堆叠储放，拣选区也为以托盘为单位的地板平置堆叠储放，不同之处在于保管区的面积较大，储放货品数量较多，而拣选区的面积较小，储放货品数量较少。拣选人员在拣选区拣取托盘上的货箱，放至中央输送机出货，或者使用电动堆高机将托盘整个运至出货区。当拣选区的库存低于标准时，即开始补货。作业人员使用电动堆高机由托盘平置堆叠的保管区将托盘搬运至同样平置堆叠的拣选区。这种补货方式适合体积大或出货量多的货品。

由地板平置堆叠保管区补货至托盘货架拣选区。在这种补货方式下，保管区为以托盘为单位的地板平置堆叠储放，拣选区则为托盘货架储放。拣取时拣选人员在拣选区搭乘牵引车拉着笼车移动拣取，拣取后再将推车送至输送机轨道出货。一旦拣选区的库存低于标准，即开始补货。作业人员使用电动堆高机从保管区搬运托盘货物，送至拣选区托盘货架上储放。这种补货方式适合体积中等或中量（以箱为单位）出货的货品。

③ 货架上层向货架下层的补货。在这种补货方式下，保管区与拣选区属于同一货架，也就是将货架上两手方便拿取的地方（中下层）作为拣选区，不容易拿取的地方（上层）作为保管。进货时将拣选区放不下的多余货箱放至上层保管区。当拣选区的库存低于标准时，即开始补货。可以利用电动堆高机将上层保管区的货品搬至下层拣选区。这种补货方式适合体积不大，且出货多属中小批量（以箱为单位）的货物。

（2）按照补货周期划分

按照补货周期划分，补货有三种方式：批组补货、定时补货和随机补货。

① 批组补货。通过计算机查询每天需要的总补货量及存货区存货量的情况，将补货量一次性补足。比较适合一天内作业量变化不大、紧急插单少或每批次拣选量大的情况。

② 定时补货。每天规定几个时点，补货人员在这几个时段内检查拣选区的存货情况，若货架上的存货已经降到规定水平以下，则立即进行补货。这种方式适合于拣选时间固定且紧急情况较多的物流中心。

③ 随机补货。物流中心设定专门的补货人员，随机检查拣选区存货状况，发现不足则立即补货。这种方式适合每批次补货量不大但紧急插单多、不确定性大的情况。

（3）其他补货方式

其他补货方式有直接补货、复合式补货及自动补货。

① 直接补货。补货人员直接在进货时将货物运至拣选区，货物不再进入保管区。对于一些货物周转非常快的中转性物流中心，直接补货是常用的补货方式。

② 复合式补货。拣选区的货物采取同类货物相邻放置的方式，而保管区采取两阶段补货。第一保管区为高层货架；第二保管区位于拣选区旁，是一个临时保管区。补货时货物先从第一保管区移至第二保管区。等拣选区存货降到设定标准以下时，再将货物从第二保管区移到拣选区，由拣选人员在拣选区将货物拣走。

③ 自动补货。在一些自动仓库中，通过计算机发出指令，货物被自动从保管区送出，经过扫描商品及容器的条码后，将商品装入相应的容器，然后容器经输送机被运到旋转货架进行补货。

3）选择补货时机

补货主要是为拣选做准备，因此补货作业的发生与否主要看动管拣选区的货物存量是否符合需求，究竟何时补货要看动管拣选区的货物存量。避免出现在拣选中途才发现动管拣选区货物存量不足需要补货，而影响整个拣选作业。

① 确定现有存货水平。对现有存货水平的检测是物流中心补货系统工作的起点。因为只有准确地知道现有存货的水平，才能确定需要补充多少货。对现有存货的检测主要有两种方法：定期检测和连续检测。定期检测是按照一定的周期对存货进行检查的方法，周期的具体确定可以依据实际情况而定，可以是几天、一周或一个月检测一次。连续检测要求存货管理者连续记录存货的进出，每次处理存货后都要检测各产品的数量。

② 确定订购点。订购点是补货系统的启动机制。在订购点补货系统中，只要现有库存水平低于指定的订购点，就立即发出补货指令。订购点的确定要考虑前置期库存需求及安全库存的需要。订购点存货水平＝前置期内预计需求＋安全库存。换言之，订购点存货水平由两部分相加组成，一是在等待存货补充订购到达（前置期）期间满足预计顾客需求所需的足够存货，二是应付供需变化的保守存货（安全库存）数量。

③ 确定订货数量。订购点确定下来以后，补货系统还要决定订购的数量。订购数量的确定有多种方法，可以根据以往经验确定或按经济订货批量模型（EOQ）得出。在不同的补货系统中，订货数量可以是固定的，也可以是变动的。一般来讲，在固定周期订货条件下，订货周期是不变的，但订购点的现有存货水平可能是变动的，每次订货的数

量也可能是变动的；固定批量订货则正好相反，订购点的现有存货水平是固定的，即都处于订购点存货水平，每次订货量是固定的，订货周期却是变化的。另外，固定订货周期法由于按期订货，所以在订货间隔期和前置期内可能发生缺货现象；固定批量订货由于随时监控库存水平，库存水平一旦达到订购点即发出订单，所以一般不会缺货。

④ 发出采购订单和进行补货作业。订购点和订货数量确定下来以后，补货系统的最后一个程序就是对需求补充库存的存货种类发出采购订单，进行补充库存的订货。另外还要根据拣选作业的要求，对于拣选区需要补充的存货进行补充，也就是将存放在储存区的存货转移到拣选区。

4）补货作业流程

补货作业是将货物从仓库保管区域搬运到拣选区的工作。一般以托盘为单位进行补货，补货作业流程如图 3-1-5 所示。以箱为单位的补货流程大致与此相同。

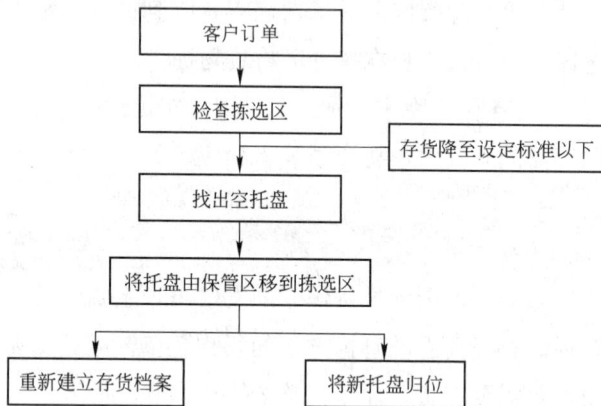

图 3-1-5 补货作业流程图

5）几种常用的补货系统

（1）人工视觉检测补货系统

人工视觉检测补货系统相对简单，它通过直接检测现有存货的数量来决定是否补货。若使用这种方法，只要对存货定期进行视觉检测并事先确定补货的规则，就可以进行补货了。如补货规则规定存货箱半空或只有两盘存货时就应补货，那么巡视人员在定期检测中首先将符合补货规则的存货种类挑出来，然后填制补充订货购置单，最后交给采购部门审核、采购。一般来讲，对数量小、价格低、前置期短的产品，使用人工视觉检测补货系统非常有效。这种系统的基本优势是存货记录和雇员培训的成本最小；其劣势在于没有办法确保产品得到适当的定期检测，不能及时反映由当前供给、需求和前置期的变化造成的过度存货或缺货，随机反应比较迟钝。

（2）双箱补货系统

双箱补货系统是一种固定数量的补货系统。存货放到两个箱子（或其他形式的容器）里，其中一个放在分拣区，另一个放到库存区保存起来。当分拣区的箱子空了，库存区的箱子就被提到分拣区来满足顾客需求。空箱子起到了补货的驱动器的作用。每箱所要求的数量是在等待补货到达期间服务于需求所必需的最小库存。当新的采购量到达后，先放进箱子，存到存储区，等到分拣区的箱子空了，再将其移到分拣区，这样循环往复。双箱补货系统原来是为控制流转速度快的低质商品（如螺丝）而设计的订货和补货方法，其优势是处理简便，其劣势在于不能及时地对市场的变化作出适当的反应。

（3）定期检测补货系统

在定期检测补货系统中，每一种产品都确定有一个固定的检测周期，检测结束时作出下一步的产品补货订购决策。只要能够满足产品需求，检测周期可以按天、周、月或季度来确定。这种系统也叫做可变订购量/固定周期系统。这种系统有许多优势，不需要连续做存货记录，成本不高，还可保持人工操作，不必使用计算机。定期检测补货系统适用于一些总数巨大、种类繁多的存货单位，如零配件物流中心。

（4）订购点补货系统

订购点补货系统事先为每一种存货确定一个固定的存货水平，这个固定的存货水平就是订购点存货水平，当产品的存货数量降至订购点存货水平时，由系统产生订货推荐值，使存货水平上升到订购点存货水平以上。订单推荐值可以由人工确定，也可以使用经济订购量，但订货推荐值一般是固定不变的，订货间隔可以变化，因此这种方法也被称作固定订购量/可变周期系统。订购点补货技术需要严格的、连续的库存交易控制。当对产品进行接受、调整、报废、装运、转移等操作时，为了向规划者提供当前的存货结余，企业的存货控制部门必须做详细的记录。

（5）配送需求计划（DRP）系统

与上述方法或经验方法不同，DRP系统是计算机化的管理工具，它用优先序列、时间阶段的方法，通过接触顾客并预测需求来对存货进行规划。这种技术也被称为时间阶段订购法。DRP系统的最大优势在于能及时地将供给与预期需求相匹配，以此决定订购行为。当需求超过供给的时候，系统会提醒规划者根据预先确定的批量规模订购产品，并使之在预期发生缺货的时候能保证供应。此外，DRP系统在运行过程中将不断重新调整供给与需求的关系，为订购者提出一套新的需求订购方案。

2. 流通加工

铁路流通加工的内容一般包括装袋、定量化小包装、配货、分类、混装、贴商标等，更大范围的外延库内加工甚至还包括剪断、打孔、折弯、拉拔、组装、改装、配套等。目前，常见的流通加工形式主要有以下几种。

1）食品的流通加工

食品的流通加工有很多类型。只要留意超市里的货柜就可以看出，各类洗净的蔬菜、水果、肉末、鸡翅、香肠、咸菜等都是流通加工的结果。这些商品的分类、清洗、贴商标和条码、包装、装袋等在摆进货柜之前就已经完成了，这些流通加工都不是在产地进行的，已经脱离了生产领域，进入了流通领域。食品的流通加工主要有以下几个项目。

（1）冷冻加工

冷冻加工是为了解决鲜肉、鲜鱼在流通中保鲜及装卸搬运的问题而采取的低温冻结的加工方式。这种方式也用于某些液体商品、药品等。

（2）分选加工

农副产品的规格、质量的离散情况较大，为获得一定规格的产品，采取人工或机械分选的方式加工称为分选加工。这种方式广泛用于果类、瓜类、谷物、棉毛原料等。

（3）精制加工

农、牧、副、渔等产品的精制加工是在产地或销售地设置加工点，去除无用部分，甚至可以进行切分、洗净、分装等加工，可以分类销售。这种加工不但大大方便了购买者，还可以对加工过程中的淘汰物进行综合利用。例如，鱼类的精制加工所剔除的内脏可以制成某些药物或用作饲料，鱼鳞可以制成高级黏合剂，头尾可以制鱼粉等；蔬菜的加工剩余物可以制成饲料、肥料等。

（4）分装加工

许多生鲜食品零售起点较小，而为了保证高效输送出厂，包装一般比较大，也有一些采用集装运输方式运达销售地区。为了便于销售，在销售地区按所要求的零售起点进行新的包装，即大包装改小包装、散装改小包装、运输包装改销售包装，以满足消费者对不同包装规格的需求，从而达到促销的目的。

此外，半成品加工、快餐食品加工也成为流通加工的组成部分。这种加工形式，节约了运输等物流成本，保护了商品质量，增加了商品的附加价值。例如，葡萄酒是液体，从产地批量地将原液运至消费地配制、装瓶、贴商标、包装后再出售，既节约运费，又安全保险，以较低的成本，卖出较高的价格，附加值大幅度增加。

常见的食品流通加工设备有冷藏柜、冷藏库、锯骨机、绞肉机、蔬菜清洗机、罐装机、封口机等。

2）水泥的流通加工

（1）水泥熟料的流通加工

在需要长途调运水泥的地区，变调运成品水泥为调运水泥熟料这种半成品，在该地区的流通加工据点（粉碎工厂）粉碎，并根据当地资源和需要掺入混合材料及外加剂，制成不同品种及标号的水泥，供应当地用户，这是水泥流通加工的重要形式之一。在需要经过长距离输送供应的情况下，以熟料形态代替传统的粉状水泥，有以下优点。

① 可以降低运费、节省运力。调运普通水泥和矿渣水泥约有 30% 以上的运力消耗在运输矿渣及其他各种加入物上。在我国水泥需用量较大的地区，工业基础大都较好，当地又有大量工业废渣，如果在使用地区对熟料进行粉碎，可以根据当地的资源条件选

择混合材料的种类，这样就节约了消耗在混合材料上的运力和运费。

② 可避免资源浪费。按当地实际需要掺入混合材料，生产廉价的低标号水泥，发展低标号水泥的品种，在现有生产能力的基础上，更大限度地满足需要。目前我国使用水泥的部门大量需要的是较低标号的水泥，而大中型水泥厂生产的水泥平均标号较高，大部分施工部门不得已使用标号较高的水泥而造成资源浪费。如果以熟料为长距离输送的形态，在使用地区加工粉碎，按实际需要掺入混合材料生产各种标号的水泥，可减少资源浪费。

③ 以较低的成本实现大批量、高效率的输送。从国家的整体利益来看，利用率比较低的输送方式显然不是发展方向。如果采用输送熟料的形式，可以充分利用站、场、仓库现有的装卸设备，又可以利用普通车皮装运，比之以散装水泥方式，具有更好的技术经济效果。

④ 可以降低水泥的输送损失。水泥的水硬性在充分磨细之后才表现出来，而未磨细的熟料，抗潮湿的稳定性很强。输送熟料，可以基本防止由于受潮而造成的损失。此外，颗粒状熟料不像粉状水泥那样易于散失。

⑤ 能更好地衔接产需。采用长途输送熟料的方式，水泥厂就可以和有限的熟料粉碎工厂之间形成固定的直达渠道，能实现经济效果较好的物流。用户也可以不出本地区，直接向当地的熟料粉碎工厂订货，因而更容易沟通产需关系，方便用户。

（2）集中搅拌混凝土

以往习惯上以粉状水泥供给用户，由用户在建筑工地现制现拌混凝土使用。而现在将粉状水泥输送到使用地区的流通加工据点（集中搅拌混凝土工厂或称生混凝土工厂），在那里搅拌成生混凝土，然后供给各个工地或小型构件厂使用。这是水泥流通加工的另一种重要方式。它具有很好的技术经济效果，因此受到许多工业发达国家的重视。这种流通加工的形式有以下优点。

① 提高生产效率和质量。把水泥的使用从小规模的分散加工形态，改变为大规模的集中加工形态，可充分应用现代化的科学技术组织现代化的大生产；可以发挥现代设备和现代管理方法的优势，大幅度地提高生产效率和混凝土质量。

② 降低生产成本、保护环境。在相等的生产能力下，集中搅拌的设备较分散搅拌的设备在吨位、设备投资、管理费用、人力及电力消耗等方面都能大幅度降低。由于生产量大，可以采取措施回收使用废水，防止各分散搅拌点排放洗机废水的污染，有利于环境保护。由于设备固定不动，还可以避免因经常拆建所造成的设备损坏，延长设备的使用寿命。

③ 使物流合理化。在集中搅拌站（厂）与水泥厂（或水泥库）之间可以形成固定的供应渠道，这些渠道的数目远远少于分散使用水泥的渠道数目。在这些有限的供应渠道之间就容易采用高效率、大批量的输送形态，有利于提高水泥的散装率。在集中搅拌场所内还可以附设熟料粉碎设备，直接使用熟料，实现熟料粉碎及拌制生混凝土两种流通加工形式的结合。

另外，采用集中搅拌混凝土的方式，也有利于新技术的推广应用，简化了工地材料的管理，节约施工用地。

水泥流通加工设备是制备混凝土（将水泥、骨料、砂和水均匀搅拌）的专用机械，主要包括混凝土搅拌机、混凝土搅拌站（楼）、混凝土搅拌输送车、混凝土输送泵、混凝土输送泵车、配料机及散装水泥输送车等。

3）煤炭的流通加工

煤炭的流通加工有多种形式：除矸加工、煤浆加工、配煤加工等。

（1）除矸加工

除矸加工是以提高煤炭纯度为目的的加工形式。一般煤炭中混入的矸石有一定发热量，混入一些矸石是允许的，也是较经济的。但是，有时则不允许煤炭中混入矸石，在运力十分紧张的地区要求充分利用运力、降低成本，多运"纯物质"，少运矸石。在这种情况下，可以采用除矸的流通加工方法排除矸石。除矸加工可提高煤炭运输效益和经济效益，减少运输能力浪费。

（2）煤浆加工

用运输工具载运煤炭，运输中损失浪费比较大，又容易发生火灾。采用管道运输是近代兴起的一种先进技术。用管道运输方式运输煤浆，可减少煤炭消耗、提高煤炭利用率。

在流通的起始环节将煤炭磨成细粉，本身便有了一定的流动性，再用水调和成浆状，则具备了流动性，可以像其他液体一样进行管道输送。将煤炭制成煤浆采用管道输送是一种新兴的加工技术。这种方式不和现有运输系统争夺运力，输送连续、稳定、快速，是一种经济的运输方法。

（3）配煤加工

在使用地区设置集中加工点，将各种煤及其他发热物质，按不同配方进行掺配加工，生产出各种不同发热量的燃料，称为配煤加工。配煤加工可以按需要的发热量生产和供应燃料，防止热能浪费和"大材小用"，也防止发热量过小，不能满足使用要求。工业用煤经过配煤加工还可以起到便于计量控制、稳定生产过程的作用，具有很好的经济和技术价值。

煤炭消耗量非常大，进行煤炭流通加工的潜力也很大，可以大大节约运输能源，降低运输费用，具有很好的技术和经济价值。

煤炭的流通加工机械设备主要包括除矸加工机械、煤浆加工机械、配煤加工机械等。

4）钢材的流通加工

热连轧钢板和钢带、热轧厚钢板等板材的最大交货长度常可达 7～12m，有的是成卷交货，对于使用钢板的用户来说，大、中型企业由于消耗量大，可设专门的剪板及下料加工设备，按生产需要剪板、下料。但对于使用量不大的企业和多数中小型企业来讲，单独设置剪板、下料的设备会导致设备闲置时间长、人员浪费大，不容易采用先进方法。钢板的剪板及下料加工可以有效地解决上述弊病。

剪板加工是在固定地点设置剪板机，下料加工是设置各种切割设备，将大规格钢板裁小或切裁成毛坯，从而便利用户。

钢板剪板及下料的流通加工有以下几项优点。

① 由于可以选择加工方式，加工后钢材的金相组织较少发生变化，可保证原来的交货状态，有效保证加工对象的质量。

② 加工精度高，可减少废料、边角料，也可减少再进行精加工的切削量，既可提高再加工效率，又有利于减少消耗。

③ 保证生产的批量及作业的连续性，可以使用专门的技术或先进的设备，大幅度提高加工的效率和效益。

④ 简化用户的生产环节，使其将精力集中于关键的加工过程，提高企业的生产技术和管理水平。圆钢、型钢、线材的集中下料及线材的冷拉加工与钢板的流通加工类似。

常见的钢材流通加工设备有成型设备和切割加工设备等。

5）木材的流通加工

（1）磨制木屑压缩输送

这是一种为了提高流通（运输）效益的加工方法。木材容量小，往往使车船满装但不能满载，同时装车、捆扎也比较困难。从林区外送的原木中，有相当一部分是造纸材料，若采取在林木生产地就地将原木磨成木屑后再压缩的方法，使之成为容重较大、容易装运的形状，然后运至靠近消费地的造纸厂，则可取得较好的效果。采取这种办法可比直接运送原木节约一半的运费。

（2）集中开木下料

集中开木下料是指在流通加工点将原木锯裁成各种规格的锯材，同时将碎木、碎屑集中加工成各种规格板，甚至还可进行打眼、凿孔等初级加工。用户直接使用原木，不但加工复杂、加工场地大、设备多，更严重的是资源浪费大，木材平均利用率不到50%，平均出材率不到40%。而实行集中下料，按用户要求的供应规格下料，可以使原木利用率提高到95%，出材率提高到72%左右，有相当大的经济效益。

常见的木材流通加工设备有带锯机、框锯机、圆锯机、锯板机、打孔机等。

6）机电产品的流通加工

多年来，机电产品的储运困难较大，主要原因是不易进行包装，如进行防护包装，则包装成本过大，并且运输装载困难，装载效率低，流通损失严重。但是这些货物有一个共同的特点，即装配比较简单，装配技术要求不高，主要功能已在生产中形成，装配后不需要进行复杂的检测及调试。所以，为了解决储运问题，降低储运费用，可以采用半成品大容量包装出厂、在消费地拆箱组装的方式。组装一般由流通部门在所设置的流通加工点进行，组装之后随即进行销售，这种流通加工方式近年来已在我国广泛采用。

3. 包装

包装主要分为储运包装和销售部包装两大类，进行包装作业时需根据货物的物理、化学特性、重量、运输距离、气候及堆码、装载等条件，选用包装所需要的材料、型式、尺寸、标签、运输方式、检验标准等。包装完整、牢固、捆绑结实，便于装卸、搬运、堆码、点件、保管、交接，保证货物在作业过程中不发生损失。

1）铁路常用包装容器或材料

铁路对外包装不符合运输要求的货物提供专用箱、冷链箱、纸箱、木箱、集装袋、打包带、缠绕膜等多种加固包装服务。

（1）专用箱

专用箱主要应用于通信器材、高价值药品、笔记本电脑、高档服装、家用电器、证件等贵重物品及易碎物品。箱体采用聚乙烯加陶氏单性体的复合材料制成，在−50℃～100℃范围内不会脆裂和软化，具有耐压、耐热、抗冻、抗冲击、防水等特点。专用箱设有双重防盗锁，在两端螺栓上会插入一个一次性的钢丝编码锁，由于编码锁上的号码是唯一的，因此各环节在货物交接时必须确认编码锁的号码与包裹票上的号码一致，以防止钢丝编码锁被调换。为了防止从上盖板侧面打开箱盖，在上盖板与侧板间各加一个钢丝锁，如同一个流动的保险箱。

（2）冷链箱

冷链箱是需要低温环境运输的货物的首要选择。

（3）纸箱

五层瓦楞纸设计，纸板含水量适中，挺度和耐折度俱佳，内防震动、外防戳穿。

（4）木箱

用木材或竹材等制成的有一定刚性的包装容器，通常为长方体木箱；用箱板、箱档等构件制成的木箱为普通木箱；箱面用木板导钉合成栅栏状的木箱为花格箱。

（5）一次性编码施封锁集装袋（以下简称集装袋）

由集装袋和编码锁组成。集装袋采用聚乙烯编织袋或聚丙烯编织袋喷膜制作，具有防水、防潮性能。袋体为蓝色，印有"CRE 中铁快运"字样。采用集装袋运输，能提高快运包裹运输的安全性，降低包装费用，凡适用编织袋包装的物品均可采用集装袋包装。

（6）编织袋

以塑料（PP）为主要原料，经挤出、拉伸成扁丝，再经织造而成的塑料编织袋。

（7）快递塑胶袋

采用全新聚乙烯（PE）材料制成，运送小件包裹包装用的快递袋。

（8）打包带

PP 打包带断裂强度高，有效防止纸箱破损、变形，是纸箱货物的"安全带"。

（9）缠绕膜、气泡膜、珍珠棉

缠绕膜、气泡膜、珍珠棉是新型塑料缓冲材料，具有质地轻、透明性好、良好的减震性及抗冲击性等特点，是易碎、易损货物包装的首选良材。

2）包装作业与机械

包装作业是指为了达到在流通过程中保护商品、方便储存、促进销售的目的而进行的操作活动，既包括商品包装前的技术处理，又包括机械设备包装的辅助工作。根据性质的不同，包装作业可分为充填、封口、裹包、捆扎、贴标等活动。

（1）充填作业与机械

充填是利用充填机械将商品按要求的数量装入容器的操作。充填是包装过程的中间工序，在此之前是容器准备工序（如容器的盛开加工、清洗消毒、按序排列等），在此之后是封口、贴标、打印等辅助工序。在充填过程中，精密地计量内装物是很重要的。充填主要分为固体内装物充填和液体内装物充填。

① 固体内装物充填。固体内装物充填的方法有称重法、容积法和计数法三种。

称重法是将内装物用秤进行计重，然后充填到容器中的包装方法。对于中小块、形状不一的商品一般采用称重法。

容积法一般采用定量杯（槽）或通过机械元件（如螺杆、定量阀门等）的传动来达到既定量，又完成商品包装的全过程。容积法适用于不易吸潮和比重无变化的干粉或粒状商品，尤其对小颗粒状商品更为适宜。

计数法有机械计数与电子计数两种方法。机械计数是通过孔穴板（板上钻有一定数量的孔穴），采用回转盘或往复插板的结构，既计数又完成定量进料的工序。该方法计量比较准确，但速度较慢。为了加快计数，有时采用多头电子计数装置。在商品自动化包装中，当采用电子计数时还必须在前一段工序配置选别、检验商品的机械。对大小一致的块状商品，大多采用计数法。

常见的固体内装物充填机械包括容积式充填机、称重式充填机、计数式充填机。

② 液体内装物充填。液体内装物充填又称为灌装，利用灌装机械将定量的液体物料充填入包装容器中。其方法按原理可分为重力灌装、等压灌装、真空灌装和机械压力灌装四大类。重力灌装是利用液体自身重力充填容器；等压灌装适用于含气液体，如啤酒、汽水等，生产时采用加压的方法使液体内含有一定的气体，而在灌装时为了减少气体的溢出和灌装的顺利进行，必须先在空瓶中充气，使瓶内气压与储液缸内气压相等，然后再进行液体灌装；真空灌装是将容器中的空气抽出后灌装液体的方法，适用于果汁、糖浆、牛奶、酒精等，但不适于容易变形的软性包装容器，如软塑料瓶、椭圆形的金属罐等；机械压力灌装适用于黏度大的半流体内装物，如牙膏、香脂等。

常见的灌装机械有膏状灌装机、液体灌装机、颗粒灌装机、自动灌装机等。

（2）封口作业与机械

包装封口是指利用封口机将商品装入包装容器后，封上容器开口部分的操作。为了使产品得以密封保存，保持产品质量，避免产品流失，有必要对容器进行封口。

针对不同容器和不同的密封性能要求，有不同的封口方法，主要有黏合封口、胶带封口、插接封口、捆扎封口、绞结封口、装订封口、热熔封口、收缩封口、盖塞封口、焊接封口、卷边封口、压接封口、缝合封口、真空封口、胶泥封口、浸蜡封口等。

常见的封口机有以下几种：封口材料封口机，包括旋合式、滚纹式、卷边式、压合式等封口机；辅助封口材料封口机，包括胶带式、黏结式、钉合式、结扎式、缝合式等封口机；无封口材料封口机，包括热压式、冷压式、熔焊式、插合式、折叠式等封口机。

（3）裹包作业与机械

裹包是借助裹包机械用一层或者多层柔性材料包覆商品或包装件的操作。用于裹包的材料主要有纸张、织品、塑料薄膜及蒲席等。裹包的方法主要有直接裹包、多件裹包、收缩裹包、压缩捆包与缠绕裹包等。

常见的裹包机有折叠式裹包机、接缝式裹包机、覆盖式裹包机、缠绕式裹包机、拉伸式裹包机、贴体式裹包机、收缩式裹包机。

（4）捆扎作业与机械

捆扎是利用裹包机将商品或包装件用适当的材料扎紧、固定的操作，使捆扎带能紧贴于被捆扎包件表面，保证包件在运输、储存中不因捆扎不牢而散落，同时还应捆扎整齐、美观。常用的捆扎材料有钢带、聚酯带、聚丙烯带、尼龙带和麻绳等。选用时要根据被捆扎物的要求和包装材料的成本及供应情况等综合考虑。捆扎的基本操作过程是先将捆扎带缠绕于商品或包装件上，再用工具或机器将带勒紧，然后将两端重叠连接。捆扎带两端的连接方式有：用铁皮箍压出几道牙痕连接、用铁皮箍切出几道牙痕并间隔地向相反方向弯曲连接、用热黏合连接及打结连接等。

（5）贴标作业与机械

贴标就是将标签粘贴或拴挂在商品或包装件上。标签是包装装潢和标志，因此贴标也是很重要的工作。常见的贴标机主要有不干胶贴标机、套标机、圆瓶贴标机、啤酒贴标机、半自动贴标机、全自动贴标机及热熔胶贴标机等。

3.1.5 配货与出货

物流中心分拣作业完成后，其核心作业也就完成了。但是，分拣完毕之后的物品仍然没有送到客户手中，在物流中心的物品装车送达之前还需要做一些辅助性作业，这部分作业就是出货作业。因此，出货作业是衔接分拣作业和送货作业之间的作业环节。

1. 出货作业的一般流程

出货作业是指完成拣取后的物品按订单或配送路线进行分类，做好出货检查，将物品装入适当的容器或捆包，并做好标识和贴印标签工作，然后根据客户和行车路线等指示将物品运至货物待发区的过程。物流中心出货作业一般流程如图 3-1-6 所示。

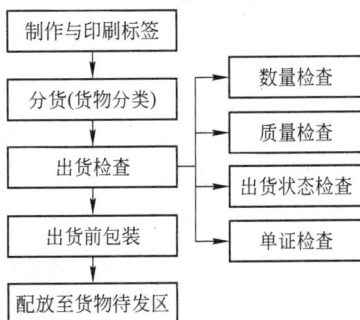

2. 分货

在拣选作业完毕后，将物品依客户或配送路线做分类的工作就是分货。分货方式一般包括下述三种。

1）人工目视分货

人工目视分货又称人工分货，是指全由人工依订单或传票来判断而进行分货，也就是不借助于计算机或任何自动化的辅助设备，拣取作业后依订单或传票信息将各客户的订购货品放入已贴好各客户标签的货篮中。

图 3-1-6 物流中心出货作业一般流程

人工目视分货是一种传统的分货方式，适用于品种单一、规模较小的物流中心。当进行多品种、小批量的分货时，这种分货方式不但效率较低，需要更多的人力，而且分货出错率较高。因此，随着信息技术的不断发展，人工目视分货逐渐被其他分货方式取代。

2）自动分类机分货

为适应多品种、少批量订货的市场趋势，自动分类机应运而生并被广泛运用。自动分类机利用计算机及辨识系统来达成分类的目标，因而具有迅速、正确且不费力的效果，尤其在拣取数量或分类数量众多时，更有效率。

自动分类机分货的主要过程如下：①必须将有关货物及分类信息通过自动分类机的信息输入装置输入自动控制系统；②当货物通过搬运装置移至输送机上时，由输送系统运送至分类系统；③分类系统是自动分类机的主体，先由自动识别装置识别货物，再由分类道口排出装置，按预先设置的分类要求将货物推出分类机。

分类排出的方式有推出式、浮起送出式、倾斜滑下式、皮带送出式等。同时，为尽早使各货物脱离自动分类机、避免发生碰撞而设置有缓冲装置。

3）旋转式货架分货

旋转式货架，简称旋转架。为节省成本，也有取代自动分类机而使用旋转架的分货方式。将旋转架的每一格位当成客户的出货篮，分类时只要在计算机中输入各客户的代号，旋转架即会自动将货篮转至作业员面前，让其将批量拣取的物品放入而进行分类。同样地，即使没有动力的小型旋转架，为节省空间也可作为人工目视处理的货篮，只不过作业员依每格位上的客户标签自行旋转找寻，以便将货品放入正确储位中。

旋转式货架系统由多台物品货架环列连接组成，依据储存货品的要求，可采用不同方向移动的货架连接组成，一般分为以下两种形式。

(1) 水平旋转式货架

水平旋转式货架按货架移动方式可分为水平分层移动式货架和水平整体移动式货架，如图 3-1-7 (a)、图 3-1-7 (b) 所示。水平分层移动式货架每层各有一台马达，各单层能独立地水平运动旋转；水平整体移动式货架仅用一台马达带动，水平方向旋转时上下连在一起的各货架层做整体水平式连动旋转。

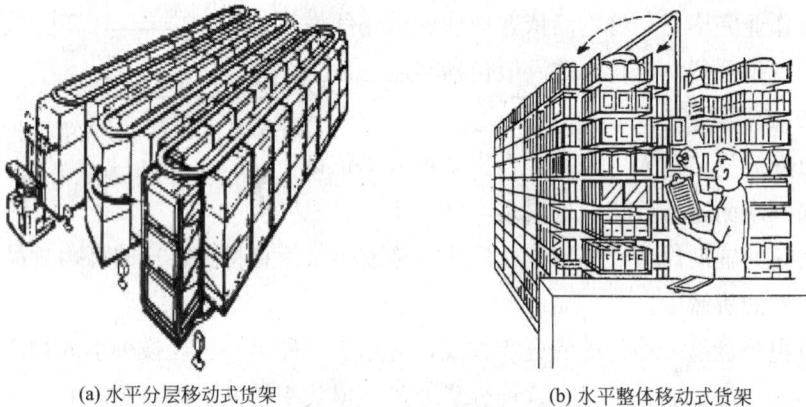

(a) 水平分层移动式货架　　　　　　(b) 水平整体移动式货架

图 3-1-7　水平旋转式货架

(2) 垂直旋转式货架

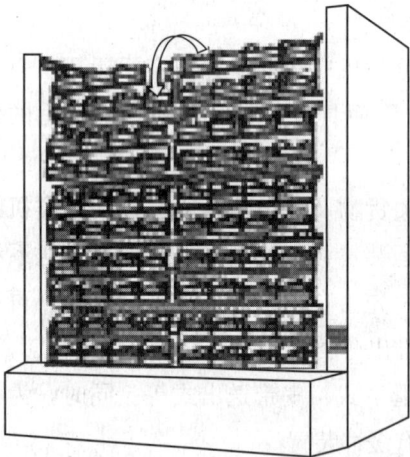

图 3-1-8　垂直旋转式货架

垂直旋转式货架，如图 3-1-8 所示，其原理与水平旋转式货架大致相同，只是旋转的方向是与地面垂直，充分利用仓库的上部空间，是一种空间节省型的仓储设备，可比传统式轻型货架节省 1/2 以上的货架摆设面积，但其移动速度较水平旋转式货架慢，为 5~10 m/min。

垂直旋转式货架也有模块化设计，具有以列为单位的独立构造，在需求增加时可以再行购置模块，添加组合。该类货架具有强大的扩充能力，在配置需要改变时，能够灵活地拆卸组合、调配位置。

3. 出货检查

1) 出货检查的意义

出货检查作业主要是根据客户订单、拣选单或电子指令等对所拣取物品进行产品号码、数量的核对，以及产品质量和包装的检验。如图 3-1-9 所示，工作人员正利用手持终端（RF）和电子信息系统进行出货检查，实现无纸化作业。

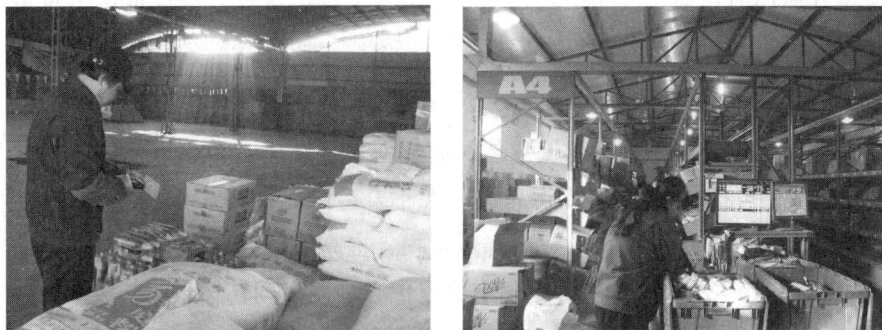

图 3-1-9　利用手持终端（RF）和电子信息系统进行出货检查

拣选作业完成后进行出货检查，不但可以提高配送的准确率，还可以大大提升客户服务满意度。但是，出货检查也耗费物流中心的时间及人力，在一定程度上也使作业效率降低。出货检查是确认拣选作业是否产生错误的处理作业，一方面可以先找出让拣选作业不会发生错误的方法，就能免除事后检查的必要；另一方面只对少数易出错的、贵重的物品进行检查，能够降低时间及人力的消耗，提高作业效率。

2）出货检查的方法

出货检查最简单的做法就是以纯人工方式进行，将物品逐个点数并逐一核对出货单，进而查验出货的质量水平和状态情况。以状态及质量检验而言，以纯人工方式逐项或抽样检查的确有其必要性，但对于物品号码及数量核对来说，以纯人工方式就可能产生效率较低或较难找出问题的现象，即使采取多次检查，也可能是耗费了许多时间，而错误却依然存在。在物品号码及数量的检查方式上现在有许多突破，主要包括商品条码检查法、声音输入检查法、重量计算检查法。

（1）商品条码检查法

此方法的最大原则是导入条码，让条码跟着货品跑。当进行出货检查时，只将拣出货品的条码以扫描机读出，计算机就会自动将数据与出货单比对，从而检查是否有数量或号码上的差异。

（2）声音输入检查法

声音输入检查法是一项新技术，由作业员发声读出货品的名称（或代号）及数量，计算机接收声音后自动辨识，转成数据再与出货单进行比对。此方式的优点在于作业员只用嘴巴读取数据，手脚仍旧空着可做其他的工作，自由度较高。但应注意的是，作业员发音要准确，且每次发音字数有限，否则计算机辨识困难，可能产生错误。

（3）重量计算检查法

此法先利用自动加总出货单上的货品重量，而后将拣出货品以计重器称出总重，再将两者互相比对。在拣选作业中，若能利用装有重量检核系统的拣选台车拣取，则在拣取过程中就能利用此法来做检查，拣选人员每拣取一样货品，台车上的计重器就会自动显示其重量并做比对，如此可完全省去事后的检查工作。这种方法仅适用于重量标准且自然损耗较小的货品，否则会产生较大误差。

4. 出货包装

出货作业中的包装主要是指物流包装。通常不求包装美观，只求坚固耐用，其主要作用是保护货物并将多个零散包装物品放入大小合适的箱子中，以实现整箱集中装卸、成组化搬运等。同时减少搬运次数，以降低货损、提高周转效率。

物流周转箱如图 3-1-10 所示，超市物流中心利用该周转箱作为包装容器，可以大大降低货损，减少货物丢失等情况，提高作业效率。此外，与其他一次性包装容器相比，该周转箱坚固耐用，可以循环使用，降低了成本。

图 3-1-10 物流周转箱

另外，包装也是产品信息的载体，通过在外包装上印贴标签或书写产品名称、原料成分、重量、生产厂家、生产日期、产品条码、储运说明、客户名称、订单号等，可以便于客户和配送人员识别产品，进行货物的正确装运与交接。通过扫描包装上的条码，还可以跟踪货物运输状态。

5. 配放

配放是指根据发送货物的数量、目的地、配送区域、配送路线等事先作出车辆装载安排，并将包装或打捆完毕的货物放于指定的货物待发区相应的货位上。这样，物流中心将同一配送路线上的不同客户的货物、同一配送区域的多家客户的货物尽量放置在一起，为后续的送货装车作业提供便利。

任务实施

根据以上相关知识，由教师组织学生分组进行讨论，各小组派代表进行总结汇报，小组互评，教师点评总结。学生掌握铁路配送内部作业的内容与流程，能够编制配送计划，提高运用理论知识解决实际问题的能力。

任务 **3.2** 铁路配送运输

🎯 教学目标

1. 思政素质目标

热爱党、热爱社会主义祖国、爱人民、爱集体；具有良好的职业道德和职业素养；爱岗敬业，恪尽职守；严格遵守规章制度和劳动纪律。

2. 知识目标

掌握车辆调度的概念、原则与方法，掌握节约里程法的基本原理，掌握车辆配装与积载方法。

3. 能力目标

能够运用表上作业法、图上作业法、经验调度法与运输定额比法进行送货车辆调度，能够运用节约里程法进行配送路线优化，能够正确进行车辆配装与积载作业。

🚚 工作任务

铁路配送运输方案的制订与实施

××铁路物流中心要在2021年5月28日为A、B、C三个分销商配送商品。表3-2-1为配送商品情况一览表。铁路物流中心与三个分销商的位置图如图3-2-1所示。铁路物流中心主要使用的车型为东风牌天锦翼开启厢式货车，其车厢尺寸为7 600 mm×2 500 mm×2 500 mm，车辆装载货物容积利用率为85%左右，货车额定载重量为5 800 kg。请为该铁路物流中心制订一份配送运输作业计划，要求既要满足客户的时间要求，又要使配送成本最低，并按该计划实施送货。

表3-2-1 配送商品情况一览表

客户名称	需求商品情况					需求时间
	名称	规格	数量	毛重	体积[(长/cm)×(宽/cm)×(高/cm)]	
A	铁观音茶叶	500 g/袋	50 箱	11 kg/箱	85×60×45	5月28日上午11点前
	伊利牛奶	250 g/袋	100 箱	8.5 kg/箱	70×50×35	
	五常大米	50 kg/袋	40 袋	50 kg/袋	100×45×20	
	百事可乐	1.25 kg/瓶	65 箱	8.5 kg/箱	60×35×50	
	七喜	1.25 kg/瓶	65 箱	8.5 kg/箱	60×35×50	

续表

客户名称	需求商品情况					需求时间
	名称	规格	数量	毛重	体积[(长/cm)×(宽/cm)×(高/cm)]	
B	立白洗衣粉	1 kg/袋	50 箱	11 kg/箱	75×55×40	5 月 28 日上午 10 点前
	舒肤佳香皂	125 g/块	40 箱	4.25 kg/箱	60×30×25	
	天元饼干	1 kg/盒	100 箱	6.5 kg/袋	90×80×70	
	百事可乐	1.25 kg/瓶	80 箱	8.5 kg/箱	60×35×50	
C	洁丽雅毛巾	70cm×40cm	20 箱	10.5 kg/箱	75×45×50	5 月 28 日上午 12 点前
	百事可乐	1.25 kg/瓶	100 箱	8.5 kg/箱	60×35×50	
	伊利牛奶	250 g/袋	100 箱	8.5 kg/袋	70×50×35	
	七喜	1.25 kg/瓶	100 箱	8.5 kg/箱	60×35×50	
	五常大米	50 kg/袋	20 袋	50 kg/袋	100×45×20	

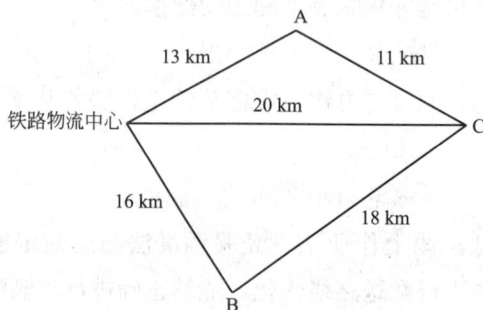

图 3-2-1　铁路物流中心与三个分销商的位置图

相关知识

铁路配送运输主要包括送货调度、车辆调度、配送司机与货运员办理交接、装车、运输等环节，下面重点介绍送货车辆调度、配送路线优化、车辆配装与积载作业。

3.2.1　送货车辆调度

车辆调度是铁路物流中心配送作业中一项十分重要的工作，是送货作业中的重要环节。科学合理的车辆调度，不但能使铁路物流中心及时了解配送任务的执行情况，促进配送作业及时有序地进行，保证配送运输任务按期完成，还能找到最短的配送路线，实现最小的运力投入，从而提高企业的经营效益和市场竞争力。

1. 车辆调度的概念

车辆调度是配送或运输领域非常关键的作业环节，目前尚无统一、标准的定义。归纳起来，配送领域车辆调度主要有两层含义：其一，车辆调度是指为了以最低的运费或最短的距离满足客户的送货需求，在多个铁路物流中心中所作出的车辆选择与送货安排；其二，车辆调度是指某一铁路物流中心所作出的车辆送货安排，车辆在满足一定的约束条件下，有序地通过一系列装货点和卸货点，达到诸如路程最短、费用最小、耗时最少等目标。具体而言，车辆调度的第一层含义适用于区域配送，即某些大型企业在多个铁路物流中心储存货物，面对众多配送网点如何作出送货安排，每个铁路物流中心的配送范围如何界定；车辆调度的第二层含义适用于城市配送，即某些企业的市场活动范围仅限于一定的较小的区域，仅在一家铁路物流中心储存货物，或者上述第一层含义中每个铁路物流中心配送范围确定后，面对一定区域内的配送网点，如何确定送货车辆及安排送货。

2. 车辆调度的基本原则

影响铁路物流中心车辆调度方案的因素很多，铁路物流中心在进行车辆调度时应遵循以下基本原则。

（1）效益最高

铁路物流中心在选择以效益为目标时，一般是以当前的效益为主要考虑因素，同时兼顾长远的效益。效益是铁路物流中心整体经营活动的综合体现，可以用利润来表示，计算时可以用利润的数值最大化为目标值。但效益是综合的反映，在拟定数学模型时很难建立完全反映铁路物流中心效益的函数关系，因此很少采用这一目标。

（2）成本最低

计算成本比较困难，但成本和配送路线之间有密切关系，在成本对最终效益起决定作用时，选择以成本最低为目标实际上就是选择了以效益为目标，比较实用，因此是可以采用的。

（3）路程最短

如果成本和路程的相关性较强，而和其他因素关系不大，则可以采取以路程最短为目标，这不但可以大大地简化计算，而且可以避免许多不易计算的影响因素。需要注意的是，有时路程最短并不见得成本就最低，如果道路条件、道路收费影响了成本，仅以最短路程为最优解是不合适的。

（4）周转量最小

周转量最小通常是区域配送的目标选择，但在车辆调度、配送路线选择中，周转量最小一般情况下是不适用的。

（5）准时性最高

准时性是配送服务质量的重要指标，以准时性为目标确定车辆调度方案就是要将各用户的时间要求和路线先后到达的安排协调起来，这样有时难以顾及成本问题，甚至需要牺牲成本来满足准时性要求。当然，在这种情况下成本也不能失控，应有一定限制。

（6）运力利用最合理

在运力非常紧张、运力和成本或效益又有一定关系时，铁路物流中心为节约运力、充分运用现有运力，不外租车辆或新购车辆，也可以把运力安排为目标，进行车辆调度，确定配送路线。

（7）劳动消耗最低

铁路物流中心以油耗最低、司机人数最少、司机工作时间最短等劳动消耗为目标确定配送路线也有所应用，这主要是在特殊情况下（如供油异常紧张、油价非常高、意外事故引起人员减员、某些因素限制了配送司机人数等）必须选择的目标。

3. 车辆调度的基本方法

车辆调度的方法有很多种，可根据客户所需货物、铁路物流中心站点及交通路线的布局不同而选用不同的方法。简单的运输可采用定向专车运行调度法、循环调度法、交叉调度法等。当配送运输任务量大、交通网络复杂时，为合理调度车辆的运行，可运用运筹学中线性规划的方法，如表上作业法、图上作业法等。

1）表上作业法

表上作业法是单纯形法在求解配送运输问题时的一种简化方法，适用于多个铁路物流中心面向多个用户的车辆调度问题，即已知铁路物流中心到用户的运价，求解最优（运费最小）车辆调度方案。表上作业法的具体实施步骤如图 3-2-2 所示。

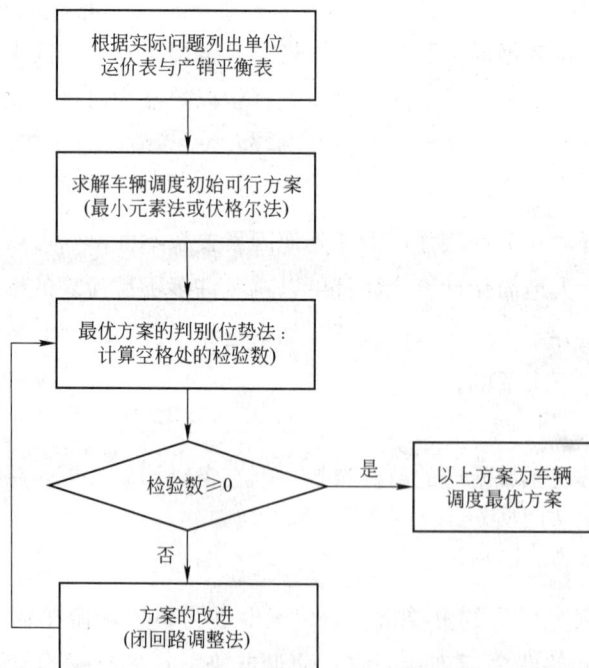

图 3-2-2 表上作业法具体实施步骤

（1）确定初始可行方案

确定初始可行方案的方法比较多，一般希望方法既简单，又尽可能接近最优解，常用最小元素法和伏格尔（Vogel）法两种方法。

① 利用最小元素法求解初始可行方案。最小元素法的基本思想是就近供应，即从单位运价表中最小的运价开始确定供需关系，从而安排车辆；然后再从次小运价确定供需关系，直到用户需求得到全部满足或铁路物流中心物资调配完毕，即可求解出初始可行方案。

【例 3-2-1】 某化肥生产公司将化肥储存于三个铁路物流中心，每日的可供给量分别为 70 t、40 t、90 t，该公司把产品分别配送给四个销售点，各个销售点每日的销量分别为 30 t，60 t，50 t，60 t。已知从各铁路物流中心到各销售点的单位运价如表 3-2-2 所示，问该公司应如何调运产品，在满足各销售点的需求量的前提下，使总配送运费最少。试用最小元素法求出车辆调度最优方案的初始可行方案。

表 3-2-2 各铁路物流中心到各销售点的单位运价

铁路物流中心	销售点			
	B1	B2	B3	B4
A1	3	11	3	10
A2	1	9	2	8
A3	7	4	10	5

解：（1）根据已知条件，列出产销平衡表，如表 3-2-3 所示。

表 3-2-3 产销平衡表

铁路物流中心	销售点				供给量
	B1	B2	B3	B4	
A1	3	11	3	10	70
A2	1	9	2	8	40
A3	7	4	10	5	90
需求量	30	60	50	60	200

（2）从表 3-2-3 中找出最小运价为 1，运价 1 对应铁路物流中心 A2 和销售点 B1，根据最小元素法，先将铁路物流中心 A2 的化肥供应给销售点 B1，A2 能够供给 40 t，B1 需求量为 30 t，因此 B1 的需求可以全部得到满足，在（A2，B1）右侧填上 30，这时不需要其他铁路物流中心再安排车辆给 B1 送货，用虚线把 B1 所在的列划掉，如表 3-2-4 所示。

表 3 - 2 - 4　产销平衡表（最小元素法 1）

铁路物流中心	销售点				供给量
	B1	B2	B3	B4	
A1	3	11	3	10	70
A2	1　　30	9	2	8	40
A3	7	4	10	5	90
需求量	30	60	50	60	

（3）按照上述步骤，可以得到表 3 - 2 - 5～表 3 - 2 - 9，最终得到初始可行方案如表 3 - 2 - 10 所示。

表 3 - 2 - 5　产销平衡表（最小元素法 2）

铁路物流中心	销售点				供给量
	B1	B2	B3	B4	
A1	3	11	3	10	70
A2	1　　30	9	2　　10	8	~~40~~
A3	7	4	10	5	90
需求量	30	60	50	60	

表 3 - 2 - 6　产销平衡表（最小元素法 3）

铁路物流中心	销售点				供给量
	B1	B2	B3	B4	
A1	3	11	3　　40	10	70
A2	1　　30	9	2　　10	8	~~40~~
A3	7	4	10	5	90
需求量	30	60	50	60	

表 3 - 2 - 7　产销平衡表（最小元素法 4）

铁路物流中心	销售点				供给量
	B1	B2	B3	B4	
A1	3	11	3　　40	10	70
A2	1　　30	9	2　　10	8	~~40~~
A3	7	4　　60	10	5	90
需求量	30	60	50	60	

表 3 - 2 - 8　产销平衡表（最小元素法 5）

铁路物流中心	销售点				供给量
	B1	B2	B3	B4	
A1	3	11	3　　40	10	70
A2	1　　30	9	2　　10	8	40
A3	7	4　　60	10	5　　30	90
需求量	30	60	50	60	

表 3 - 2 - 9　产销平衡表（最小元素法 6）

铁路物流中心	销售点				供给量
	B1	B2	B3	B4	
A1	3	11	3　　40	10　　30	70
A2	1　　30	9	2　　10	8	40
A3	7	4　　60	10	5　　30	90
需求量	30	60	50	60	

表 3 - 2 - 10　初始可行方案（最小元素法）

铁路物流中心	销售点			
	B1	B2	B3	B4
A1			40	30
A2	30		10	
A3		60		30

② 利用伏格尔法求解初始可行方案。通过上述求解过程可知，最小元素法的缺点是：为了节省一处的费用，有时会造成在其他处要多花几倍的运费。伏格尔法考虑到，铁路物流中心的产品假如不能按最小运费就近供应，就考虑次小运费，这就有一个差额，差额越大，说明不能按最小运费调运时运费增加得越多，因而对差额最大处，就应当采用最小运费调运。

【例 3-2-2】 试用伏格尔法求解例 3-2-1 中的最优车辆调度方案的初始可行方案。

解：（1）在产销平衡表中分别增加一行和一列，计算单位运价的行差额和列差额，如表 3-2-11 所示。

表 3-2-11　产销平衡表（伏格尔法 1）

铁路物流中心	销售点				供给量	行差额
	B1	B2	B3	B4		
A1	3	11	3	10	70	0
A2	1	9	2	8	40	1
A3	7	4	10	5	90	1
需求量	30	60	50	60		
列差额	2	5	1	3		

（2）根据伏格尔法，优先从单位运价差额最大的地方开始调运，找到列差额最大值 5，对应 B2 这一列，这一列最小单位运价为 4，因此从（A3，B2）处开始调运，铁路物流中心 A3 可以供给化肥 90 t，B2 的需求量为 60 t，B2 的需求可以全部得到满足，划掉这一列，得到表 3-2-12。

表 3-2-12　产销平衡表（伏格尔法 2）

铁路物流中心	销售点				供给量	行差额
	B1	B2	B3	B4		
A1	3	11	3	10	70	0
A2	1	9	2	8	40	1
A3	7	4　60	10	5	90	1
需求量	30	60	50	60		
列差额	2	5	1	3		

（3）当 B2 这一列划掉后，影响的是行差额，因此重新计算行差额，得到表 3-2-13。

（4）按照第（2）步、第（3）步的方法进行调运，分别得到表 3-2-14~表 3-2-19，最终得到初始可行方案如表 3-2-20 所示。

表 3－2－13　产销平衡表（伏格尔法 3）

铁路物流中心	销售点				供给量	行差额
	B1	B2	B3	B4		
A1	3	11	3	10	70	0
A2	1	9	2	8	40	1
A3	7	4　60	10	5	90	2
需求量	30	60	50	60		
列差额	2	5	1	3		

表 3－2－14　产销平衡法（伏格尔法 4）

铁路物流中心	销售点				供给量	行差额
	B1	B2	B3	B4		
A1	3	11	3	10	70	0
A2	1	9	2	8	40	1
A3	7	4　60	10	5　30	90	2
需求量	30	60	50	60		
列差额	2	5	1	3		

表 3－2－15　产销平衡法（伏格尔法 5）

铁路物流中心	销售点				供给量	行差额
	B1	B2	B3	B4		
A1	3	11	3	10	70	0
A2	1	9	2	8	40	1
A3	7	4　60	10	5　30	90	2
需求量	30	60	50	60		
列差额	2	5	1	2		

表 3－2－16　产销平衡法（伏格尔法 6）

铁路物流中心	销售点				供给量	行差额
	B1	B2	B3	B4		
A1	3	11	3	10	70	0
A2	1　30	9	2	8	40	1
A3	7	4　60	10	5　30	90	2
需求量	30	60	50	60		
列差额	2	5	1	2		

表 3 - 2 - 17　产销平衡法（伏格尔法 7）

铁路物流中心	销售点				供给量	行差额
	B1	B2	B3	B4		
A1	3	11	3	10	70	7
A2	1　　30	9	2	8	40	6
A3	7	4　　60	10	5　　30	90	2
需求量	30	60	50	60		
列差额	2	5	1	2		

表 3 - 2 - 18　产销平衡法（伏格尔法 8）

铁路物流中心	销售点				供给量	行差额
	B1	B2	B3	B4		
A1	3	11	3　　50	10	70	7
A2	1　　30	9	2	8	40	6
A3	7	4　　60	10	5　　30	90	2
需求量	30	60	50	60		
列差额	2	5	1	2		

表 3 - 2 - 19　产销平衡法（伏格尔法 9）

铁路物流中心	销售点				供给量	行差额
	B1	B2	B3	B4		
A1	3	11	3　　50	10　　20	70	7
A2	1　　30	9	2	8　　10	40	6
A3	7	4　　60	10	5　　30	90	2
需求量	30	60	50	60		
列差额	2	5	1	2		

表 3 - 2 - 20　初始可行方案（伏格尔法）

铁路物流中心	销售点				供给量
	B1	B2	B3	B4	
A1			50	20	70
A2	30			10	40
A3		60		30	90
需求量	30	60	50	60	

由此可见，伏格尔法同最小元素法除了在确定供求关系的原则上不同外，其余步骤

相同，但是用伏格尔法得出的初始可行方案比用最小元素法得出的初始可行方案更接近最优解。

（2）最优方案的判别

当我们利用最小元素法或伏格尔法求出初始可行方案时，就要判别初始可行方案是否为最优方案，判别的方法是计算空格处的检验数，常用闭回路法和位势法。这里主要介绍如何利用位势法判别方案是否为最优。

① 判别标准。使用位势法求出检验数，若检验数都不为负数，则原方案为最优方案；若有负检验数存在，则负检验数所在的空格需进行调整。

注：只有没有运量的空格处需要计算检验数。

② 检验数的计算方法。设有运量的格子数最多的行或列的位势＝0

有运量的格子的运价＝行位势＋列位势

空格处的检验数＝运价－（行位势＋列位势）

【例 3-2-3】　表 3-2-21 是例 3-2-1 中用最小元素法得出的初始可行方案，试用位势法判断其是否为最优方案。

表 3-2-21　用最小元素法得出的初始可行方案

铁路物流中心	销售点				供给量
	B1	B2	B3	B4	
A1	3	11	3　　40	10　　30	70
A2	1　　30	9	2　　10	8	40
A3	7	4　　60	10	5　　30	90
需求量	30	60	50	60	

解：（1）计算行位势和列位势

将有运量的格子用 ● 作标记，经查找发现有运量的格子数最多的行和列是 A1、A2 和 B3、B4，均有 2 个带运量的格子，可任选一行设其位势为 0。这里设 A1 所对应的行位势等于 0，根据公式"有运量的格子的运价＝行位势＋列位势"，可以计算出 B3、B4 列所对应的列位势分别为 3 和 10，最终计算出所有的行位势和列位势，如表 3-2-22 所示。

表 3-2-22　计算行位势和列位势

铁路物流中心	销售点				行位势
	B1	B2	B3	B4	
A1	3	11	3　●	10　●	0
A2	1　●	9	2　●	8	−1
A3	7	4　●	10	5　●	−5
列位势	2	9	3	10	

（2）计算空格处的检验数

根据公式"空格处的检验数＝运价－（行位势＋列位势）"，（A1，B1）处的检验数＝3－（0＋2）＝1,记于右下角。同理，可计算出其他空格处的检验数，如表3－2－23所示。

表3－2－23　计算空格处的检验数

铁路物流中心	销售点				行位势
	B1	B2	B3	B4	
A1	3　　　1	11　　　2	3　　●	10　　●	0
A2	1　　●	9　　　1	2　　●	8　　　－1	－1
A3	7　　　10	4　　●	10　　　12	5　　●	－5
列位势	2	9	3	10	

（3）最优方案的判断

由表3－2－23可见，（A2，B4）对应的检验数为－1，检验数出现负数，因此由最小元素法确定的初始可行方案不是最优方案。

（3）方案的改进

车辆调度改进方案常使用闭回路调整法进行调整，以得到最优方案，具体步骤如下。

① 找出闭合回路：从负检验数所在的格子出发找一条闭合回路，用水平或垂直线向前画，每碰到有运量的格子转90度，然后继续前进，直到回到起始空格为止。

② 标正负号：从出发格开始依次标上正负号。

③ 选择调整数：将所有标负号的转角格中的最小运量作为调整数。

④ 数据调整：将所有标正号的格子处的运量加上调整数，所有标负号的格子处的运量减去调整数。

【例3－2－4】 对例3－2－1中由最小元素法确定的初始可行方案进行改进。

解：（1）找出闭合回路

从负检验数（A2，B4）处出发，找出闭合回路（如表3－2－24所示）。

表3－2－24　闭合回路

铁路物流中心	销售点				供给量
	B1	B2	B3	B4	
A1	3　　　1	11　　　2	3　　●	10　　●	70
A2	1　　●	9　　　1	2　　●	8　　　－1	40
A3	7　　　10	4　　●	10　　　12	5　　●	90
需求量	30	60	50	60	

（2）标正负号

从负检验数（A2，B4）处开始，分别标上正负号，如表 3-2-25 所示。

表 3-2-25 标正负号

铁路物流中心	销售点				供给量
	B1	B2	B3	B4	
A1	3　　1	11　　2	3 （+）●	10 （−）●	70
A2	1　　●	9　　1	2 （−）●	8 （+）−1	40
A3	7　　10	4　　●	10　　12	5　　●	90
需求量	30	60	50	60	

（3）选择调整数

将所有标负号的转角格中的最小运量作为调整数，（A1，B4）处的运量为 30，（A2，B3）处的运量为 10，所以选择 10 作为调整数。

（4）数据调整

将所有标正号的格子处的运量加 10，所有标负号的格子处的运量减 10，数据调整如表 3-2-26 所示，最后得到调整方案（如表 3-2-27 所示）。

表 3-2-26 数据调整

铁路物流中心	销售点				供给量
	B1	B2	B3	B4	
A1	3　　1	11　　2	3 （50）●	10 （20）●	70
A2	1　　●	9　　1	2 （0）●	8 （10）−1	40
A3	7　　10	4　　●	10　　12	5　　●	90
需求量	30	60	50	60	

表 3-2-27 调整方案

铁路物流中心	销售点				供给量
	B1	B2	B3	B4	
A1		50	20		70
A2	30			10	40
A3		60		30	90
需求量	30	60	50	60	

2）图上作业法

图上作业法是将配送运输量任务反映在交通图上，通过对交通图初始调运方案的调整，求出最优配送车辆调度方法。图上作业法根据交通图的点和线的关系，把各种路线归纳为道路不成圈（无圈）和道路成圈两类。

（1）道路不成圈图上作业法

道路不成圈，就是没有回路的"树"形路线，包括直线、丁字线、交叉线、分支线等；不成圈的流向图只要消灭对流，就是最优流向图。对于不成圈的交通网络图，根据线性规划原理可依据"就近调空"原则进行物资调拨或空车调运路线的确定，具体步骤如下。

① 根据铁路物流中心、客户所在地画出"树"形图，用○表示铁路物流中心（发货点），用□表示客户（收货点），并把铁路物流中心的供给量、客户的订货量标识在上面。

② 用箭头线规划商品的运输方向。当规划运输方向时，要按照"先端点，由外向里，就近调拨"的原则，来平衡铁路物流中心与客户之间的供需量。

【例3-2-5】 某商品生产企业将商品储存于 A、B、C、D 四个铁路物流中心，每天的供给量分别是 80 t、140 t、60 t、120 t，供给客户 a、b、c 三地的数量分别为 140 t、160 t、100 t。铁路物流中心与客户的位置如图3-2-3所示，试用图上作业法选择该商品的合理车辆调度方案。

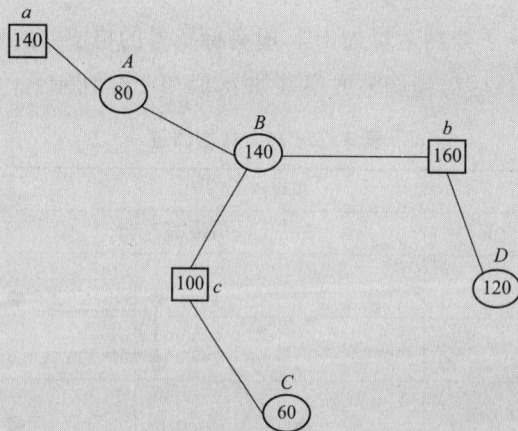

图3-2-3　铁路物流中心与客户的位置图

解：（1）编制该商品的初始供需平衡表，如表3-2-28所示。

表3-2-28　初始供需平衡表

铁路物流中心	客　户			供给量
	a	b	c	
A				80
B				140
C				60
D				120
需求量	140	160	100	

（2）根据图上作业法"先端点，由外向里，就近调拨"的原则，制订车辆调度方案，如图 3-2-4 所示。

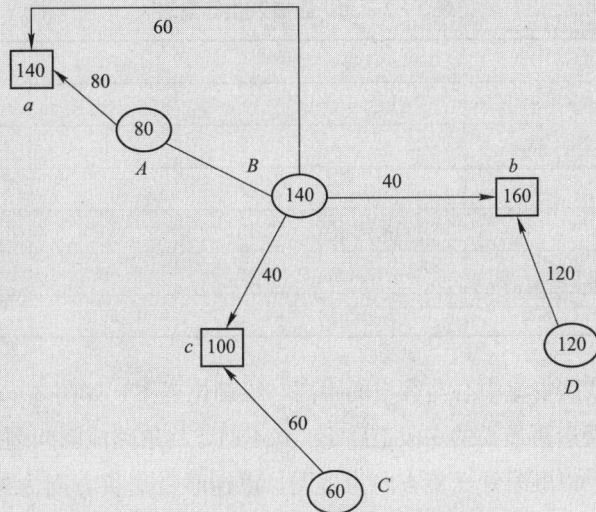

图 3-2-4　车辆调度方案图

（3）将结果填入供需平衡表，得到最终供需平衡表如表 3-2-29 所示。

表 3-2-29　最终供需平衡表

铁路物流中心	客　户			供给量
	a	b	c	
A	80			80
B	60	40	40	140
C			60	60
D		120		120
需求量	140	160	100	

（2）道路成圈图上作业法

道路成圈，就是形成闭合回路的"环"状路线，包括一个圈和多个圈；成圈的流向图要达到既没有对流又没有迂回的要求，才是最优流向图。

对于成圈的交通网络，假设某两点间路线"不通"，一般假设运距最长或相邻的两个送货点之间的路线不通，将成圈问题化为不成圈问题考虑，这样就可得到一个初始的调运方案。然后进一步作优化处理，其原则是：分别求出里圈（顺时针方向）、外圈（逆时针方向）的货流里程 $L_内$、$L_外$，要求 $L_内$ 与 $L_外$ 均不超过全圈货流里程 L 的一半；若超过 L 的一半，应甩掉运量最小的区段；依此原则反复求 $L_内$ 与 $L_外$，最终得到最优方案。

【例 3-2-6】 某公司在 A、B、C、D 四个铁路物流中心储存商品，现有 a、b、c、d 四个大型客户订货，其距离及供需量如表 3-2-30 所示，试求最优车辆调度方案。

表 3-2-30　距离及供需量表

铁路物流中心	客　户				供给量
	a	b	c	d	
A	13			16	4
B	36	44			7.5
C		18	15		8.5
D			12	14	5
需求量	6.5	5	8	5.5	25

解：（1）根据铁路物流中心与客户的距离，绘制位置图，如图 3-2-5 所示。

（2）破圈：假设运距最长的一段道路 B—b 不通，将道路成圈问题化为不成圈问题。

（3）车辆调度：以顺时针送货方向为里圈，以逆时针送货方向为外圈，得到初始调度方案，如图 3-2-6 所示。

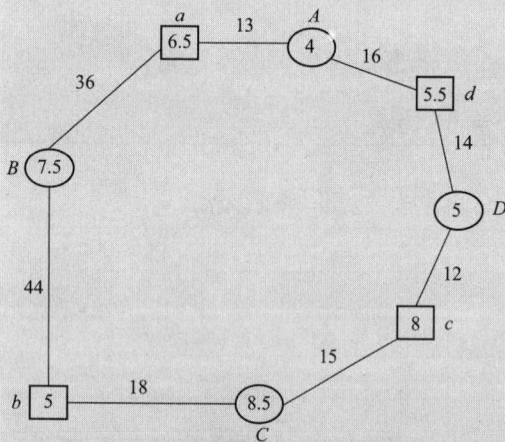

图 3-2-5　铁路物流中心与客户位置图　　　　图 3-2-6　初始调度方案

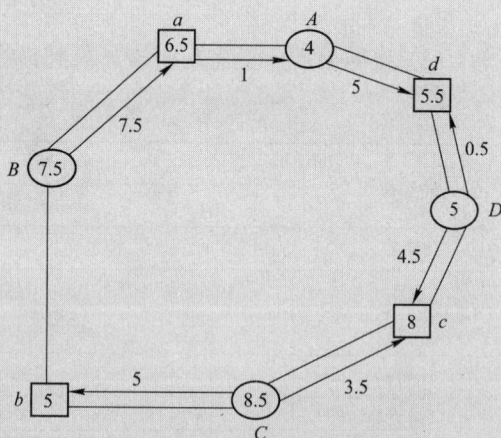

（4）根据图中箭头求出里圈、外圈的货流里程 $L_内$、$L_外$，检查其是否超过全圈货流里程 L 的一半。

$$L/2 = (44+36+13+16+14+12+15+18)/2 = 84$$

$$L_内 = 36+13+16+12+18 = 95 > L/2$$

$$L_外 = 14+15 = 29 < L/2$$

$L_内$ 大于 $L/2$，不是最优方案，应重新甩段破圈，甩里圈运量最小的区段 a—A，寻找最优方案。

（5）按照上述步骤重新安排商品配送，得到车辆调度方案如图3-2-7所示。

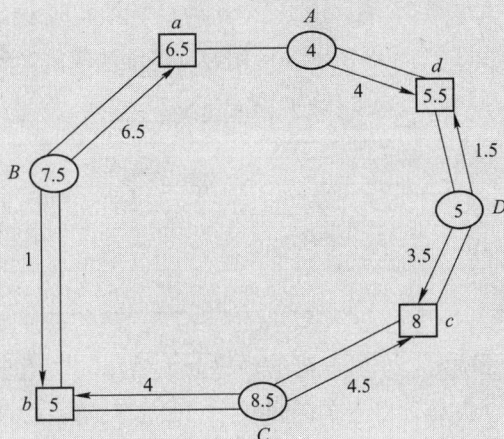

图3-2-7 车辆调度方案

计算内外圈长：

$L/2 = (44+36+13+16+14+12+15+18)/2 = 84$

$L_内 = 36+16+12+18 = 82 < L/2$

$L_外 = 14+15+44 = 73 < L/2$

此方案为最优方案。将上述车辆调度方案结果填入供需平衡表（表3-2-31）。

表3-2-31 供需平衡表

铁路物流中心	客户				供给量
	a	b	c	d	
A				4	4
B	6.5	1			7.5
C		4	4.5		8.5
D			3.5	1.5	5
需求量	6.5	5	8	5.5	25

3）经验调度法与运输定额比法

（1）经验调度法

经验调度法认为，当有多种车辆时，车辆调度的原则是尽可能使用能满载运输的车辆进行运输或配送。如配送10 t的货物，安排一辆10 t载重量的车辆配送。在能够保证满载的情况下，优先使用大型车辆，且先载运大批量的货物。一般而言，大型车辆能够保证较高的运输配送效率和较低的运输配送成本。

【例3-2-7】　某铁路物流中心某日需运送水泥480 t、盘条290 t和不定量的平板玻璃。该铁路物流中心有大型车15辆、中型车20辆、小型车25辆。所有车型每日只运送一种货物，运输定额如表3-2-32所示。应用经验调度法求解车辆调度方案。

表3-2-32　车辆运输定额表　　　　　　　　单位：t/（日·辆）

车辆种类	运送水泥	运送盘条	运送玻璃
大型车	20	17	14
中型车	18	15	12
小型车	16	13	10

解：根据经验调度法确定，车辆安排的顺序为大型车、中型车、小型车，货载安排的顺序为：水泥、盘条、玻璃，得出车辆调度方案如表3-2-33所示，最多完成货运量910 t，其中最多运送玻璃140 t。

表3-2-33　经验调度法车辆调度方案

车辆种类	运送水泥车数量	运送盘条车数量	运送玻璃车数量	车辆总数
大型车	15			15
中型车	10	10		20
小型车		11	14	25
货运量	480	290	140	

（2）运输定额比法

运输定额比法是指优先选用运输某种产品定额比最高的车型运送该产品，这样可以充分利用车辆的容积和载重量。某种车型运输一种产品的定额比越高，说明使用该车型运送此种产品的效率最高。使用运输定额比法进行车辆调度，首先应计算出各种车型运输产品的定额比，然后根据定额比的大小依次安排车型和数量。

【例3-2-8】　应用运输定额比法求解例3-2-7中的车辆调度方案。

解：计算每种车运输不同产品的定额比，如表3-2-34所示。

表3-2-34　运输不同产品的定额比

车辆种类	运送水泥/运送盘条	运送盘条/运送玻璃	运送水泥/运送玻璃
大型车	1.18	1.22	1.43
中型车	1.2	1.25	1.5
小型车	1.23	1.3	1.6

在表3-2-34中，小型车运送水泥的定额比最高，因而要先安排小型车运送水泥，其次由中型车运送盘条，剩余的由大型车完成，得出车辆调度方案如表3-2-35所示，共完成运量924 t，其中最多运送玻璃154 t。

表 3 - 2 - 35 运输定额比法车辆调度方案

车辆种类	运送水泥车数量	运送盘条车数量	运送玻璃车数量	车辆总数
大型车	4		11	15
中型车		20		20
小型车	25			25
货运量	480	290	154	

3.2.2 配送路线优化

1. 配送路线确定的原则

铁路物流中心确定合理的配送路线，不但可以降低配送成本，还能提高配送效率。因此，配送路线的确定是配送计划的一个重要领域。配送路线确定的基本原则如下。

（1）将相互接近的送货点的货物装在一辆车上配送

车辆的运行路线应将相互接近的送货点连接起来，以使送货点之间的行驶距离最小化，并实现配送行驶距离的最小化。

（2）将聚集在一起的送货点安排在同一天送货

当以周为送货周期进行配送时，应将聚集在一起的送货点安排在同一天送货，要避免不是同一天送货的送货点在配送路线上的重叠，这样有助于缩短车辆运行时间，实现行驶距离最小化。

（3）配送路线从离物流中心最远的送货点开始

合理的配送路线应从离物流中心最远的送货点开始，将聚集区的送货点连接起来，然后返回铁路物流中心。聚集区的送货点的数目以车辆满载为限。在第一辆车满载后，用另一辆车装载第二个最远送货点的货物，按此程序进行，直至所有送货点的货物都分配完毕。

（4）同一配送车辆途经各个送货点的路线成凸状

同一配送车辆途径各个送货点的路线成凸状，不应交叉，但送货点的交货时间约束和回程提货往往会导致配送线路的交叉。

（5）最有效的配送路线是使用大载重量的车辆的结果

在装载条件允许的情况下，最好使用载重量和容积大的车辆将尽量多的送货点的货物装载在一起，这样可以使送货点的总行驶距离和时间最小化，因此应优先使用载重量大的车辆。

（6）提货应在送货过程中进行，而不要在配送路线结束后再进行

零售商可以实施"回程提货"，但提货应在送货过程中进行，以减少交叉路程。而在送货后提货经常会发生路线交叉，能否回程提货主要取决于车辆情况和提货量对后续送货的影响。

（7）对偏离集聚送货点路线的单独送货点可应用另一个送货方案

对偏离集聚送货点特别是送货量较小的送货点，使用较小载重量的货车是比较经济的。偏离度越大，送货量越小，其经济效益越大。另外，租车送货也是可行的方案。

（8）应尽量减少送货点工作时间过短的限制

送货点的工作时间过短会造成车辆调度的限制过多，造成配送路线的不合理。除特殊原因外，通常送货点的工作时间约束并不是绝对的。如果送货点的工作时间确实影响合理的配送路线，调度应与送货点商量，调整其工作时间或放宽其工作时间约束。

2．配送路线确定的约束条件

确定配送路线常常受到许多条件的约束，必须在满足这些约束条件的前提下选择相应的目标。约束条件一般有以下几项：

① 满足所有收货人对货物品种、规格和数量的要求；

② 满足所有收货人对货物发到时间范围的要求；

③ 在允许通行的时间（如城区公路白天不允许货车通行）内进行配送；

④ 各配送路线的货物量不得超过车辆容积及载重量的限制；

⑤ 在铁路物流中心现有运力允许的范围内。

综合考虑配送路线确定的原则及其约束条件，我们把配送路程最短作为配送路线选择的目标。

3．配送路线确定的方法

配送路线确定的方法有很多，例如最短路法、扫描法、节约里程法等。对于大多数铁路物流中心而言，一次送货面向多个用户，而最短路法仅适用于铁路物流中心到某一用户点最短路线的选择问题，因此不具有代表性。这里主要介绍节约里程法在配送路线选择中的应用。

节约里程法又称节约算法或节约法，适用于一个铁路物流中心面向多个客户的配送路线选择且配送起点和终点相同的路径规划问题。

1）节约里程法的基本原理

节约里程法的基本原理：在确定货物配送路线时有多个收货点，将其中能取得最大节约里程的两个收货点连接在一起进行巡回送货；同时，在运输车辆满载的条件下，设法在这条选定的巡回路线中将其他收货点按照它们所能取得节约里程的大小纳入其中，以获得更大节约里程的效果。

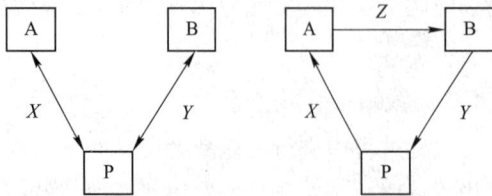

节约里程法的基本思想如图 3-2-8 所示，从铁路物流中心 P 到客户 A、B 的运输距离分别为 X 和 Y，A 和 B 之间的运输距离为 Z，如果客户 A、B 的货物不配装在一起，则需对每个客户派车来回送货，

图 3-2-8 节约里程法的基本思想

总运输距离为：

$$T=2X+2Y$$

如果客户 A、B 的货物配装在一起，则可以只派一辆车依次给两个客户送货，总运输距离为：

$$T'=X+Y+Z$$

节约里程为：

$$\Delta T=T-T'=(2X+2Y)-(X+Y+Z)=X+Y-Z$$

如果把多个客户连在一起，则节约量更大。

如果多个客户满足假定条件：

① $\sum_{j=1}^{n}M_j\leqslant Q$，即 n 个客户的订货量小于车辆载重量 Q；

② 铁路物流中心 P 到 n 个客户的一条完整配送路线之和小于车辆一次巡回里程的要求；

③ $X+Y-Z>0$，即节约量大于 0。

可以按节约量从大到小的顺序依次把客户连成一条回路，直到整个回路各个客户需求量的总和不超过这辆载重车的载重量，且整个配送路线距离之和不超过车辆一次巡回里程的要求，就组成了一条节约量最大的配送回路，派出一辆车。然后在剩下的客户中同样按节约量由大到小的顺序继续组织配送回路，派出车辆，依此下去直到所有的客户都组织完毕为止，就形成了一个完整的配送路线优化方案。

2) 节约里程法的规划方法

节约里程法的规划方法与步骤如下：

① 计算相互之间的最短距离。根据已知条件，计算客户与客户之间的最短距离，客户与铁路物流中心之间的最短距离，并列出最短距离矩阵。这里假设客户与客户、客户与铁路物流中心之间的距离具有可逆性，即客户与客户、客户与铁路物流中心之间的往返距离相等。

② 从最短距离矩阵中计算出各客户间节约的里程。根据节约量公式计算每一个客户与其他客户的货物配载后可以节约的运输距离，并列出节约里程矩阵。

③ 对节约里程按由大到小的顺序进行降序排列。根据节约里程矩阵，以节约里程为关键字将节约里程及其对应的客户降序排列。

④ 根据节约里程法的基本原理和思想，按照节约里程排序表，组成配送路线图，完成全部配送路线的规划设计。

【例 3-2-9】 铁路物流中心 P 向美家（A）、美兰（B）、美好（C）、美情（D）、美福（E）、美来（F）、美程（G）、美翔（H）、美乐（I）等 9 家公司配送货物。图 3-2-9 中连线上的数字表示公路里程（km）。靠近各公司括号内的数字，表示各公司对货物的需求量（t）。铁路物流中心备有载重量为 2 t 和 4 t 的汽车，且汽车一次巡回（顺时针方向）里程不能超过 35 km，设送到时间均符合用户要求，求该铁路物流中心的最优送货方案。

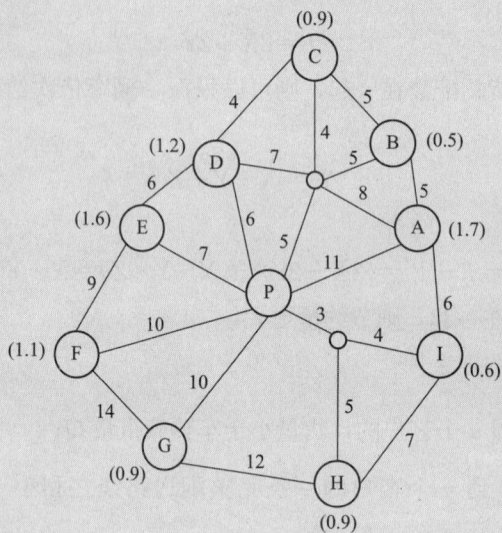

图 3-2-9　配送网络示意图

解：（1）找出相互之间的最短距离

根据图 3-2-9 找出客户与客户之间的最短距离，客户与铁路物流中心之间的最短距离，并在 Excel 工作表中列出相互之间的最短距离矩阵，如表 3-2-36 所示。

表 3-2-36　相互之间的最短距离矩阵

	P								
A	11	A							
B	10	5	B						
C	9	10	5	C					
D	6	14	9	4	D				
E	7	18	15	10	6	E			
F	10	21	20	19	15	9	F		
G	10	21	20	19	16	17	14	G	
H	8	13	18	17	14	15	18	12	H
I	7	6	11	16	13	14	17	17	7	I

（2）计算各客户之间能够节约的距离

根据节约里程公式可知，两客户之间能够节约的距离实际上等于铁路物流中心分别到两个客户的最短距离之和，然后再减去两个客户之间的最短距离。因此，客户 A、B 之间能够节约的距离为 $PA+PB-AB$，客户 A、C 之间能够节约的距离为 $PA+PC-AC$。对比两个计算公式，在 Excel 工作表中 PA 保持不变，而 PC、AC 相对 PB、AB 的位置分别相对下移一个位置，所以在同一 Excel 工作表中可以首先计算客户 A、B 之间能够节约的距离，这里不能直接采用 PA、PB、AB 对应的数值，而是引用其地址来计算，并赋予 PA 绝对引用地址，也就是在 PA 所对应的列号和行号前面添加美元符号 $，或选中 PA 所对应的列号和行号按 F4 键实现。当客户 A、B 之间能够节约的距离计算出来时，客户 A、C 之间能够节约的距离可以通过下拉填充实现，同样客户 A 和其他客户之间能够节约的距离也可以通过下拉填充实现。同理，其他各客户之间能够节约的距离均用上述方法计算，计算结果如表 3-2-37 所示。

表 3-2-37　各客户之间能够节约的距离矩阵

	A								
B	16	B							
C	10	14	C						
D	3	7	11	D					
E	0	2	6	7	E				
F	0	0	0	1	8	F			
G	0	0	0	0	0	6	G		
H	6	0	0	0	0	0	6	H	
I	12	6	0	0	0	0	0	8	I

（3）根据节约里程的大小先后组成配送路线图，并作出标记，最终完成全部配送路线的规划设计

根据节约里程法的基本原理，在 Excel 工作表中，首先从最大节约里程 16（对应 B—A）开始组成配送路线 P—B—A—P，确定客户 B 和 A 的货物装在一辆车上，此时载重量为 2.2 t，且汽车一次巡回里程为 26 km，满足条件①（汽车载重量为 2 t 和 4 t）和条件②（汽车一次巡回里程不能超过 35 km），可以继续在此配送路线上增加新的客户，并对数字 16 作标记，例如设置为红色。

接着寻找除标红数字以外的最大节约里程，即 14（对应 C—B），由于客户 B 已经在配送路线 P—B—A—P 上，所以将客户 C 也增加到该配送路线上，组成新的配送路线 P—C—B—A—P，此时载重量为 3.1 t，且汽车一次巡回里程为 30 km，满足条件①和条件②，可以继续在此配送路线上增加新的客户，并将数字 14 设置为红色。

继续寻找除标红数字以外的最大节约里程，即 12（对应 A—I），由于客户 A 已经在配送路线 P—C—B—A—P 上，所以将客户 I 也增加到该配送路线上，组成新的配送路线 P—C—B—A—I—P，此时载重量为 3.7 t，且汽车一次巡回里程为 32 km，满足条件①和条件②，并将数字 12 设置为红色。但如果继续在此配送路线上增加新的客户，条件①就得不到满足，即超重，因此第一条配送路线规划完毕，即 P—C—B—A—I—P，使用 4 t 车型，载重量为 3.7 t，巡回里程为 32 km。

由于客户 C、B、A、I 的货物已经在第一条配送路线图上，所以不可能再出现在其他的配送路线上，这时把这四个客户与其他客户对应的所有节约里程都标记为红色，在后续的配送路线规划中不再考虑。

按照上述方法可以规划其他配送路线如下：

P—F—E—D—P，使用 4 t 车型，载重量为 3.9 t，巡回里程为 31 km；

P—H—G—P，使用 2 t 车型，载重量为 1.8 t，巡回里程为 30 km。

3.2.3 车辆配装与积载

在配送活动中，所配送的货物具有种类多、数量少的特点，某个客户的货物不足以装满一辆货车，同时不同货物的比重、体积及包装形式各不相同。因此，为了充分利用车辆的容积及载重力，提高配送运输的效率，必须进行科学合理的车辆配装与积载。

1. 车辆配装与积载的原则

在确定了客户的最终配送顺序后，下面就是如何将货物装车，以什么次序装车的问题，即车辆的配装与积载。在进行车辆配装与积载时，应遵循以下原则。

① 后送先装。即按客户的配送顺序，后送的、远距离的客户的货物先装车，装在里面；先送的、近距离的货物后装车，装在外侧。

② 轻重搭配、重不压轻。应将重货置于底部，轻货置于上部，避免重货压坏轻货，并使货物重心下移，从而保证运输安全。轻重货物搭配，还可以使车厢内货物重量均匀分布，防止货车因装载不当发生事故。

③ 大小搭配，大不压小。货物包装的尺寸有大有小，为了充分利用车厢内的容积，可以在同一层或上下层合理搭配不同尺寸的货物，以减少车厢内的空隙。

④ 货物性质搭配。拼装在一个车厢内的货物，其化学性质、物理属性不能互相抵触。例如，不能将散发浓烈气味的货物与具有吸味性的食品混装，不能将散发粉尘的货物与清洁货物混装，不能将渗水货物与易受潮货物混装等。

⑤ 同地点积载。运送到同一地点的适合配装的货物应尽可能一次积载。

⑥ 确定合理的堆码层次及方法。可根据车厢的尺寸、容积及货物外包装的尺寸等来确定合理的堆码层次及方法。

⑦ 不超过车辆额定载重量。装载时不允许超过车辆所允许的最大载重量。

⑧ 当装载易滚动的卷状、桶状货物时，要垂直摆放。

⑨ 防止货损。货与货之间、货与车厢之间应留有空隙并适当衬垫，防止货损。

⑩ 积载完加固。装货完毕，应在门端处采取适当的稳固措施，以防止开门卸货时货物倾倒而造成货损。

2. 车辆配装与积载的方法

在解决车辆配装问题时，当数据量小时还能用手工计算，当数据量大时依靠手工计算将变得非常困难，需用数学方法来求解。现在已开发出车辆配装的软件，将配送货物的相关数据输入计算机，即可由计算机自动输出配装方案。车辆配装与积载的方法主要有容重配载计算法、动态规划法等，这里主要介绍如何使用容重配载计算法进行车辆配装与积载。

在车辆装载中，一般容量大（或比重大）的货物（如钢板）往往达到车辆载重量时，而容积空间剩余甚大。容量小（或比重小）的货物（如棉纱，服装等）看似满满的，但实际并未达到车辆的载容量。上述情况均造成运力浪费。因此，采用容重配载计算法将两者进行配装是一种最常用的配装装车方法。

设需配送两种货物：货物 A，容积为 R_A（kg/m³），单件体积为 V_A（m³）；货物 B，容重为 R_B（kg/m³），单件体积为 V_B（m³）；车辆载重 G（t），车辆最大容积 V（m³）。试计算最佳配装方案。

设车辆有效容积为 $V \times 90\%$（考虑到货物 A、B 尺寸的组合不能正好填满车辆内部空间以及装车后可能存在无法利用的空间）。在既满载又满容的前提下，设货物 A 装入数为 x 件，货物 B 装入数为 y 件，则

$$\begin{cases} xV_A + yV_B = V \times 90\% \\ xR_AV_A + yR_BV_B = G \end{cases}$$

解联立方程组，求得 x、y 之值即为配装数值。

上述例子是只有两种货物的配装。在配装货种较多、车辆种类又较多的情况下，可以先从多种配送货物中选出容量最大的和容量最小的两种进行配装；然后根据剩余的车辆载重与空间，在其他待装货物中选出容重最大和容重最小的两种进行配装。以此类推，可求出配装结果。

在实际工作中常常不可能每次都求出配装的最优解，因此寻求最优解的近似解，将问题简单化，节约计算时间，简化配装要求，加快装车速度，也可以获得良好的效果。解决配装与积载最简单的方法是先安排车辆装运容重大及容重小的两种货物，在装车时可先将容重大的货物装在下部，然后堆放容重小的货物。按计划或经验配装，剩下容重居中的货物不再考虑配装而直接装车。

值得注意的是，配装只是配送时要考虑的一个方面。如果货物性质及装运方面有特殊要求，就不能单从配装的满载满容角度来考虑和决定问题。此外，还需顾及送达用户卸货问题，应当是将后卸货物装载车厢内部，先送达用户的货物装在易卸易取的外部，否则会延误整个配送速度，加大卸车费用。

3. 车辆配装与积载作业

1）装载与卸载作业

① 因货物性质不同，装车前需对车辆进行清扫、清洗、消毒，达到规定的要求。

② 确定最恰当的装卸方式。考虑货物的性质及包装，选择最适当的装卸方法。

③ 合理配置和使用装卸机具，力求减少装卸次数和缩短装卸路径。

④ 防止货物装卸时的混杂、散落、漏损、砸撞，特别要注意危险货物不得与普通货物混装，性质相抵触及灭火方法不同的货物不能混装。

⑤ 货物应捆扎牢靠，码放、堆放整齐，标志向外，箭头向上。

⑥ 提高货物集装化或散装化作业水平，成件货物集装化，粉粒状货物散装化，不仅可以提高作业效率，同时可以减少作业次数，降低事故风险。所以，成件货物应尽可能集装成托盘系列、集装箱、货捆、货架、网袋等货物单元再进行装卸作业，各种粉粒状货物尽可能采用散装化作业，直接装入专用车、船、库。

⑦ 做好装卸现场组织工作，装卸现场的作业场地、进出口通道、作业流程、人机配置等布局设计应合理，避免由于组织管理工作不当造成装卸现场拥挤、紊乱现象，以确保装卸工作安全顺利完成。

2）装车堆积

装车堆积是在具体装车时，为充分利用车厢载重量、容积而采用的方法。一般是根据所配送货物的性质和包装来确定堆积的行、列、层数及码放的规律。

① 堆码方式要有规律、整齐，不同客户的货物适当作出一定标记，以便于更准确、更快速地送货交接。

② 堆码高度不能太高。车辆堆码高度一是受限于道路高度限制；二是受限于道路运输法规规定，如大型货车的堆码高度从地面起不得超过 4 m；载重量 1 000 kg 以上的小型货车不得超过 2.5 m；载重量 1 000 kg 以下的小型货车不得超过 2 m。

③ 货物在横向不得超出车厢宽度，前端不得超出车身，大型货车后端不得超出车厢的长度为 2 m，载重量 1 000 kg 以上的小型货车后端不得超出车厢的长度为 1 m，载重量 1 000 kg 以下的小型货车后端不得超出车厢的长度为 50 cm。

任务实施

根据以上相关知识，由教师组织学生分组进行讨论，各小组派代表进行总结汇报，小组互评，教师点评总结。学生掌握车辆调度、配送路线优化、车辆配装与积载作业的方法，关注现代铁路配送运输业最新发展动态，提高学生运用理论知识解决实际问题的能力。

任务 3.3 铁路接取送达作业

教学目标

1. 思政素质目标

热爱党、热爱社会主义祖国、爱人民、爱集体；具有良好的职业道德和职业素养；

爱岗敬业，恪尽职守；严格遵守规章制度和劳动纪律。

2. 知识目标

掌握接取送达的概念，掌握接取送达的服务方式及流程，了解接取送达运输协议（合同）的签订，了解代收货款业务。

3. 能力目标

能够准确计算接取送达费，能够正确办理接取送达业务，能够妥善处理投送异常情况。

工作任务

接取送达运输协议的签订及业务办理

某站客服人员接到某单位询问电话，从 2018 年 12 月 1 日至 2019 年 11 月 30 日托运大米，每车 55 t，要求使用 60 t 棚车装运，要求上门取货并进行装车（计费里程 38 km，该站上门装卸费率 8.97 元/t，其他未给定条件自行假设）。

请结合以上材料完成下列任务：

（1）分小组模拟签订接取送达运输协议；

（2）完成接取送达业务办理。

相关知识

"接取送达"业务是门到门运输的重要组成部分，是指铁路利用非铁路运输方式将货物从客户约定地点运输到车站和从车站运输到客户约定地点的业务。开展接取送达业务是为货主提供最便利的服务，解决客户短途搬运困难，弥补铁路原"站到站"运输方式的不足，实现铁路运输方式的社会效益、经济效益最大化。自 2013 年 6 月铁路开始提供接取送达服务以来，接取送达业务量每年保持 10% 以上的增长，服务网络逐步扩大至全部铁路货场或控股车站，服务能力逐步增强，为铁路完成"门到门"物流服务提供了基本保障。

3.3.1　接取送达的内涵及费用计算

1. 接取送达的内涵

为了推动铁路货运加快向现代物流转变，2013 年 6 月中国铁路总公司正式实施货运组织改革，全面开展"门到站""站到门""门到门"接取送达物流服务业务。接取服务即按照客户要求提供上门取货服务，将分散的或小批量的物品集中到铁路物流中心，以便进行运输、配送的作业，又称为集货；送达服务即按照客户要求提供上门送货服务，实现运送货物的移交，并有效地、方便地处理相关手续并完成结算，还应考虑卸货地点、卸货方式等。需要注意的是，接取与送达看似两个分开的物流作业，但可以通过周密的计划实现边接取边送达，充分实现人力、物力的资源配置与利用。

目前，我国铁路物流配送主要体现在接取送达业务上。接取送达的实质是配送运输，属于运输中的末端运输、支线运输。与一般运输形态的主要区别在于配送运输是较短距离、较小规模、频度较高的运输形式，一般使用汽车作为运输工具。与干线运输的区别是配送运输的路线选择问题较复杂，干线运输的干线是唯一的运输线，而配送运输由于配送用户多，一般城市交通路线较复杂，如何组合成最佳路线，如何使配装和路线有效搭配等，是难度较大的工作。

我国各铁路局集团公司采取三种形式加快配送接取送达能力的建设：一是以整合社会运输资源为主，采用战略合作或招标形式；二是加强与铁路专业运输公司合作，充分利用专业运输公司资源，实现优势互补；三是通过购置汽车自建短途运力，增强在两端服务定价上的话语权和与社会物流企业合作的主动权。

2. 接取送达费的计算

根据《关于铁路货运实行门到门运输及制定调整相关费目和费率的通知》（铁总运〔2013〕39 号）等相关文件，铁路货运接取送达费规定：对货物从托运人约定的交货地点至铁路车站公共装卸场所或货物从铁路车站公共装卸场所至收货人约定的接货地点的短途运输，核收接取送达费。接取送达费按下列公式计算，各铁路局集团公司可上浮50%，下浮不限。

$$每单位重量货物接取送达费＝每单位重量货物起码里程费率＋（计费里程－$$
$$起码里程）×超过起码里程后每公里费率$$

其中，计费里程：起码里程 10 km，之后里程按 0、5 取整，1、2 去，8、9 进，3、7、4、6 作 5；起码里程 10 km 的费率：整车货物 15 元/t、零担货物 1.5 元/100 kg、20 英尺箱 450 元/箱、40 英尺箱 675 元/箱；超过起码里程后每公里费率：整车货物 0.8 元/（t·km）、零担货物 0.08 元/（100 kg·km）、20 英尺箱 24 元/（箱·km）、40 英尺箱 36 元/（箱·km）。

【例 3-3-1】 A 站发 B 站门到站货物 60 t，上门取货里程为 35 km，请问应核收的接取送达费为多少？

解： 接取送达费＝15×60＋0.8×60×（35－10）＝2 100（元）

【例 3-3-2】 到厂家接取 40 英尺箱货物，里程为 27 km，每箱接取送达费用是多少？

解： 计费里程应为 25 km，

每箱接取送达费＝675＋（25－10）×36＝675＋540＝1 215（元）

3.3.2　接取送达的服务方式及流程

1. 接取送达的服务方式

接取送达的服务方式主要有以下三种。

①"门到站"（接取）运输服务：指货物从托运人约定的上门取货地点装车开始，接运至发站为止的运输过程服务。

②"站到门"（送达）运输服务：指货物从到站（卸货）开始，送达至收货人约定的到门收货地点卸货为止的运输过程服务。

③"门到门"（接取送达）全程运输服务：指货物从托运人约定的上门取货地点装车开始，接运至发站、运输至到站、送达卸货至收货人约定的到门收货地点为止的全过程运输服务。

以上三种铁路运输方式，由发货客户在货物运单内选择。如果发货客户选择了"站到门"或"门到门"运输方式，发站物流人员要认真与到站核实，了解到站是否已开展"站到门"服务业务。

2. 接取送达业务的办理方式

接取送达业务主要有以下几种办理方式。

① 在车站营业厅（室）等货运营业场所直接办理。

② 拨打车站服务电话或铁路局12306客服电话办理。

③ 通过货运电子商务平台，登录"我要发货"快捷通道提出需求，由铁路客服人员代为办理。

④ 登录货运电子商务平台自助办理。

⑤ 铁路货运营销人员上门服务办理。

3. 接取送达业务流程

接取送达业务流程如图3-3-1所示。

（1）"门到站"运输服务业务流程

货运人员接到预订（预约）后，向客户报价，经同意后联系客户确认办理，生成订单，商定接取货物的时间、地点，报车站货运室，由车站货运室安排运力、组织装卸人员到客户指定地点验货交接，与客户办理运单签认，完成铁路发运。

（2）"站到门"运输服务业务流程

货运人员确认"站到门"信息后，与客户沟通确认办理，商定送达时间、地点，报物流服务部（班组），由车站货运室安排运力、组织装卸人员到客户指定地点验货交接，货物到达后及时通知客户，安排人力运力，组织装卸作业、上门送货，与客户办理签收。

（3）"门到门"全程运输服务业务流程

发站货运人员对发货客户选择"门到门"全程运输服务方式的，要认真按照发站部分的"门到站"业务流程做好接取服务，同时及时通告到站做好"站到门"送达服务。

到站货运人员了解到"门到门"运输到货信息后，要对场地、运力、装卸设备及作业人员统筹安排，并按照到站部分的"站到门"业务流程做好送达服务。

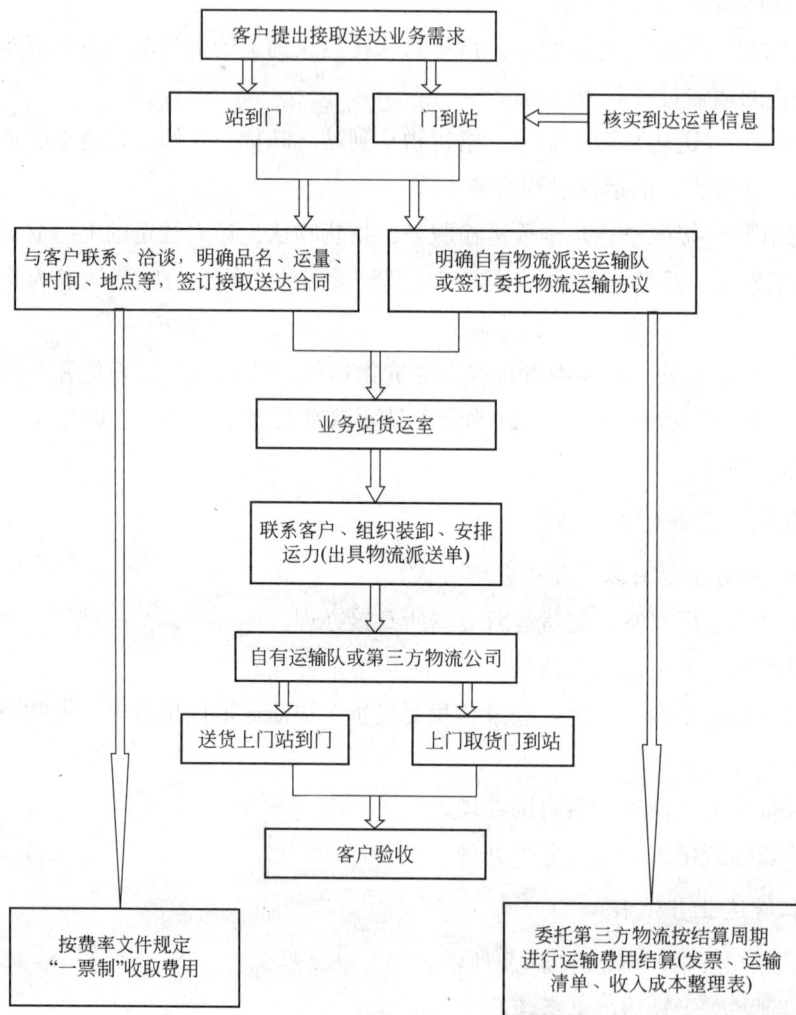

图 3-3-1 接取送达业务流程图

4. 货物接取送达运输协议（合同）的签订

甲（接取送达服务需求方）、乙（接取送达服务提供方）双方本着平等自愿、诚实信用的原则，依据《中华人民共和国合同法》和铁路货运改革的要求，就乙方为到达甲方货场的货物提供接取送达服务事宜达成共识，签订货物接取送达运输协议（合同），其范本见附录B。

货物接取送达运输协议（合同）主要包括以下几方面内容。

① 接取送达区域和时间的规定。

② 合同期限的规定。

③ 运输方式及车辆要求的规定。

④ 货物的装卸及费用承担的规定。

⑤ 运输要求及验收的规定。

⑥ 甲乙双方权利义务的规定。

⑦ 风险转移及赔偿的规定。

⑧ 抵押金、费用和结算方式的规定。

⑨ 违约责任、合同的变更和解除的规定。

⑩ 其他事项或双方协商约定的其他特殊条款。

3.3.3 接取送达交接

送达与交付是送货作业的最后环节。货物运送到客户指定的送货地点后，需要组织卸货作业，卸货作业可以由送货人员组织，也可以由客户自行组织，这主要依据合同相关条款来执行。在卸货过程中或卸货后，需要收货人清点验收，检验货物的型号及规格、包装有无破损、货物有无质量问题，需要注意的是承运人必须在场以明确责任。核对无误后，收货人在物流配送单（如表 3-3-1 所示）上签章确认收货，并留下客户联。如果验收时发现产品质量问题，需要进行投送异常处理。

接取是与送达正好相反的作业，即上门取货。在进行上门取货作业时，托运人应按照托运的要求备好货物，打好适宜货物运输的包装；承运人应与托运人办理货物交接，仔细核对、验收货物是否与运单相符。装车作业由谁来完成，也是按照合同规定来履行。

3.3.4 投送异常处理

在进行货物投送时，异常情况包括货物的丢失、破损、潮湿，收货人信息错误、联系不上或拒收，紧急货物的派送等。

1. 货物丢失与破损的处理

在投送过程中发生货物丢失与破损时，铁路实行限额赔偿制度，即不保价运输的、不按件数只按重量承运的货物，每吨最高赔偿 100 元；按件数和数量承运的货物，每吨最高赔偿 2 000 元；个人托运的搬家货物、行李，每 10 kg 最高赔偿额为 30 元，实际损失低于上述赔偿限额的，按货物实际损失的价格赔偿。

在办理了保价运输的情况下，对于货物的丢失理赔比较简单，按照货物的保价金额赔偿；对于货物的破损理赔比较麻烦，要和收货人协商按照货物保价和破损比例进行赔偿，赔偿公式如下：

$$货物保价/货物总件数＝单件赔偿价值$$
$$单件赔偿价值×破损比例＝赔偿价值$$

表 3-3-1　××铁路局集团公司物流配送单（系统制单，格式具体以系统生成为准）

派单单位（盖章）	派单人		
派单时间　年　月　日　时　分	交货时间	收单时间　年　月　日　时　分	
客户单位	电话	联系人	
货物品名	件数	规格	计费重量
送（取）货详细地址		起止地点	
车型车号	过磅地点	计费里程（km）	
取货时4货物状况	交货时货物状况	过磅重量	
装车安排	卸车安排		
货物运输要求			
委托代办事项　票据交接□　代收款□　代付款□　金额：￥　　元	驾驶员签认：	客户签认：	
客户服务评价　非常满意□　满意□　不满意□	收货人：		
备注　易燃□　易爆□　怕湿□　易碎□　异味□　扬尘□　禁止覆盖□　禁止重压□　装载方向□　防止滑动□　防止碰撞□			

甲联：存根联

电话　办公：　手机：

驾驶员：

交货人：

收货人：

注：1. 物流配送单一式四联：甲联为存根联、乙联为客户单位、丙联为汽车运输单位联、丁联为业务结算联；2. 交货时间：填记车站配送队要求驾驶员将货物运到指定地点的时间；3. 客户单位、货物品名、计费重量、起止地点、计费里程、送（取）货详细地址、备注栏，货物运输状况栏不得涂改；4. 委托代办事项栏根据代办事项文字说明由交接双方进行签认；5. 重点货物注意事项在备注栏勾选，其他特殊运输要求在货物运输要求栏注明。

2. 收货人信息错误、联系不上或拒收的处理

当收货人信息错误、联系不上或拒收时，应按照《铁路法》的相关规定处理。自铁路运输企业发出领取货物通知之日起满 30 日仍无人领取的货物，或者收货人书面通知铁路运输企业拒绝领取的货物，铁路运输企业应当通知托运人，托运人自接到通知之日起满 30 日未作答复的，由铁路运输企业变卖。所得价款在扣除保管等费用后尚有余款的，应当退还托运人，无法退还、自变卖之日起 180 日内托运人又未领回的，上缴国库。对危险物品和规定限制运输的物品，应当移交公安机关或者有关部门处理，不得自行变卖。对不宜长期保存的物品，可以按照国务院铁路主管部门的规定缩短处理期限。

3. 紧急货物派送的处理

紧急货物派送主要是由以下几种原因引起的：①货物因铁路物流企业的失误而没有及时得以派送，但客户要求必须第一时间收货；②由于仓库管理人员没能在派送时及时找到货物，导致没能及时送货；③异常货物的派送，主要是由于没有合适的派送车辆和受到市内车辆运输时间的限制。

紧急货物派送的处理主要从以下几个方面着手：①减少派送管理人员的失误，避免遗忘送货；②和客户确定好合适的送货时间；③临时增加派送车辆尽可能满足客户的送货要求。

3.3.5　代收货款

代收货款是独立于买卖双方交易外的第三方代卖方从买方收缴应收款项的有偿服务。在物流领域，通常是指在合同约定的时限与佣金费率下，第三方物流企业在为发货方承运、配送货物的同时，向收货方收缴款项转交发货方的附加值业务。

代收货款业务是第三方物流企业近几年内新兴的一种增值服务，实现铁路物流企业业务的多元化。其中心内容是：发货方（一般指存在邮购业务的公司）与第三方物流企业签订《委托承运和委托代收货款协议》，发货方将客户订购的物品交付第三方物流企业寄递，并由第三方物流企业的终端派送人员在上门投递的同时，根据邮件详情单上标注的应付金额代发货方向客户收取货款，第三方物流企业再定期将代收的货款结付给发货方，并收取一定的手续费。代收货款业务流程如图 3-3-2 所示。

图 3-3-2　代收货款业务流程

代收货款模式常见于 B to C 业务，C to C 业务则因现金管理问题受到更大的限制。目前在发达地区的邮政系统和很多中小型第三方物流服务企业中，该业务已经广泛开展。这种方式把消费者采取邮购方式的风险降到最低点，能够激发消费者的购买热情，让消费者足不出户就可以放心地订购本地、异地甚至是国际商品。这不仅加快了发货方

的流动资金周转，有助于改善发货方的财务状况，转嫁了部分回款风险，而且为发货方节约了存货持有成本和拥有及运作物流服务网络的成本。

同时由于发货方与第三方物流企业通常都是采取战略合作伙伴关系，对第三方物流企业而言，其主要的盈利点就在于能将客户与自己的利害关系连在一起，使其客户群的基础越来越稳固。此外，代收货款模式的资金在交付前有一个沉淀期，在资金沉淀期内，第三方物流企业还等于获得了一笔不用付息的资金。因此可以说第三方物流企业代收货款业务的经营模式是三方受利。

对最终消费者来说，邮购最大的障碍在于无法做到"一手交钱，一手交货"，若非有过成功的购买经历，邮购公司一般较难博得他们的信任。而一旦邮购公司采取货到付款的销售模式，将第三方物流企业代收货款作为一项服务延伸，就将大大促进最终消费者的购买行为。某公司销售数据显示，邮购业务采用货到付款直销模式后营业额同比增长达到20％以上。

第三方物流以知识化、科技化、服务综合化与个性化为主要特征，随着我国经济与国际接轨，开展各项增值物流服务的法规、政策环境将日益完善，人们对第三方物流企业提供代收货款服务的认识也将不断提高。同时，我国第三方物流企业的不断发展壮大，将使其在整条供应链上发挥更加积极的作用，提供更完善的物流服务，使发货企业集中精力增强核心竞争力，从而最终成为发货企业获得竞争优势的重要战略伙伴。

任务实施

根据以上相关知识，由教师组织学生分组进行讨论，各小组派代表进行总结汇报，小组互评，教师点评总结。学生掌握接取送达的概念与费用计算，掌握接取送达的办理及业务流程，关注接取送达异常情况处理及代收货款业务发展状态，提高运用理论知识解决实际问题的能力。

课后思考题

1. 简述订单处理流程。
2. 简述订单处理要素。
3. 订单处理的基本原则有哪些？
4. 接收客户订货的方式有哪些？
5. 订单确认的内容有哪些？
6. 影响订单有效性的因素有哪些？如何进行订单有效性分析？
7. 如何进行存货分配？
8. 影响订单优先权的因素有哪些？如何进行订单优先权分析？

9. 如何制订配送计划?

10. 简述拣选作业流程及基本内容。

11. 简述货物堆码的基本原则和要求。

12. 简述拣选方式与策略。

13. 形成的拣选资料有哪些?

14. 补货方式主要有哪些?

15. 如何确定补货时机?

16. 简述出货作业的一般流程。

17. 简述车辆调度的概念、原则与方法。

18. 如何利用表上作业法、图上作业法、经验调度法与运输定额比法进行车辆调度?

19. 简述利用节约里程法进行路线优化的步骤。

20. 简述车辆配装与积载的原则、方法与作业。

21. 什么是接取送达? 简述接取送达的服务方式及流程。

22. 如何办理接取送达交接?

23. 如何进行投送异常处理?

24. 如何办理代收货款业务?

项目 4
铁路物流中心规划与设计

项目描述

　　铁路物流中心规划与设计成功与否，直接影响着铁路物流中心的作业效率、运营成本、客户满意度。本项目使学生在掌握铁路物流中心仓储与配送基本业务操作技能的基础上提升创新能力。通过本项目的学习，学生应掌握铁路物流中心规划与设计理论及应用知识，提升铁路物流中心规划与设计能力。

任务 4.1 铁路物流中心规划

教学目标

1. 思政素质目标

热爱党、热爱社会主义祖国、爱人民、爱集体；具有良好的职业道德和职业素养；爱岗敬业，恪尽职守；严格遵守规章制度和劳动纪律。

2. 知识目标

掌握铁路物流中心的概念与功能，了解铁路物流中心的主要特征与地位作用，掌握铁路物流中心的分类，理解铁路物流中心规划的含义、原则及主要内容，掌握铁路物流中心选址布局规划的含义、要求及方法。

3. 能力目标

能够初步进行铁路物流中心总体规划，能够利用重心法进行铁路物流中心选址。

工作任务

铁路物流中心选址决策

某铁路物流中心需要为 7 个用户进行服务，据估计，这 7 个用户的年需求量大约为 1 600 t，2 000 t，1 400 t，1 800 t，2 800 t，3 500 t，5 000 t，各用户节点的运输费率与坐标如表 4-1-1 所示。请利用精确重心法进行选址决策，并说明铁路物流中心总体规划的原则与内容。

表 4-1-1　各用户节点的运输费率与坐标

用户节点（S_i）	年运输总量 V_i/t	运输费率 R_i/[元/(t·km)]	坐标 X_i	坐标 Y_i
S_1	1 600	0.08	6	7
S_2	2 000	0.075	9	12
S_3	1 400	0.09	13	15
S_4	1 800	0.075	17	19
S_5	2 800	0.055	21	22
S_6	3 500	0.055	9	18
S_7	5 000	0.055	12	17

相关知识

随着中国经济的快速发展和经济体制改革的不断深化，中国物流产业出现了加速发展的趋势，成为国民经济中的一个重要组成部分和新的经济增长点。而传统的铁路货运已不能满足现代物流发展的需要，必须向提供运输、仓储、包装、配送、流通加工、信息处理等多种服务的现代物流业发展。这无疑对承担着我国重要运输任务的铁路运输业提出了更新、更高的要求。因此，基于铁路货运组织改革的现实需要和社会物流体系的迫切期待，大力发展现代物流已成为铁路适应经济发展方式转变的必然选择，而铁路现代物流中心是铁路发展现代物流的重要突破口和基点。

4.1.1 铁路物流中心的概念与功能

1. 物流中心的概念

物流中心（logistics center）是物流网络中重要的节点，处于枢纽或重要地位，具有较完整的物流环节，并能将物流集散、信息和控制等功能实现一体化运作。"logistics center"多在亚洲地区使用，欧洲、美国也有使用但比较少，这些国家多用"distribution center"，即我国所称的"配送中心"。此外，与物流中心相近的概念还有物流园区。中华人民共和国国家标准《物流术语》（GB/T 18354—2021）对这些概念进行了区分，见表4-1-2。

表4-1-2　物流中心相近概念区分

名称	释　义
物流中心 logistics center	具有完善的物流设施及信息网络，可便捷地连接外部交通传输网络，物流功能健全，集聚辐射范围大，存储、吞吐能力强，为客户提供专业化公共物流服务的场所
配送中心 distribution center	具有完善的配送基础设施和信息网络，可便捷地连接对外交通运输网络，并向末端客户提供短距离、小批量、多批次配送服务的专业化配送场所
物流园区 logistics park	由政府规划并由统一主体管理，为众多企业在此设立配送中心或区域配送中心等，提供专业化物流基础设施和公共服务的物流产业集聚区

2. 铁路物流中心的概念

铁路运输作为我国综合运输体系的重要组成部分，对我国运输物流做出了巨大贡献。然而，随着各种运输方式的不断发展，市场竞争日益激烈，既有的铁路运输在此过程中表现出了一定的不适性。针对社会及企业降低物流成本、减缓能源资源消耗和改善生态环境等诉求，迫切需要发展资源节约型物流方式。纵观国外的物流中心，几乎所有的物流中心都以公铁联运或海铁联运作为主要运输方式，充分发挥了铁路运能大、能耗低、污染小的特点。铁路物流中心结合了铁路货运场站及物流中心的双重特点，是我国铁路货运网络的重要组成部分及高效运营的重要保障，是货运列车组织开行的基地，是铁路运输面向市场的窗口，其对周围物流产业的集聚作用有利于提高运输效率，促进区域经济的快速发展。同时，铁路物流中心的建设还将有利于扭转铁路运转效率不高、经营效果不好、网点货运不足的局面，通过建设铁路物流中心对铁路货运资源进行空间布局调整，变车流集结为货流集结，可改变铁路货运中间快、两头慢的"瓶颈"制约，是铁路大力发展现代物流的重要手段。

《铁路物流中心设计规范》（Q/CR 9133—2016）对铁路物流中心作如下定义：依托铁路、具有完善信息网络、为社会提供物流活动的场所，并具有为社会或企业自身提供物流服务、物流功能健全、集聚辐射范围大和存储吞吐能力强等功能。可见，铁路物流中心应满足下列要求：

① 面向社会提供公共物流服务；

② 具有物流服务功能和配套服务功能；

③ 集聚、辐射范围大；

④ 存储、吞吐能力强；

⑤ 具备多式联运条件。

3. 铁路物流中心的功能

铁路物流中心以铁路货运场站等资源为基础，融合现代物流与供应链管理和服务理念，为客户提供以铁路运输为主的全方位、一体化现代物流服务的空间场所。其既可作为铁路自身提供物流服务的场所，又可作为公共性物流基地吸引相关物流企业入驻共同开展物流服务的场所。铁路物流中心一般具备适度超前、功能齐全、能力强大、装备先进、辐射广泛等特点，它与传统的铁路货运场站相比，具有多方面的优势。总的来说，铁路物流中心具有物流服务功能和配套服务功能。

（1）物流服务功能

铁路物流中心根据需要设置商务手续办理、货物到发、中转、收货、理货、装卸、搬运、暂存、储存、接取送达、配送、信息服务、货运安全监测监控、分拣、储运包装、销售包装、流通加工、组装、加固、配载、交割、越库、换装、应急物流、专业物流（小汽车物流、冷链物流、快件物流等）定制服务、托盘共用、金融物流、货运代理、咨询与方案设计、市场交易、贸易代理、商品展示、设施设备租赁、结算、代收款、保价运输、保险代理、物流培训、招聘与求职、广告、中介与担保、清关报关、保税等物流服务功能，从而满足客户多样化的服务需求。

（2）配套服务功能

铁路物流中心根据需要设置综合服务、生产辅助和生活辅助等配套服务功能。其中，综合服务功能包括物业管理、工商税务、保险、通信邮政、银行等；生产辅助功能包括停车、综合维修、加油加气、供电、供水等；生活辅助功能包括为入驻企业、往来客户、员工提供住宿、餐饮、洗浴、休息等服务。

4. 我国铁路物流中心的地位作用

(1) 铁路物流中心是地方经济社会发展的重要推动力

铁路物流中心的发展对于地方经济发展和社会进步具有重要的支撑推动作用。铁路物流中心的发展不仅有利于提升社会物流服务水平，降低企业经营成本，提高政府税收，增加就业机会，还能够起到改善交通状况、优化环境、减少污染的作用。

(2) 铁路物流中心是完善社会物流服务网络的重要组成部分

从我国物流业发展历程来看，公路货运场站、物流园区、港口等在发展过程中较早地融入了现代物流的服务理念，在早期的社会物流服务网络中扮演重要角色。而铁路主要以传统货运场站的形式参与社会物流，其核心骨干作用并未显现。随着现代物流理念为指导的铁路物流中心在全国范围内规划建设并逐步投入运营，铁路物流中心一体化的服务网络及铁路运输的优势使其在社会物流服务网络中的核心骨干地位逐渐凸显，进一步完善了社会物流服务网络。

(3) 铁路物流中心是促进各种运输资源合理配置的重要桥梁

铁路物流中心的发展进一步完善了铁路物流服务链条，为各种运输资源的集聚和融合提供了基础平台，为多式联运的发展提供了条件，使各种运输资源能够优势互补和合理配置，促进节点设施设备高效利用，实现多种运输方式的一体化运作，提高社会物流整体效率，降低社会物流成本。

(4) 铁路物流中心是推进铁路物流发展的重要突破口

过去很长一段时间，铁路货运面临运能紧张的局面，催生了铁路以运输为主的内部生产型经营模式，这种模式在过去特定的背景下曾发挥了积极的作用，但也极大地限制了铁路的市场经营能力，导致近年来铁路货运量持续走低。铁路物流中心作为物流服务的核心载体，坚持以客户需求为导向，重视市场营销，大力拓展物流服务范围，积极开发多元化物流服务产品，不断提升物流服务水平和服务质量，将极大地推进铁路物流的发展，同时依托铁路物流中心的载体功能，有利于提升铁路物流的市场竞争能力。

4.1.2 铁路物流中心的分类

1. 按照办理货物品类和性质划分

铁路物流中心按照办理货物品类和性质可分为专业型和综合型铁路物流中心。

专业型铁路物流中心应面向大宗及特殊货物，一般以大型装卸车点为基础进行设计。根据货物品类不同，专业型铁路物流中心又可分为长大笨重货物铁路物流中心、散堆装货物铁路物流中心、危险货物铁路物流中心、商品汽车及自轮装卸铁路物流中心等。

综合型铁路物流中心应设置在产业集聚区域、多式联运货运枢纽节点，可由集装箱功能区、长大笨重货物功能区、包装成件货物功能区、商品汽车功能区、散堆装货物功能区、仓储配送功能区、危险货物功能区、冷藏功能区、内陆港功能区、流通加工功能区、交易展示区及综合服务等功能区组成。

2. 按照所提供的主要服务功能划分

根据铁路物流中心所提供的主要服务功能划分，将其分为运输型、配送型、存储型、流通加工型和综合型五种类型。

运输型铁路物流中心主要为货物提供快速高效的运输服务及在多式联运过程中的中转服务。该类型铁路物流中心的核心业务为铁路运输与以铁路运输为主的多式联运。一般情况下运输型铁路物流中心需要具备较强的铁路装卸车作业能力与信息处理功能。

配送型铁路物流中心除铁路运输服务外，主要为客户提供及时、低成本的货物配送服务。该类型的铁路物流中心一般处理到达类货物，因此需要强化此类铁路物流中心与配送服务相关的如分拣、理货、信息处理等物流功能。

存储型铁路物流中心除了铁路运输外，主要为货物提供存储服务。此类铁路物流中心的主要客户类型为大型生产企业，货物类型主要为生产企业的原材料、产成品或零部件。此类铁路物流中心需要具有强大的存储能力和先进的库存管理功能。

流通加工型铁路物流中心除铁路运输服务外，主要为货物提供流通加工服务。此类铁路物流中心需要与客户达成协议关系，并具备强大的包装及加工功能。

综合型铁路物流中心所提供的服务较前几种更全面。此类铁路物流中心规模较大，物流服务功能较多，但核心功能也是铁路运输与多式联运。此类铁路物流中心对于全部功能区及所配备的物流设施设备都有较高要求。

3. 按照铁路物流中心的隶属关系划分

按照铁路物流中心的隶属关系划分，可将其分为国有铁路物流中心和 PPP 模式铁路物流中心。

国有铁路物流中心是由国家或当地政府出资建设并经营的铁路物流中心。此种铁路物流中心目前在我国较普遍。其优势是有利于国家宏观调控，便于政府直接管理且建设资金充裕。但其劣势也十分明显，即适应市场变化的能力较差，客户对服务的满意度和物流效率可能会较低。

PPP（public private partnership）即"公共私营合作制"。PPP 模式铁路物流中心是指国有铁路部门与私人通过建立伙伴关系为物流市场提供物流服务的运营模式。国外发达国家的铁路物流中心普遍采用 PPP 模式。此模式在服务满意度、物流效率和市场适应性方面具有较大优势，故 PPP 模式也是中国铁路物流中心在建设和经营中在逐步借鉴和采用的。

4. 按照等级划分

根据承担吞吐量、服务功能、建设规模和在路网中的作用等因素，铁路物流中心划分为三个等级。

（1）一级铁路物流中心

一级铁路物流中心主要承担全国性铁路物流节点城市的货物集散与分拨任务，设置于全国综合交通枢纽和市场需求旺盛地区，满足特快货物班列、跨局货物快运列车、跨局大宗直达货物班列、国际班列和多式联运需求，年吞吐量在 300 万 t 以上，具备 20 项以上物流服务功能及相关配套服务功能。

（2）二级铁路物流中心

二级铁路物流中心主要承担区域性铁路物流节点城市的货物集散任务，设置于区域交通枢纽和市场需求充足地区，满足快速货物班列、管内货物快运列车、管内直达货物班列和多式联运需求，年吞吐量在 100 万 t 以上，具备 10 项以上物流服务功能及若干配套服务功能。

（3）三级铁路物流中心

三级铁路物流中心主要承担地区性铁路物流节点城市的货物集散任务，设置在一般地级市或生产制造企业附近，满足普快货物班列、管内循环货物快运列车、普通货物列车和多式联运需求，年吞吐量在 50 万 t 以上，一般具备 7 项以上物流服务功能。

在上述三级铁路物流节点网络基础上，根据需要建设物流作业站、受理站、受理点及无轨站，加强物流网络覆盖。物流作业站、受理站、受理点及无轨站可参照一级铁路物流中心基本物流服务功能设计。

5. 按照辐射范围或服务范围划分

根据铁路物流中心能够辐射到的服务地区范围，将其划分为枢纽型、区域型和城市型三种不同的类型，其特点如表 4-1-3 所示。

表 4-1-3　枢纽型、区域型和城市型铁路物流中心的对比

类型	服务对象	货物种类
枢纽型铁路物流中心	辐射范围内及能够进行联合作业的产业	种类多
区域型铁路物流中心	单一固定	范畴较小
城市型铁路物流中心	特定的一个企业	根据企业情况而定

对一个铁路物流中心来说，由于在分类时选取的标准不一样，其所属的类型也会有所不同。但是这些分类并不互相排斥，也就是说一个铁路物流中心可以依据不同的标准而属于多种不同的类型。所以，在铁路物流中心规划建设阶段，要对其规划区域、功能定位、内部作业设施设备的配置情况等因素进行综合考虑分析，从而建设出合理的、能够满足预期需求的铁路物流中心。

4.1.3　铁路物流中心总体规划

通过成本比较及对货物周转总量、需求稳定性、市场密度的分析，确定要自建铁路物流中心，这就面临铁路物流中心的总体规划。下面就铁路物流中心规划的含义与内容、原则与目标、程序作具体介绍。

1. 铁路物流中心规划的含义与内容

（1）铁路物流中心规划的含义

铁路物流中心规划是对于拟建铁路物流中心的长远的、总体的发展计划。"铁路物流中心规划"与"铁路物流中心设计"是两个不同、但容易混淆的概念，二者既有密切的联系，又存在重大差别。铁路物流中心规划属于铁路物流中心建设项目的总体规划，是可行性研究的一部分，而铁路物流中心设计则属于项目初步设计的一部分。"铁路物流中心规划"与"铁路物流中心设计"的异同比较见表 4 - 1 - 4。

表 4 - 1 - 4　"铁路物流中心规划"与"铁路物流中心设计"的异同比较

异同		铁路物流中心规划	铁路物流中心设计
相异之处	目的不同	铁路物流中心规划是关于铁路物流中心建设的全面长远发展计划，是进行可行性论证的依据	铁路物流中心设计是在一定的技术与经济条件下，对铁路物流中心的建设预先制订详细方案，是项目施工图设计的依据
	内容不同	铁路物流中心规划强调宏观指导性	铁路物流中心设计强调微观可操作性
相同之处	同属于高阶段设计过程	铁路物流中心的规划工作与设计工作都属于项目的高阶段设计过程，内容上不包括项目施工图纸等的设计	
	理论依据相同，基本方法相似	铁路物流中心规划与设计工作都是以物流学原理为理论依据，运用系统分析的观点，采取定量与定性相结合的方法进行的	

（2）铁路物流中心规划的内容

铁路物流中心规划主要包括物流系统规划、信息系统规划、运营系统规划三个方面，如图 4 - 1 - 1 所示。其中，物流系统规划包括铁路物流中心的设施布置、物流设备规划和作业方法设计；信息系统规划包括铁路物流中心的功能规划、流程规划和信息系统规划；运营系统规划是对铁路物流中心的组织机构、人员配备、作业规范等的设计。

2. 铁路物流中心规划的原则

凡事预则立，不预则废。对于铁路物流中心建设这样复杂的系统工程，如果不做好前期的规划与设计，一旦建成后出现问题就很难进行更正，所以在进行铁路物流中心规划与设计时必须遵循以下原则。

（1）统筹规划的原则

铁路物流中心的规划是一个复杂的系统工程。合理的铁路物流中心规划必须统筹兼顾，全面安排，既要做微观的考虑，又要做宏观的考虑，把定性分析、定量分析与经验

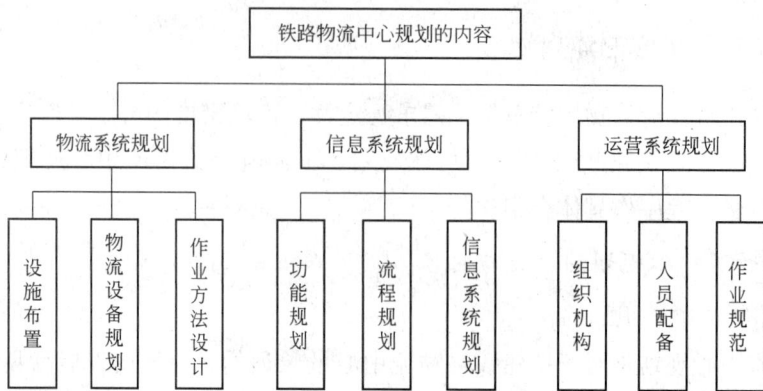

图 4-1-1　铁路物流中心规划的内容

相结合，使整体最优。此外，铁路物流中心规划还要符合国家政策和铁路物流规划要求，与区域规划、城市建设总体规划及土地利用总体规划相协调。

（2）经济性原则

规划设计铁路物流中心的每一个阶段，都要体现该原则，减少或消除不必要的作业环节，缩短作业周期，以最有效的空间利用、最经济的成本投入达到最大效用。

（3）弹性化原则

在铁路物流中心规划时，必须要考虑弹性化问题，其主要原因是货物的周转量往往受市场、季节、节假日需求波动的影响。此外，铁路物流业务种类的增加及铁路物流范围的扩大也需要铁路物流中心具有较强的应变能力。因此，在规划时铁路物流中心要有相当的柔性以适应周转量、用户、成本等多方面的变化。一般来说，铁路物流中心的规划年度应分近、远两期。近期为交付运营后第 10 年，远期为交付运营后第 20 年。

（4）人性化原则

人性化原则也是铁路物流中心规划时应遵循的原则，充分重视人的因素，为员工创造安全、方便、舒适的工作环境。

3. 铁路物流中心规划的目标

在进行铁路物流中心总体规划时，首先要明确铁路物流中心在物流网络中的地位与作用，确定规划目标。规划目标将决定铁路物流中心的功能与功能区构成。通常铁路物流中心的规划目标有以下几点：

① 缩短物流作业周期，降低物流运作成本；

② 以适当的库存水平降低物流系统的总体库存；

③ 有效地利用空间、设备、人员和能源；

④ 提高客户服务水平，提升企业竞争力；

⑤ 降低物流作业差错率；

⑥ 信息网络高效通畅，实时掌握分销信息；

⑦ 力求降低投资成本；

⑧ 提供方便、舒适、安全和卫生的工作环境。

以上规划目标实际上不可能同时达到最优，有时甚至相互矛盾，要用恰当的指标对每一个方案进行综合评价，达到总体目标最佳。

4. 铁路物流中心规划的程序

铁路物流中心规划的程序主要包括筹划准备阶段、总体规划阶段、方案评估阶段、详细设计阶段、系统实施阶段，具体如图 4-1-2 所示。

4.1.4　铁路物流中心选址布局规划

铁路物流中心选址布局规划是一项复杂的系统工程，要充分理解铁路物流中心选址布局规划的内涵与基本原则、铁路物流中心选址布局规划与既有节点布局的关系及铁路物流中心选址布局规划的方法，才能更好地实现铁路物流中心布局的科学与合理性。

1. 铁路物流中心选址布局规划的内涵

布局是指对有关事务的全面安排，主要包括物件的空间布置和活动的时空安排两个方面。选址即选择地址，物流中心选址是指在一个具有若干供应网点及若干需求网络的经济区域内，选择一个或多个地址设置物流中心的规划决策过程。铁路物流中心的选址布局规划不仅是地址的选择，而且包括对物流中心空间结构的布置安排。

根据铁路物流中心选址布局规划的层次不同，又可分为宏观、中观、微观三个层次。铁路物流中心宏观空间布局规划主要研究铁路物流节点在宏观范围内，确定物流节点层次和与其所依托的载体城市之间的关系，即研究物流节点在物流网络上的层次位置关系。

铁路物流中心中观选址布局规划是分析研究在城市范围内物流节点的系统布局结构，综合考虑城市物流需求与供给分布的空间关系，结合城市交通网络的布局特点，确定物流节点的空间位置特征和理想位置选择问题。

铁路物流中心微观设计规划也称为物流中心平面布置，是指对地理位置确定的物流节点的具体功能、作业分区、作业流程和生产工艺、相关的硬件设施设备选型与配置的内容的设计过程。

本节铁路物流中心选址布局规划主要是指中观层次，根据铁路的特点及其所处的具体环境，探讨铁路物流中心选址布局的内在规律，对铁路物流中心在特定空间范围内的位置进行有计划性的总体优化安排和部署，协调各类物流节点在空间的合理分工布局，实现物流节点资源在空间的优化配置，提高物流网络系统运行效率，降低物流运作成本。主要通过分析城市内部主要货源需求分布及铁路货运站的物流供给条件，结合铁路网络、城市道路网络、航空网络、水运网络等交通区位条件分析，从物流供给、需求两个方面综合判断铁路枢纽内货运站发展为铁路物流中心的可能性，运用科学的方法在一定条件范围内的铁路货运站或新建地点中确定最优的选址方案。

```
                        ┌─────────────────────┐
                        │ 明确物流中心定位与目标 │              ┐
                        └─────────────────────┘              │
                                 │                            │
┌──────────────┐       ┌─────────────────────┐              │
│ 收集物流中心建设的│       │ 进行可行性分析与立项 │              │ 筹
│ 内部条件、外部条件│       └─────────────────────┘              │ 划
│ 及潜在客户的信息 │                │                            │ 准
└──────────────┘       ┌─────────────────────┐              │ 备
          │             │ 成立专门的规划小组    │              │ 阶
          │             └─────────────────────┘              │ 段
          │                      │                            │
          └──────────────►┌─────────────────────┐            ┘
                          │ 收集物流中心建设资料  │
                          └─────────────────────┘
┌──────────────┐                │
│ 分析物流中心配送 │       ┌─────────────────────┐
│ 货物的品种、货源、│       │ 物流中心选址          │
│ 流量及流向等    │       └─────────────────────┘
└──────────────┘                │
          │             ┌─────────────────────┐              ┐
          └──────────────►│ 基础资料分析与整理  │              │
┌──────────────┐       └─────────────────────┘              │
│ 不同类型的物流中心,│              │                           │ 总
│ 其内部布局也有很大 │       ┌─────────────────────┐          │ 体
│ 的不同,在实际规划中,│      │ 确定物流中心规划条件 │          │ 规
│ 应该根据物流中心的 │      └─────────────────────┘          │ 划
│ 功能,结合货物特性 │              │                           │ 阶
│ 与客户需求进行必要 │      ┌─────────────────────┐          │ 段
│ 的规划          │      │ 物流中心功能流程规划 │          │
└──────────────┘       └─────────────────────┘          │
          │          ┌──────┴──────┐                       │
          └───►┌──────────┐    ┌──────────┐              ┘
               │ 区域布局规划│    │ 信息系统规划│
               └──────────┘    └──────────┘
                        │
                ┌─────────────┐                              ┐ 方案评估阶段
                │ 方案评估     │                              ┘
                └─────────────┘
                        │
                ┌─────────────┐                              ┐
                │ 确定最佳方案 │                              │
                └─────────────┘                              │
┌──────────────┐        │                                   │ 详
│ 设备设施规划涉及 │┌───────────────────────┐                │ 细
│ 建筑模式、设备选择│ 物流中心系统方案的详细规划│               │ 设
│ 与安置等多方面问题,└───────────────────────┘                │ 计
│ 需要运用系统分析的│      │                                   │ 阶
│ 方法求得整体优化,│ ┌──────┼──────┐                       │ 段
│ 最大限度减少物料 │ ┌────────┐┌────────┐┌────────┐      ┘
│ 搬运、简化作业流程│ │设备与设施设计││信息系统设计││运营系统设计│
└──────────────┘ └────────┘└────────┘└────────┘      ┐
          │             │                                   │ 系
┌──────────────┐ ┌─────────────┐                         │ 统
│ 既要考虑满足物流中│ │ 设备制造与安装;│                         │ 实
│ 心内部作业的要求,│ │ 系统安装与调试;│                         │ 施
│ 有助于提高物流作业│ │ 试运营        │                         │ 阶
│ 的效率;也要考虑同│ └─────────────┘                         │ 段
│ 物流中心外部的信息│                                         ┘
│ 系统相连,方便配送│
│ 中心及时获取和处理│
│ 各种经营信息    │
└──────────────┘
```

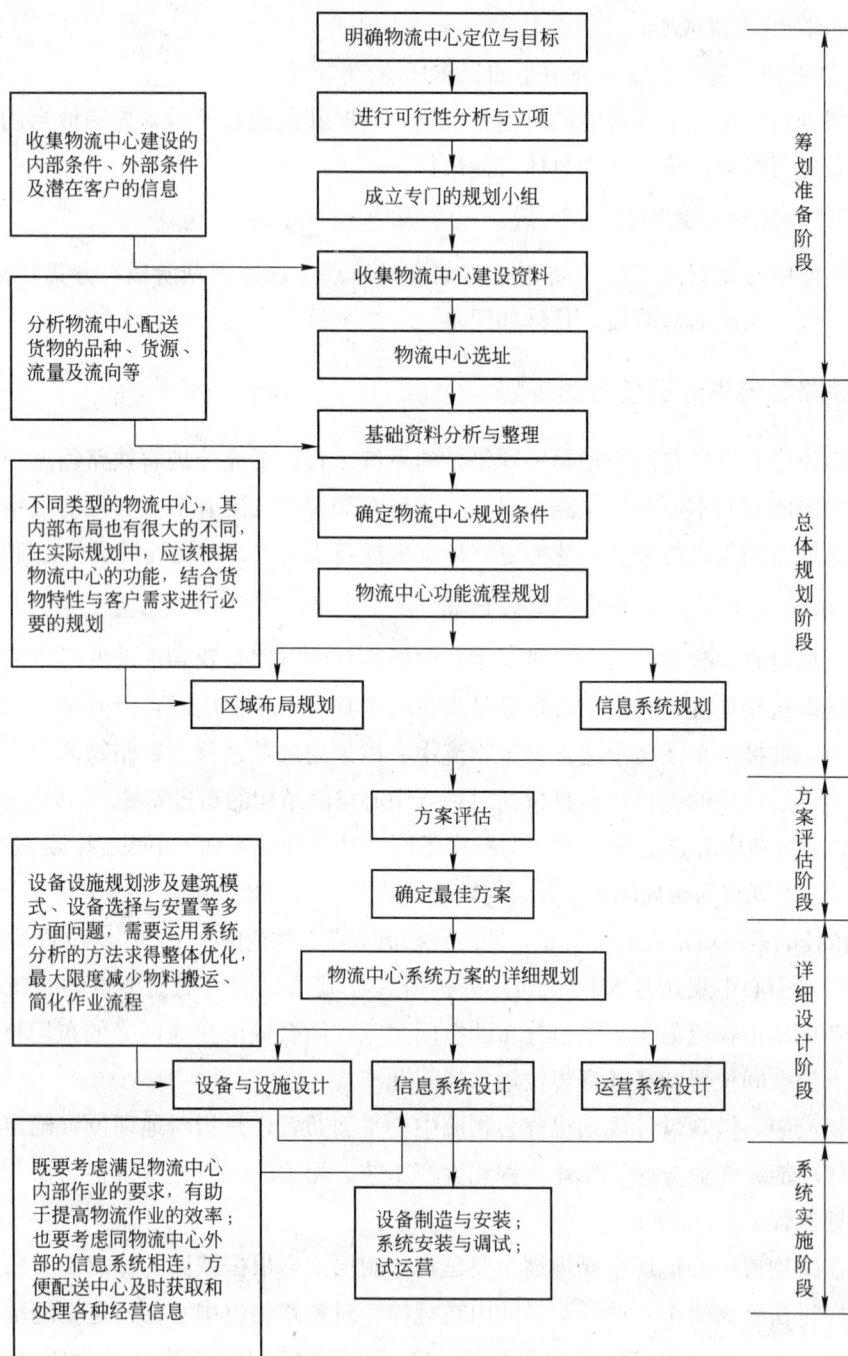

图 4-1-2　铁路物流中心系统规划程序

2. 铁路物流中心选址布局规划的基本原则

铁路物流中心选址布局规划应符合下列基本原则。

① 充分考虑市场需求和多式联运需要,位于或靠近工业园区、物流园区、电子商务

产业区、厂矿企业和港口码头等货源集散地，与城市总体规划及产业布局相一致，与其他运输方式紧密衔接。

② 符合铁路枢纽总图规划和区域交通规划，与货运生产力布局相匹配，与接轨的线路或车站能力相适应，并宜靠近技术作业站，确保进出车流顺畅。

③ 便于与道路、水、电、气等外部市政配套设施衔接。

④ 具有良好的地形、地质、水文和气象条件。

⑤ 开展铁水联运服务的铁路物流中心应位于或紧邻码头，实现铁水联运无缝衔接。

⑥ 危险货物专业型物流中心设在市郊和城市主导风向的下方侧，与邻近居民区和其他环境敏感区的距离应满足有关规定。

⑦ 设有快件功能区的铁路物流中心宜设在与高铁客运站距离较近，并具备衔接条件的位置。

3. 铁路物流中心选址布局规划与既有节点布局的关系

铁路物流中心是铁路物流发展的重要基础，而目前铁路已存在传统货运场站、集装箱中心站与专办站、战略装卸车点等物流节点资源，故而有必要对其相互关系进行分析和界定，从而进一步明确铁路物流中心选址布局的内涵。

(1) 传统货运场站是铁路物流中心的过渡载体

由于铁路运输的本质属性使然，传统货运场站一般具备基本的线路条件、土地条件和仓储条件，是铁路物流中心规划建设的重要载体，在货源集中区域、货流集散地、交通区位优势明显的地区，可通过改扩建或就近引入线路新建等模式将其改造成为具有现代物流服务功能的物流中心，借助既有资源可以使铁路物流中心以较低的成本快速投入运营。枢纽内铁路物流中心布局完成之后，既有货运站的业务量及数目将逐步减少，最终枢纽内将不存在传统的货运站，而是大小不一的铁路物流中心。

(2) 集装箱中心站是铁路物流中心的扩充基础

集装箱中心站是铁道部规划建设的重要物流节点，已有上海、昆明等多地投入运营，但其存在功能定位不明确、场站设计尚未能很好满足现代物流作业需求等问题，而且单纯的集装箱作业难以充分利用其土地资源，加之其服务市场与铁路物流中心存在一定的竞争，故而可将其纳入铁路物流中心的网络布局体系，对其进行完善性设计和改造，拓展为具有现代物流服务理念的铁路物流中心，扩充铁路物流中心的布局体系。

(3) 战略装卸车点是铁路物流中心的重要形式

战略装卸车点是铁路为缓解运力紧张，保障煤、油、粮食等关系国计民生的重要国家战略物资有效运输而设立的物流作业节点，取得了良好的社会效果，但其主要限于单一品类大宗物资的运输，且多分布在资源型城市，在能力富裕的情况下可以在完成战略物资运输的同时扩展服务内容和服务对象，发展成为专业性铁路物流中心，补充铁路物流中心网络的完整性。

（4）社会物流节点是铁路物流中心的合作伙伴

社会物流节点主要包括以公路、水路和航空为主导运输方式的现代物流园区、社会物流中心等物流节点场所。铁路物流中心与其他运输方式的物流中心总体上是相互协作的关系，是我国物流节点体系的重要组成部分，从狭义的角度来看，铁路物流中心仅作为铁路发展现代物流的基地，而从广义的角度来看，铁路物流中心又是我国一种重要的物流园区。铁路可作为重要的基础设施和运输方式进入其他运输方式的物流节点，同时也可与其他运输方式一起共同建设物流节点，从而有效降低社会物流成本、优化社会物流体系结构。

综上所述，铁路物流中心与传统货运场站、集装箱中心站、战略装卸车点等物流节点并不矛盾，是相互融合、共同发展的战略合作关系。铁路物流中心的选址布局规划可以尽量与这些既有物流节点联合布局，从而达到规模经济与资源综合利用的目的。

4. 铁路物流中心选址布局规划的方法

1）物流中心选址方法

近年来，随着选址理论的发展，很多物流（配送）中心选址及网点布局的方法被开发出来，但归结起来主要可以分为最优化规划方法、启发式方法、仿真方法及综合因素评价法四种。

这些方法各有优缺点，所以实际运用中通常以最优化规划方法为主，再综合其他各种方法以确定最终的选址方案。

2）物流中心连续选址方法

连续点选址问题指的是一条路径或者一个区域中的任意位置都可以作为选址的一个选择，比较具有代表性的是重心法。

重心法是众多选址模型中解决单个物流中心选址的一个常用模型，适用于静态的、连续的、单个物流设施的选址决策。所谓重心法是将物流系统的需求点看成是分布在某一平面范围内的物体系统，各点的需求量和资源分别看成是物体的重量，物体系统的重心将作为物流网点的最佳设置点，利用确定物体重心的方法来确定物流网点的位置。

重心法选址模型进行决策的依据是产品运输成本的最小化，将产品物流过程中的运输成本作为唯一的决策要素，可以使运输成本最小化的物流中心位置就是合理的、最优的。将物流中心与需求点之间的欧氏距离作为计算运输成本的标准，利用两者之间的正比例关系可以得出模型方程的表达式。

如图4-1-3所示，有n个用户（$C_1 \sim C_n$）的物流系统需要设置一个物流中心（B_0），每个用户的需求量和所在位置的坐标已知，求物流中心的规模和设置位置。

由于只设置一个物流中心，所以物流中心的规模等于所有用户的需求量之和即可。

在图4-1-3中，$C_1 \sim C_n$旁括号内的变量分别表示需求量、横坐标、纵坐标，B_0旁括号内的变量分别表示横坐标、纵坐标。

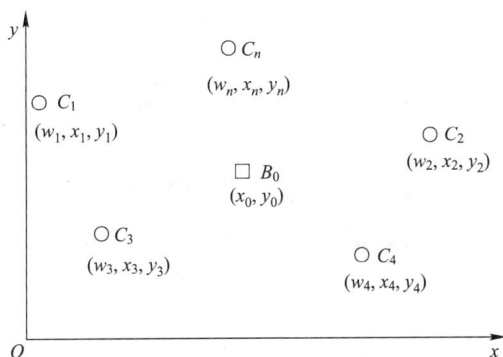

图 4-1-3　物流中心与客户的坐标

设物流中心到各用户的运输费用率为 c_i，费用为 F_i，则

$$F_i = c_i w_i h_i \tag{4-1-1}$$

式中 h_i 为物流中心到用户的距离，可写成以下形式：

$$h_i = \left[(x_0 - x_i)^2 + (y_0 - y_i)^2 \right]^{\frac{1}{2}} \tag{4-1-2}$$

设物流中心到各用户的运输费用之和为 F，则

$$F = \sum_{i=1}^{n} c_i w_i h_i = \sum_{i=1}^{n} c_i w_i \left[(x_0 - x_i)^2 + (y_0 - y_i)^2 \right]^{\frac{1}{2}} \tag{4-1-3}$$

为使 F 最小，分别对 x_0，y_0 求偏导数，并令其等于零，得：

$$\frac{\partial F}{\partial x_0} = \sum_{i=1}^{n} c_i w_i (x_0 - x_i)/h_i = 0 \tag{4-1-4}$$

$$\frac{\partial F}{\partial y_0} = \sum_{i=1}^{n} c_i w_i (y_0 - y_i)/h_i = 0 \tag{4-1-5}$$

整理式（4-1-4）和式（4-1-5）得：

$$x_0 = \frac{\displaystyle\sum_{i=1}^{n} c_i w_i x_i/h_i}{\displaystyle\sum_{i=1}^{n} c_i w_i/h_i} \tag{4-1-6}$$

$$y_0 = \frac{\displaystyle\sum_{i=1}^{n} c_i w_i y_i/h_i}{\displaystyle\sum_{i=1}^{n} c_i w_i/h_i} \tag{4-1-7}$$

解以上两式可得物流中心最佳位置的坐标为：

$$x_0^* = \frac{\displaystyle\sum_{i=1}^{n} c_i w_i x_i/h_i}{\displaystyle\sum_{i=1}^{n} c_i w_i/h_i} \tag{4-1-8}$$

$$y_0^* = \frac{\sum\limits_{i=1}^{n} c_i w_i y_i / h_i}{\sum\limits_{i=1}^{n} c_i w_i / h_i} \qquad (4-1-9)$$

但是上两等式的右边还含有 h_i，即还含有未知数 x_0 和 y_0。要从两式中完全消除 x_0 和 y_0，计算工作很复杂，因此采取迭代方法求解。

迭代方法计算步骤如下：

① 给出物流中心的初始地址 (x_0^0, y_0^0)；

$$x_0^0 = \frac{\sum\limits_{i=1}^{n} c_i w_i x_i}{\sum\limits_{i=1}^{n} c_i w_i}, \qquad y_0^0 = \frac{\sum\limits_{i=1}^{n} c_i w_i y_i}{\sum\limits_{i=1}^{n} c_i w_i}$$

② 利用式 (4-1-3)，计算 (x_0^0, y_0^0) 相对应的总发货费用 F_0；

③ 把 (x_0^0, y_0^0) 分别代入式 (4-1-2)、式 (4-1-8) 和式 (4-1-9)，计算物流中心的改善地址 (x_0^1, y_0^1)；

④ 利用式 (4-1-3)，计算与 (x_0^1, y_0^1) 相对应的总发送费用 F_1；

⑤ 将 F_1 与 F_0 进行比较，如果 $F_1 < F_0$，则返回步骤③，将 (x_0^1, y_0^1) 分别代入式 (4-1-2)、式 (4-1-8) 和式 (4-1-9)，如此反复进行③~⑤的计算步骤，直至 $F_k \geqslant F_{k-1}$ 时停止，即得到 (x_0^{k-1}, y_0^{k-1}) 为最优解。

如果经过数次迭代仍没有出现上述情况时，可以进行两次位置的变动比较，如果 $\Delta x_0^k = x_0^k - x_0^{k-1} < 0.1$ 且 $\Delta y_0^k = y_0^k - y_0^{k-1} < 0.1$，则停止迭代。

由此可见，利用重心法选址可以找到具体精确的位置，易于理解，但该方法假设运输费用率随距离呈线性变化，而实际生活中运输费用率常常是随距离增大而递减。另外，它没有考虑现实的地理条件，例如选出的最佳物流中心地点可能正好坐落在一个湖的中央。所以这种方法更多的不是用于确定最佳位置，而是用于剔除一些不合适的备选方案。

3）铁路物流中心选址布局规划评价指标体系

铁路物流中心选址问题是一个动态的复杂系统工程，涉及影响因素众多。因此，在对铁路物流中心备选的既有铁路货运站进行选址评价时，应充分考虑各种因素的影响，然后选出影响较大的因素和条件进行分析。

铁路物流中心选址布局规划评价指标体系应科学客观，尽可能全面考虑各种因素，以达到客观评价既有铁路货运站对发展铁路物流中心适应性的目的。通过实际调研与专家咨询等方式对铁路物流中心选址布局规划的影响因素进行了归纳梳理，建立了铁路物流中心选址布局规划评价指标体系，主要包括车站自身作业条件、交通区位条件、地区支撑条件、环境支撑条件共4类12项23细项，具体如图4-1-4所示。

图 4-1-4　铁路物流中心选址布局规划评价指标体系

任务实施

　　根据以上相关知识，由教师组织学生分组进行讨论，各小组派代表进行总结汇报，小组互评，教师点评总结。学生掌握铁路物流中心的概念及分类，掌握铁路物流中心总体规划的内容及布局选址，提高运用理论知识解决实际问题的能力。

任务 *4.2* 铁路物流中心内部设计与布置

教学目标

1. 思政素质目标

热爱党、热爱社会主义祖国、爱人民、爱集体；具有良好的职业道德和职业素养；爱岗敬业，恪尽职守；严格遵守规章制度和劳动纪律。

2. 知识目标

掌握铁路物流中心内部设计与布置的原则、系统布置的程序，掌握铁路物流中心规划要素与分析，理解铁路物流中心作业流程设计，掌握铁路物流中心平面布置及物流功能区设置，掌握铁路物流设备的配置。

3. 能力目标

能够初步进行铁路物流中心内部布置设计，能够正确进行铁路物流设备配置。

工作任务

铁路物流中心内部设计与布置

铁路物流中心功能的实现取决于其功能区的合理划分和布局，铁路物流中心平面布局规划能够推动铁路物流中心各服务功能要素在内部空间的组合和优化，对于实现铁路和物流的有效衔接、发挥铁路运输优势、提高铁路运输系统运作效率具有重要作用。请根据铁路物流中心内部设计与布置相关理论，说明货场在内部设计与布置上如何向铁路物流中心转型升级。

相关知识

铁路物流中心内部设计与布置属于微观层面的铁路物流中心布局规划，主要是对铁路物流中心进行平面的布局规划与设计，包括作业区域内各功能区域的设定、物流作业流程的规划、功能区域面积的计算、功能区块状布局、物流设施与设备的选型及位置布置等。铁路物流中心内部设计与布置能够直接影响铁路物流中心建成后的运营成本和运作效率。

4.2.1　铁路物流中心内部设计与布置的原则

铁路物流中心在布局规划时应遵循以下原则。

1. 协调一致的原则

铁路物流中心的性质决定了其一般是设立于铁路线路周围区域，因而在布局规划时更需要注意满足铁路运输方式，如出入口与铁路装卸线相协调。此外，还需注意铁路运输与其他运输方式衔接时的协调。

2. 距离最短的原则

铁路物流中心在规划设计时，应充分考虑工作人员运用最少的装卸搬运量和搬运距离达到货物在物流中心各作业区域之间最高效率的货物流动。

3. 系统优化的原则

铁路物流中心较一般物流中心在功能上体现出更丰富的内涵。因此要对铁路物流中心进行准确定位，切实合理地设置各功能区域。

4. 布局优化的原则

铁路物流中心规划布局之初，要详尽设计作业区物流流程和作业线路。不但要充分考虑物流线路的合理性，也要考虑作业区之间的物流强度，实现整个铁路物流中心布局的整体最优化。

5. 便于管理的原则

管理对于铁路物流中心建成后的运营具有重要指导作用。因此在进行规划布局时，要充分考虑各个作业区物流关系之外，要将组织管理因素纳入考虑范围，使物流中心发挥其整体功能，便于生产和管理，从而获得最大效益。

6. 可扩充性的原则

铁路物流中心的布局规划需满足由于未来发展而导致的功能区不断扩张的需求，主要包括土地资源方面的可扩充性、设施设备的可扩充性等。

4.2.2　铁路物流中心系统布置的程序

系统布置设计（systematic layout planning，SLP）是一种最早应用于工厂设计的方法。该方法是一种条理性很强、物流分析与作业单位关系密切程度分析相结合、求得合理布置的技术，因此在布置设计领域获得极其广泛的运用。铁路物流中心系统布置设计的一般程序如图 4-2-1 所示。

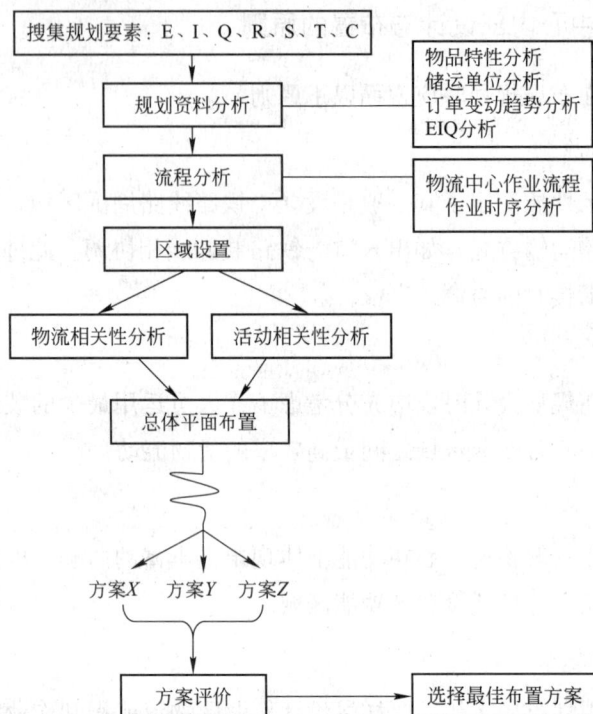

图 4 - 2 - 1 铁路物流中心系统布置设计的一般程序

4.2.3 铁路物流中心规划要素与分析

1. 铁路物流中心规划要素

铁路物流中心规划要素是影响铁路物流中心系统规划的基础数据和背景资料,是铁路物流中心规划的依据,主要包括 E、I、Q、R、S、T、C 七个方面,见表 4 - 2 - 1。

表 4 - 2 - 1 铁路物流中心规划要素

要素	含义	要点
E—entry	指物流的对象或客户	物流中心的服务对象或客户不同,物流中心的订单形态和出货形态就有很大不同
I—item	指物流货品的种类	在物流中心所处理的货品品项数差异非常大,多则上万种以上,如书籍、医药及汽车零件等物流中心,少则数十种,如制造商型的物流中心;由于品项数不同,物流中心作业的复杂性与困难性也有所不同;物流货品的种类不同,其特性也不同,因此物流中心的厂房硬件及物流设备的选择也不尽相同
Q—quantity	指物流货品的数量或库存量	货品物流数量的多少和随时间的变化趋势会直接影响到物流中心的作业能力和设备的配置;物流中心的库存量和库存周期将影响到物流中心的面积和空间的需求

续表

要素	含义	要　点
R—route	指物流通路	了解物流通路的类型，根据物流中心在物流通路中的位置和上下游客户的特点进行规划。常见的物流通路模式如下： 工厂→物流中心→经销商→零售商→消费者； 工厂→经销商→物流中心→零售商→消费者； 工厂→物流中心→零售商→消费者； 工厂→物流中心→消费者
S—service	指物流服务水平	较好的物流服务水平意味着更高的物流服务成本，要注意物流服务水平与物流服务成本的权衡
T—time	指物流的交货时间	物流的交货时间是指从客户下订单开始，订单处理、库存检查、理货、流通加工、装车及卡车配送到达客户手上的这一段时间。具体体现在对交货时间长短与准时性的要求。交货时间越短物流成本越高，最好的交货时间应控制在 12～24 h
C—cost	指物流货品的价值或建造的预算	一般来说，货品的价值高，客户容易负担较高的物流成本。此外，物流中心的建造预算直接影响物流中心的规模和自动化水平

2. 铁路物流中心规划基础资料的收集

铁路物流中心规划基础资料包括现行作业资料和未来规划需求资料，具体见表 4-2-2。

表 4-2-2　铁路物流中心规划基础资料

现行作业资料	未来规划需求资料
1. 基本运营资料 2. 商品资料 3. 订单资料 4. 物品特征资料 5. 销售资料 6. 作业流程 7. 业务流程和使用单据 8. 厂房设施资料 9. 人力与作业工时资料 10. 物料搬运资料 11. 供货厂商资料 12. 配送据点与分布	1. 营运策略与中长程发展计划 2. 商品未来需求预测资料 3. 品项数量的变动趋势 4. 可能的预定厂址与面积 5. 作业实施限制与范围 6. 附属功能的需求 7. 预算范围与经营模式 8. 时程限制 9. 预期工作时数与人力 10. 未来扩充的需要

3. 铁路物流中心规划资料的分析

铁路物流中心规划资料的分析包括物品特性分析、储运单位分析、EIQ 分析。

1) 物品特性分析

物品特性分析是对货物进行分区分类储存的主要依据。如按储存保管特性可分为干货区、冷藏区及冷冻区；按货物重量可分为重物区、轻物区；按货物价值可分为贵重物品区及一般物品区；此外，为了防止对食品的污染、串味，需分别设置食品区、生活用品区等。因此，铁路物流中心规划时首先需要对货物进行物品特性分析，以划分不同的储存和作业区域。

2) 储运单位分析

储运单位分析就是考察铁路物流中心各个主要作业环节的基本储运单位。铁路物流中心常见的储运单位包括托盘（pallet，P）、箱子（carton，C）、单品（bulk，B），不同的储运单位所配备的储存和搬运设备是不同的。为了掌握物流过程中储运单位的转换，需要对这些储运单位进行分析，即 PCB 分析。

实际上，企业的订单资料中可能同时含有各类出货型态，包括订单中整箱与单品两种类型同时出货，以及订单中仅有整箱出货或仅有单品出货。为使仓储与拣选区能够合理规划，必须对订单资料中的储运单位类型加以分析，以正确计算各功能区的实际需求。铁路物流中心 PCB 分析表见表 4-2-3。

表 4-2-3　铁路物流中心 PCB 分析表

入库单位	储运单位	分拣单位
P	P	P
P	P、C	P、C
P	P、C、B	P、C、B
P、C	P、C	C
P、C	P、C、B	C、B
C、B	C、B	B

3) EIQ 分析

EIQ 分析是利用 E、I、Q 这三个物流关键要素，来研究铁路物流中心的物流需求特性，为铁路物流中心规划提供依据。日本物流专家积极倡导以订单品项数量分析方法来进行物流中心的系统规划，即从客户订单的品项、数量和订购次数出发，进行出货特性的分析。

EIQ 分析的内容（项目）和目的如下。

① 订单数量（EQ）分析。单张订单出货数量的分析，目的是研究订单对搬运作业能力的要求。

② 订单品项数（EN）分析。单张订单出货品项数的分析，目的是研究订单对拣选设备及作业能力的要求。

③ 品项数量（IQ）分析。每个品项出货总数量的分析，目的是研究出货的拆零比例。

④ 品项受订次数（IK）分析。每个品项出货次数的分析，目的是对拣选作业频率进行统计，主要决定拣选作业方式和拣选作业区的规划。

4.2.4　铁路物流中心作业流程设计

铁路物流中心作业流程是铁路物流中心规划布局的重要依据，直接影响着铁路物流中心区域布置、分拣作业系统设计与设备配置，尤其对功能区的布置影响最大。铁路物流中心主要作业流程如图 4-2-2 所示。

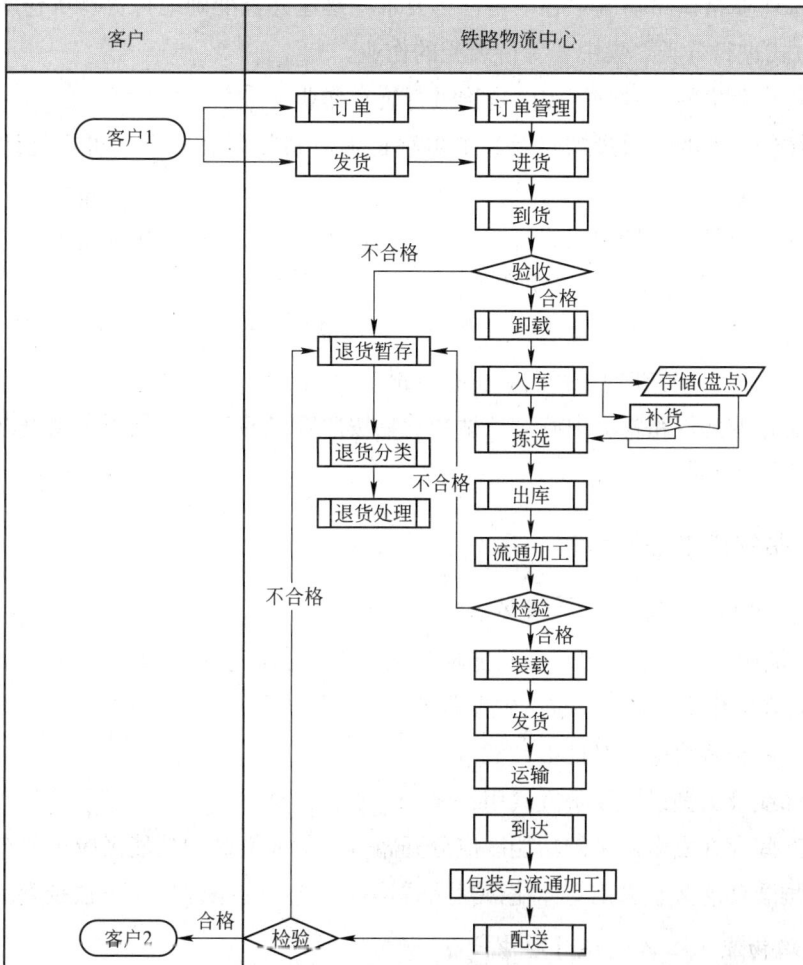

图 4-2-2　铁路物流中心主要作业流程

铁路物流中心是在传统铁路货运站场和铁路枢纽的基础之上建立起来的，其作业流程与传统货运站场存在相似之处，但是由于铁路物流中心的服务功能更加多样，其作业流程与传统货运站场又存在不同之处。其主要作业流程包括订单、进货、存储（盘点）、拣选、发货（铁路）、运输、到达、包装和流通加工、配送等，具体见图 4-2-2。各个环节分析如下。

① 客户产生物流需求后，在向铁路物流中心进行咨询之后，与铁路物流中心正式签订订单。

② 进货作业指铁路物流中心根据客户要求上门取货，对货物进行装卸、搬运、验收、入库等作业。

③ 存储作业是铁路部门根据货品特点妥善保管及承担货品在库管理的工作。

④ 盘点作业是指定期或临时对库存商品的实际数量进行清查、清点的作业，保证实时掌握货物的流动状况。

⑤ 拣选作业指铁路物流中心根据订单要求，迅速并且准确地将货物从仓库取出，按照一定的方式进行分类、集中、等待装配的作业。

⑥ 发货作业指的是对分拣完的货物进行装车作业。

⑦ 运输作业指的是通过铁路及其他多种运输方式将货物安全、可靠地运送到指定地点。

⑧ 到达作业是指当货物到达目的地后，铁路物流中心在得到相关指令后所进行的作业，包括卸车、分拣、入库、车辆维修等。

⑨ 包装和流通加工是根据客户的要求，对商品进行的包装、剪切、分拣、贴标签、刷标志等作业活动，旨在促进销售、保护商品在流通过程中不受损伤。

⑩ 配送作业是铁路物流中心对到站的货物按照客户的需求，利用车辆等方式将货物送到指定地点的活动。

4.2.5 铁路物流中心的布置

1. 铁路物流中心总图布置要求

铁路物流中心各功能区规模及设施应根据社会物流需求及预测物流量确定，并应充分考虑土地综合开发的有关要求。铁路物流中心总图布置应符合下列规定：

① 相近品类货物应相对集中；

② 装卸线及大型设施设备宜共用；

③ 相互间存在安全隐患的功能区应分开布置，危险性高的功能区应单独布置；

④ 散堆装功能区宜采用立体化、封闭式堆存设施，有条件的应单独布置。

2. 铁路物流中心流线设计要求

铁路物流中心内部各种流线应协调顺畅，宜避免交叉干扰，流线设计应符合下列规定：

① 运输与搬运总距离宜短；

② 运输设备的流线宜短直；

③ 铁路车辆流线应便于列车的直到直发、调车、转线作业；

④ 公路车辆流线宜单方向环形运行，门区及其他密集作业区域应设置缓冲地带；

⑤ 人员作业流线应顺畅、安全，人流密集的建筑之间应设置人员专用通道。

3. 铁路物流中心平面布置

铁路物流中心应包括物流功能区、到发及调车场和其他物流配套服务设施。物流中心平面布置应以物流功能区为核心，配套合理地设置到发及调车场和其他物流配套服务设施。铁路物流中心的物流功能区和到发及调车场布置图一般有两种形式：

一是各功能区在铁路线路一侧顺势展开，其中与铁路装卸作业密切相关的功能区靠近铁路线路布置，其他作业区依次向外延伸；

二是铁路线路旁直接设置功能区，同样这些功能区与铁路作业密切相关，经铁路运输的货物再经过铁路装卸作业直接进入各功能区，其他与铁路作业相关度低的功能区依次向外延伸。

在实际应用时结合铁路物流中心所处地块、功能设置、作业流程、与公路衔接情况等进行具体设计。总体来说，与传统货场相比，铁路线路在铁路物流中心内集约布置，存储功能区面积要保证铁路物流中心各项物流功能的开展。

4.2.6　铁路物流中心物流功能区设置

铁路物流中心物流功能区根据实际需要设置集装箱、长大笨重货物、包装成件货物、商品汽车、散堆装货物、仓储铁路物流、危险货物、冷藏货物等功能区。

1. 集装箱功能区

集装箱功能区具有集装箱的运输及装卸、多式联运及门到门服务、掏装箱作业、临修及清洗、装卸和运输机械的检修及清洗等功能。根据实际需要设置集装箱的国际联运、集装箱的消毒和储存、空箱调配及货物仓储等功能。

2. 长大笨重货物功能区

长大笨重货物功能区具有长大笨重货物的运输及装卸、多式联运及门到门服务、仓储铁路物流、装卸和运输机械的检修及清洗等功能。根据实际需要设置国际联运、流通加工和展示交易等功能。

3. 包装成件货物功能区

包装成件货物功能区具有运输及装卸、多式联运及门到门服务、仓储、铁路物流、装卸和运输机械的检修及清洗等功能。根据需要可具有国际联运、货物的加工和包装、分拣等功能。根据实际需要设置存储、铁路物流、包装、流通加工、展示交易、海关监管等作业区。

4. 商品汽车功能区

商品汽车功能区具有铁路、公路运输商品汽车到达和发运，铁路、公路运输商品汽车装卸和汽车后市场延伸服务，商品汽车及其零配件集结、仓储，商品汽车检修和清洗等功能。根据需要设置商品汽车的国际联运、展示交易等功能。

5. 散堆装货物功能区

散堆装货物功能区具有散堆装货物的运输及装卸、多式联运及门到门服务、装卸和运输机械的检修及清洗等功能。根据实际需要设置流通加工和展示交易等功能。

6. 仓储铁路物流功能区

仓储铁路物流功能区具有运输、装卸搬运、仓储、铁路物流和货物信息处理等功能。铁路物流中心可根据需要在仓储铁路物流区内设置快件作业区。

7. 危险货物功能区

需要提供危险货物运输、仓储、装卸等物流服务时，宜单独设置专业型危险货物铁路物流中心。综合型铁路物流中心内危险货物功能区应单独分区，且布置在物流中心的边缘地带。危险货物功能区不办理危险货物加工、包装作业。危险货物功能区主要出入口应不少于两个。

8. 冷藏货物功能区

冷藏货物功能区通常以冷藏集装箱、冷库等为核心载体，开展铁路冷链物流基本服务及增值服务。

9. 其他功能区

内陆港具有综合物流服务功能，内陆口岸功能，集装箱集散、存储和箱管点等功能，铁路班列服务功能，管理信息系统及电子数据传输（EDI）功能等。同时，内陆港功能区根据需要还可设置海关、动植物检疫、商检、卫检等监管机构。

铁路流通加工功能区包括前置区、作业区、后置区、中转分拣区、回收废弃区、出货区和通道。

交易展示区设置商品展示区、展示信息区、交易区、办公区、休息区、通道等。

此外，铁路物流中心积极发展物流配套服务，根据需要设置加油站、停车场、餐饮、银行等物流配套服务设施，以实现多元化经营目标。

4.2.7 铁路物流中心物流设备配置

为了满足物流功能需求，铁路物流中心需要配备完善的物流设备，如仓储设备、分拣设备、装卸搬运设备、运输设备、流通加工设备、安全计量检测设备及物流信息技术设备等。

1. 铁路物流中心物流设备类型

（1）仓储设备

仓储设备是铁路物流中心最主要的设备之一，包括各种货架与集装化设备。货架主要有托盘式货架、贯通式货架、悬臂式货架、移动式货架、重力式货架、水平旋转式货架、垂直旋转式货架等；集装化设备主要有托盘、仓储笼等。

（2）分拣设备

分拣设备按自动化程度分为分拣车、半自动分拣线、自动分拣线；按作业方式分为横向推出式分选机、升降推出式分选机、翻盘式分选机、悬吊式分选机等。

（3）装卸搬运设备

装卸搬运设备主要是指用来搬移、升降、装卸和短距离运送货物的机械。它是物流系统中使用频度最大、使用数量最多的一类设备，是铁路物流中心设备的重要组成部分。铁路物流中心常用的装卸搬运设备主要包括电瓶式叉车、堆垛机、地牛、手推车、各种类型的起重机械，以及皮带式、滚筒式、链板式输送机等。

（4）运输设备

铁路物流中心的运输设备一方面满足用户的送货需求，常用的运输车辆为轻型或中型厢式货车；另一方面满足用户货物铁路运输需求，常用的有棚车、敞车、平车。

（5）流通加工设备

流通加工设备是指货物在铁路物流中心根据需要进行包装、分割、计量分拣、添加标签与条码、组装等作业时所需的设备。它可以弥补生产过程加工程度的不足，有效地满足用户多样化的需要，提高加工质量和效率及设备的利用率，从而更好地为用户提供服务。

（6）安全计量检测设备

安全计量检测设备是对铁路运输的货物装载进行科学计量及安全检测监控，确保行车安全的重要设备。铁路物流中心常用的安全计量检测设备包括汽车衡、轨道衡、超偏载检测装置、轮重测定仪、安检机、装载机电子秤等。

（7）物流信息技术设备

铁路物流中心的信息技术设备主要包括条码相关设备、射频技术相关设备、GPS 技术相关设备、EDI 技术设备等。

（8）其他生产设备

其他生产设备主要是指为完成铁路物流中心作业所必需的其他各种生产设备，主要包括信息系统设备、监控与防盗系统设备、维修清洗设备、生产辅助设备、后勤管理设备等。

2. 铁路物流中心设备的选型

铁路物流中心设备的选型主要遵循以下步骤。

（1）设备功能描述与说明

设备规划与选择最重要的问题就是明确所选设备是做什么的，这也是所有物流管理者在开始确定设备方案之前必须准确回答的问题。缺乏对设备作业需求的充分说明和设备应该具备的最佳能力的描述，将会导致所选设备不匹配的后果。最好的设备不一定最适合作业需求，而最适合作业需求的设备就是最好的。这是物流设备规划与选择的重要前提。

（2）设备选型方案制订

设备选型方案的制订工作，需要各项物流设备知识的全面积累。对于比较复杂的系统需求，世界范围内的通行做法是选择专业物流规划顾问帮助铁路物流中心制订设备方案。

（3）设备选型方案评估

在评估设备选型方案时，应注意采用定性与定量相结合的方式。主要评估项目包括物流设备成本、设备运行稳定性、设备易操作性及安全性等。

（4）物流设备和供应商选择

在评估设备选型方案并选定物流设备后，接下来的工作就是说明所需设备的详细规格，开始寻找、接触供应商，详细咨询供应商的资质及设备说明，最后确定供应商，购买设备。

任务实施

根据以上相关知识，由教师组织学生分组进行讨论，各小组派代表进行总结汇报，小组互评，教师点评总结。学生掌握铁路物流中心的内部设计与布置，提高运用理论知识解决实际问题的能力。

课后思考题

1. 简述铁路物流中心的概念与功能。
2. 简述铁路物流中心的主要特征与地位作用。
3. 简述铁路物流中心的分类。
4. 简述铁路物流中心规划的含义、原则及主要内容。
5. 简述铁路物流中心选址布局规划的含义、要求及方法。
6. 铁路物流中心选址布局规划评价指标体系主要包括哪些方面？
7. 简述铁路物流中心内部设计与布置的原则。
8. 简述铁路物流中心系统布置的程序。
9. 铁路物流中心规划要素主要有哪些？如何进行规划要素的分析？
10. 简述铁路物流中心作业流程。
11. 简述铁路物流中心平面布置形式及物流功能区设置。
12. 简述铁路物流设备的配置。

项目 5
铁路物流中心管理

项目描述

　　铁路推行货运组织改革以来，已经在设施设备配置、信息技术运用、服务业务运作和发展战略转变等方面采取了一系列举措，极大地提高了铁路物流的市场竞争力。然而，作为铁路开展物流业务核心载体的铁路物流中心的经营状况不容乐观，极大地限制了铁路物流的发展。因此，有必要推进铁路物流中心现代管理。通过本项目的学习，学生应掌握铁路物流中心现场管理、班组管理及绩效管理的基本理论与方法，提升现代管理意识与能力。

任务 5.1 铁路物流中心现场管理

教学目标

1. 思政素质目标

热爱党、热爱社会主义祖国、爱人民、爱集体；具有良好的职业道德和职业素养；爱岗敬业，恪尽职守；严格遵守规章制度和劳动纪律。

2. 知识目标

掌握"7S"管理理论及其实施要点，掌握定置管理内涵及其实施步骤，掌握目视管理的含义、应用及类别，掌握铁路物流中心货运标识设置依据及应用要求。

3. 能力目标

能够在铁路物流中心现场正确实施"7S"管理、定置管理、目视管理，能够在铁路物流中心合理设置货运标识。

工作任务

铁路物流中心现场管理

实施货运改革后，北京局集团公司某货场开始向现代铁路物流中心改造升级。假设你是该铁路物流中心经理，请应用现场管理理论制订铁路物流中心现场管理方案，并结合现场实际情况，说明如何进行铁路物流中心货运标识的设置。

相关知识

铁路物流中心是社会物流服务网络的重要组成部分，对于推动地方经济发展、促进各种运输资源合理配置具有重要作用。同时，推进铁路货场向物流中心转型也是深化铁路货运组织改革、提高铁路经济效益的重要举措。铁路物流中心在运营中，需要采取科学的方法进行现场管理。

5.1.1 "7S"管理

"7S"管理起源于日本，是指在生产现场对人员、机器、材料、方法、信息等生产要素进行有效管理，这是日本企业独特的管理办法。因为整理（seiri）、整顿（seiton）、清扫（seiso）、清洁（seiketsu）、素养（shitsuke）是日语外来词，在罗马文拼写中，第一个字母都为 s，所以日本人称之为 5S。近年来，随着人们对这一活动认识的不断深入，有人又添加了"安全（safety）、节约（saving）"等内容，分别称为6S、7S。

"7S"管理是企业现场各项管理的基础活动，它有助于消除企业在生产过程中可能面临的各类不良现象。"7S"管理在推行过程中，通过开展整理、整顿、清扫、清洁、素养、安全、节约等基本活动，使之成为制度性的清洁，最终提高员工的职业素养。"7S"管理能有效解决工作场所凌乱、无序的状态，有效提升个人行动能力与素质，有效改善文件、资料、档案的管理，有效提升工作效率和团队业绩，使工序简洁化、人性化、标准化。

1. 整理

（1）定义

将工作场所的任何物品区分为有必要的和没有必要的，有必要的留下来，其他的都清除掉。

（2）目的

腾出空间，空间活用，防止误用，塑造清爽的工作场所。

（3）实施要领

① 全面检查自己的工作范围（看得到的和看不到的）。

② 制定"要"和"不要"的判别基准。

③ 将不要的货物清除出工作场所。

④ 对需要的货物调查其使用频度，决定日常用品及放置位置。

⑤ 制定废弃物处理方法。

⑥ 每日自我检查。

2. 整顿

（1）定义

把留下来的必要的物品依规定位置摆放，放置整齐并加以标识。

（2）目的

使工作场所整整齐齐、一目了然，缩短寻找物品的时间，消除过多的积压货物。

（3）实施要领

① 前一步骤的整理工作要落实。

② 明确所需物品的放置场所。

③ 摆放整齐、有条不紊。

④ 地板划线定位。

⑤ 场所、物品标识。

⑥ 制定废弃物处理办法。

3. 清扫

（1）定义

将工作场所内看得见的与看不见的地方清扫干净，保持工作场所干净、明亮。

（2）目的

消除脏污，保持工作场所干净、明亮，稳定品质，减少工业伤害。

（3）实施要领

① 建立清扫责任区（室内外）。

② 执行例行清扫制度，清除脏污。

③ 调查污染源，予以杜绝或隔离。

④ 建立清扫基准，作为规范。

⑤ 进行一次全公司的大清扫，每个地方都要清洗干净。

4. 清洁

（1）定义

将整理、整顿、清扫进行到底，并且制度化，经常保持环境外在美观的状态。

（2）目的

创造明亮现场，维持前面整理、整顿、清扫的成果。

（3）实施要领

① 落实前面的整理、整顿、清扫工作。

② 制定目视管理的基准。

③ 高层主管经常巡查，带动全员重视 7S 活动。

5. 素养

（1）定义

每位成员养成良好的习惯并遵守规则做事，培养积极主动的精神（也称习惯）。

（2）目的

培养具有好习惯、遵守规则的员工，营造团队精神。

（3）实施要领

① 制定公司有关规则、规定。

② 制定礼仪守则。

③ 教育训练。

④ 推动各种激励活动，遵守规章制度。

6. 安全

(1) 定义

重视成员安全教育，每时每刻都有"安全第一"的观念，防患于未然。

(2) 目的

杜绝安全事故，规范操作、确保货物质量，保障员工的人身安全，创造安全生产的环境，同时减少安全事故带来的经济损失。

7. 节约

(1) 定义

合理利用时间、空间、资源等，以发挥它们的最大效能，从而创造一个高效率的、物尽其用的工作场所。

(2) 目的

以自己就是主人的心态对待企业的资源；能用的东西尽可能利用；切勿随意丢弃，丢弃前要思考其剩余的使用价值；秉承勤俭节约的原则，建设资源节约型企业。

5.1.2　定置管理

1. 定置管理的内涵

定置管理起源于日本，从 20 世纪 50 年代提出定置管理的概念，到把定置管理总结和提炼成为一种科学的管理方法，并于 1982 年出版了《定置管理入门》一书。以后，这一科学方法在日本许多公司得到推广应用，都取得了明显的效果。

定置管理是对生产现场中的人、物、场所三者之间的关系进行科学的分析研究，使之达到最佳结合状态的一门科学管理方法。定置管理中的"定置"不是一般意义上字面理解的"把物品固定地放置"，它的特定含义是：根据生产活动的目的，考虑生产活动的效率、质量等制约条件和物品自身的特殊的要求（如时间、质量、数量、流程等），划分出适当的放置场所，确定物品在场所中的放置状态，作为生产活动主体人与物品联系的信息媒介，从而有利于人、物的结合，有效地进行生产活动。对物品进行有目的、有计划、有方法的科学放置，称为现场物品的"定置"。

定置管理以物在场所的科学定置为前提，以完整的信息系统为媒介，从而实现人和物有效结合的目的，通过对生产现场的整理、整顿，把生产中不需要的物品清除掉，把需要的物品放在规定位置上，使其随手可得，促进生产现场管理文明化、科学化，达到高效生产、优质生产、安全生产。定置管理是"7S"活动的一项基本内容，是"7S"活动的深入和发展。

2. 人、物、场所三者之间的关系

1) 人与物的关系

在工厂生产活动中，构成生产工序的要素有 5 个，即原材料、机械、工作者、操作方法、环境条件。其中最重要的是人与物的关系，只有人与物相结合才能进行工作。

人与物的结合方式有两种，即直接结合与间接结合。直接结合又称有效结合，是指工作者在工作中需要某种物品时能够立即拿到手，高效率地利用时间，不存在由于寻找物品而发生时间的耗费。间接结合是指人与物呈分离状态，为使其达到最佳结合需要通过一定的信息媒介或某种活动来完成。

2）场所与物的关系

在工厂的生产活动中，人与物的结合状态是生产有效程度的决定因素。但人与物的结合都是在一定的场所里进行的。因此，实现人与物的有效结合，必须处理好场所与物的关系，也就是说场所与物的有效结合是人与物有效结合的基础。从而产生了对象物在场所中的放置科学——"定置"。

（1）定置

定置与随意放置不同，定置是对生产现场、人、物进行作业分析和动作研究，使对象物按生产需要、工艺要求而科学地固定在场所的特定位置上，以达到物与场所有效地结合，缩短人取物的时间，消除人的重复动作，促进人与物的有效结合。

（2）场所的三种状态

一是良好状态，即场所具有良好的工作环境、作业面积、通风设施、恒温设施，光照、噪声、粉尘等符合人的生理状况与生产需要，整个场所达到安全生产的要求；二是改善状态，即场所需要不断改善工作环境，场所的布局不尽合理，或只满足人的生理要求，或只满足生产要求，或两者都未能完全满足；三是需要彻底改造状态，即场所需要彻底改造，场所既不能满足生产要求、安全要求，又不能满足人的生理要求。

（3）场所的划分

在生产过程中，根据对象物物流运动的规律性，便于人与物的结合和充分利用场所的原则，科学地确定对象物在场所的位置。

① 固定位置：即场所固定、物品存放位置固定、物品的信息媒介固定。用三固定的技法来实现人、物、场所一体化。此种定置方法适用于对象物在物流运动中进行周期性重复运动，即物品用后回归原地，仍固定在场所某特定位置。

② 自由位置：即物品在一定范围内自由放置，并以完善信息、媒介和信息、处理的方法来实现人与物的结合。这种方法应用于物流系统中不回归、不重复的对象物。可提高场所的利用率。

3）人、物、场所与信息的关系

生产现场中众多的对象物不可能都同人处于直接结合状态，而绝大多数的物同人处于间接结合状态。为实现人与物的有效结合，必须借助于信息媒介的指引、控制与确认。因此，信息媒介的准确可靠程度直接影响人、物、场所的有效结合。信息媒介又分为确认信息媒介和引导信息媒介两类，每类信息媒介又各有两种媒介物。

① 引导信息媒介物。人们通过信息媒介物，被引导到目的场所，如位置台账、平面布置图等。

② 确认信息媒介物。人们通过信息媒介物确认出物品和场所，如场所标志、物品名称（代号）等。

3. 开展定置管理的步骤

1）进行工艺研究

工艺研究是定置管理开展程序的起点，它是对生产现场现有的加工方法、机器设备、工艺流程进行详细研究，确定工艺在技术水平上的先进性和经济上的合理性，分析是否需要和可能用更先进的工艺手段及加工方法，从而确定生产现场产品制造的工艺路线和搬运路线。工艺研究是一个提出问题、分析问题和解决问题的过程，包括以下三个步骤。

（1）对现场进行调查，详细记录现行方法

通过查阅资料、现场观察，对现行方法进行详细记录，是为工艺研究提供基础资料，所以要求记录详尽准确。由于现代工业生产工序繁多，操作复杂，如用文字记录现行方法和工艺流程，势必显得冗长烦琐。在调查过程中可运用工业工程中的一些标准符号和图表来记录，则可一目了然。

（2）分析记录的事实，寻找存在的问题

对经过调查记录下来的事实，运用工业工程中的方法，对现有的工艺流程及搬运路线等进行分析，找出存在的问题及其影响因素，提出改进方向。

（3）拟定改进方案

提出改进方向后，定置管理人员要对新的改进方案作具体的技术经济分析，并和旧的工作方法、工艺流程和搬运线路作对比。在确认是比较理想的方案后，才可作为标准化的方法实施。

2）对人、物结合的状态分析

人、物结合状态分析，是开展定置管理中最关键的一个环节。在生产过程中必不可少的是人与物，只有人与物的结合才能进行工作。而工作效果如何，则需要根据人与物的结合状态来定。人与物的结合是定置管理的本质和主体。定置管理要在生产现场实现人、物、场所三者的最佳结合，首先应解决人与物的有效结合问题，这就必须对人、物结合状态进行分析。在生产现场，人与物的结合有两种形式，即直接结合和间接结合。直接结合是指需要的东西能立即拿到手，如加工的原材料、半成品就在自己岗位周围，工检量具、贮存容器就在自己的工作台上或工作的周围，随手即得。间接结合需要信息媒介的指引，信息媒介的准确可靠程度影响着人与物结合的效果。

按照人与物有效结合的程度，可将人与物的结合归纳为 ABC 三种基本状态。

① A 状态，表现为人与物处于能够立即结合并发挥效能的状态。例如，操作者使用的各种工具，由于摆放地点合理且固定，当操作者需要时能立即拿到或做到得心应手。

② B 状态，表现为人与物处于寻找状态或尚不能很好发挥效能的状态。例如，一个操作者想加工一个零件，需要使用某种工具，但由于现场杂乱或忘记了这一工具放在何处，结果因寻找而浪费了时间；又如，由于半成品堆放不合理，散放在地上，加工时每次都需弯腰，一个个地捡起来，既影响了工时，又提高了劳动强度。

③ C 状态，是指人与物没有联系的状态。这种物品与生产无关，不需要人去同该物结合。例如，生产现场中存在的已报废的设备、工具、模具，生产中产生的垃圾、废品、切屑等。这些物品放在现场，必将占用作业面积，而且影响操作者的工作效率和安全。

因此，定置管理就是要通过相应的设计、改进和控制，消除 C 状态，改进 B 状态，使之都成为 A 状态，并长期保持下去。

3）开展对信息流的分析

信息媒介就是人与物、物与场所合理结合过程中起指导、控制和确认等作用的信息载体。由于生产中使用的物品品种多、规格杂，它们不可能都放置在操作者的手边，如何找到各种物品，需要有一定的信息来指引；许多物品在流动中是不回归的，它们的流向和数量也要有信息来指导和控制；为了便于寻找和避免混放物品，也需要有信息来确认。因此，在定置管理中，完善而准确的信息媒介是很重要的，它影响到人、物、场所的有效结合程度。

人与物的结合，需要四个信息媒介物：一是位置台账，它表明"该物在何处"，通过查看位置台账，可以了解所需物品的存放场所；二是平面布置图，它表明"该处在哪里"，在平面布置图上可以看到物品存放场所的具体位置；三是场所标志，它表明"这儿就是该处"，它是指物品存放场所的标志，通常用名称、图示、编号等表示；四是现货标示，它表明"此物即该物"，是物品的自我标示，一般用各种标牌表示，标牌上有货物本身的名称及有关事项。

在寻找物品的过程中，人们通过第一个、第二个信息媒介物，被引导到目的场所。因此，称第一个、第二个信息媒介物为引导媒介物。再通过第三个、第四个信息媒介物来确认需要结合的物品。因此，称第三个、第四个信息媒介物为确认媒介物。人与物结合的这四个信息媒介物缺一不可。建立人与物之间的连接信息，是定置管理这一管理技术的特色。是否能按照定置管理的要求，认真地建立、健全、连接信息系统，并形成通畅的信息流，有效地引导和控制物流，是推行定置管理成败的关键。

4）定置管理设计

定置管理设计，就是对各种场地（厂区、车间、仓库）及物品（机台、货架、箱柜、工位器具等）如何科学、合理定置，统筹安排。定置管理设计主要包括定置图设计和信息媒介物设计。

（1）定置图设计

定置图是对生产现场所在物进行定置，并通过调整物品来改善场所中人与物、人与场所、物与场所相互关系的综合反映图。其种类有室外区域定置图，车间定置图，各作业区定置图，仓库、资料室、工具室、计量室、办公室等定置图和特殊要求定置图（如工作台面、工具箱内，以及对安全、质量有特殊要求的物品定置图）。定置图绘制的原则：

① 现场中的所有物均应绘制在图上；

② 定置图绘制以简明、扼要、完整为原则，物形为大概轮廓，尺寸按比例，相对位置要准确，区域划分应清晰鲜明；

③ 生产现场暂时没有，但已定置并决定制作的物品，也应在图上表示出来，准备清理的无用之物不得在图上出现；

④ 定置物可用标准信息符号或自定信息符号进行标注，并均在图上加以说明；

⑤ 定置图应按定置管理标准的要求绘制，但应随着定置关系的变化而进行修改。

（2）信息媒介物设计

信息媒介物设计，包括信息符号设计、示板图设计、标牌设计。当推行定置管理时，进行工艺研究、各类物品停放布置、场所区域划分等都需要运用各种信息符号表示，以便人们形象地、直观地分析问题和实现目视管理，各个企业应根据实际情况设计和应用有关信息符号，并纳入定置管理标准。在信息符号设计时，如有国家规定的（如安全、环保、搬运、消防、交通等）应直接采用国家标准。对于其他符号，企业应根据行业特点、产品特点、生产特点进行设计。设计符号应简明、形象、美观。

定置示板图是现场定置情况的综合信息标志，它是定置图的艺术表现和反映。标牌是指示定置物所处状态、标志区域、指示定置类型的标志，包括建筑物标牌，货架、货柜标牌，原材料、在制品、成品标牌等。它们都是实现目视管理的手段。各生产现场、库房、办公室及其他场所都应悬挂示板图和标牌，示板图中的内容应与蓝图一致。示板图和标牌的底色宜选用淡色调，图面应清洁、醒目且不易脱落。各类定置物、区（点）应分类规定颜色标准。

5）定置实施

定置实施是理论付诸实践的阶段，也是定置管理工作的重点，包括以下三个步骤。

（1）清除与生产无关之物

生产现场中凡与生产无关的物品，都要清除干净。清除与生产无关的物品应本着"双增双节"的精神，能转变利用则转变利用，不能转变利用则可以变卖，化为资金。

（2）按定置图实施定置

各车间、部门都应按照定置图的要求，将生产现场、器具等物品进行分类、搬、转、调整并予定位。定置的物品要与图相符，位置要正确，摆放要整齐，贮存要有器具。可移动物（如推车、电动车等）也要定置到适当位置。

（3）放置标准信息名牌

放置标准信息名牌要做到牌、物、图相符，设专人管理，不得随意挪动。要以醒目和不妨碍生产操作为原则。总之，定置实施必须做到有图必有物，有物必有区，有区必挂牌，有牌必分类；按图定置，按类存放，账（图）物一致。

6）定置检查与考核

定置管理的一条重要原则就是持之以恒。只有这样，才能巩固定置成果，并使之不断发展。因此，必须建立定置管理的检查、考核制度、制订检查与考核办法，并按标准进行奖罚，以实现定置管理的长期化、制度化和标准化。

定置管理的检查与考核一般分为两种情况：一是定置后的验收检查，检查不合格的不予通过，必须重新定置，直到合格为止；二是定期对定置管理进行检查与考核，这是需要长期进行的工作，它比定置后的验收检查工作更为复杂。定置管理考核的基本指标是定置率，它表明生产现场中必须定置的物品已经实现定置的程度。

其计算公式是：定置率＝［实际定置的物品个数（种数）/定置图规定的定置物品个数（种数）］×100％。

5.1.3 目视管理

1. 目视管理的含义

据统计，人的意识的70％是从"视觉"的感知开始的。因此，目视管理是一种强调以公开化和视觉显示为特征的管理方式，是综合运用管理学、生理学、心理学、社会学等多学科的研究成果。目视管理是指利用形象直观、色彩适宜的各种视觉感知信息来揭示管理状况和作业方法，从而组织现场生产活动，以提高劳动生产率的一种管理手段。目视管理，也叫可视化管理。目视管理是一种行之有效的科学管理手段。

铁路物流中心生产现场应用目视管理，员工能尽快地熟悉工作，减少异常和问题的发生，并及时针对问题制定相应对策；管理人员一进入现场就能看出问题所在，及时下达指示或作出正确的处置。所以，目视管理还是一种通过彻底贯彻"信息共享"进行管理的沟通语言。

2. 目视管理的目的

以视觉信号为基本手段，以公开化为基本原则，尽可能地将管理者的要求和意图让大家都看得见，借以推动看得见的管理、自主管理、自我控制。目视管理的具体目的如下：

① 视觉化——大家都看得见；

② 公开化——自主管理、控制；

③ 普通化——员工、领导、同事相互交流。

所以说，目视管理是一种以公开化和视觉显示为特征的管理方式，也可称为"看得见的管理"，或"一目了然的管理"。这种管理方式可以贯穿于各个管理领域当中，应用到铁路物流中心现场管理中去。

3. 常见的目视管理应用

① 用显著的彩色线条标注某些最高点、最低点，使操作人员一眼可见。

② 在通道拐弯处设置反射镜，防止撞车。

③ 绿灯表示"通行"，红灯表示"停止"。

④ 用小纸条挂在出风口显示空调、抽风机是否在工作。

⑤ 用色笔在螺丝螺母上做记号，确定固定的相对位置。

⑥ 关键部位给予强光照射，引起注意。

⑦ 以顺序数字标明检查点和进行步骤。

⑧ 用图示、相片做成操作指导书，直观易懂。

⑨ 使用一些有阴影、凹槽的工具放置盘，使各类工具、备件的放置方法、位置一目了然，各就各位。

⑩ 用标准的形式指示重点注意事项，悬挂于显要位置，使员工正确作业。

⑪ 以图表的形式反映某些工作内容或进度状况，便于人员了解整体工作状况和跟进确认。

⑫ 设置"人员去向栏"，方便工作沟通安排等。

4. 目视管理的类别

(1) 红牌

红牌，适宜于 7S 中的整理，是改善的基础起点，用来区分日常生产活动中的非必需品，挂红牌的活动又称为红牌作战。

(2) 看板

看板是使用的物品放置场所等基本状况的表示板。记入具体位置、在哪里、做什么、数量有多少、谁负责、谁管理等重要项目，让人一看就明白，适用于看板作战。看板就是表示出某工序何时需要何数量的某种物料的卡片，是传递信号的工具。

(3) 信号灯

在生产现场，第一线的管理人员必须随时知道作业员或机器是否在正常地开动，是否在正常作业，信号灯是在工序内发生异常时，用于通知管理人员的工具。

(4) 操作流程图

操作流程图是描述工序重点和作业顺序的简明指示书，也称为步骤图，用于指导生产作业。

(5) 反面教材

反面教材一般是使现场作业人员明白侧重点和重要性项目，明确不良现象及后果。反面教材一般放在人多的显著位置，让工作人员都能看到，并且一看就明白是否能够正常使用或有无违规操作。

(6) 提醒板

提醒板用于防止遗漏。健忘是人的本性，不可能杜绝。因此，可以通过一些自主管理的方法来最大限度地减少遗漏或遗忘。

（7）区域线

区域线是对工作或物品放置的场所或通道等区域所画出的线条，主要用于整理与整顿、区分异常原因与停线故障，用于看板管理。

（8）警示线

警示线是在仓库或其他物品放置处来表示最大或最小库存量的涂在地面上的彩色漆线，用于看板作战中。

（9）告示板

告示板是一种及时管理的道具，也就是公告，用于及时传达与工作相关的各种信息，目的是让大家都知道，例如今天下午两点钟开会。

（10）生产管理板

生产管理板是揭示生产线的生产状况、进度的表示板，记录生产实绩、设备开动率、异常原因等，用于看板管理。

5.1.4 铁路物流中心标识

1. 铁路物流中心标识设置依据

铁路物流中心应按照《铁路货运标识暂行技术规范》（TJ/KH 010—2013）和《铁路货运标识应用规范（一）》（铁总运〔2015〕206 号）的要求设置相关货运标识。根据实际需要设置名称标识、位置标识、导向标识、禁止标识、提示标识、安全标识、消防标识、道路标识等。货运标识应与铁路物流中心建设同步设计实施。

铁路物流中心内营业、交易、展示及其他配套服务区域应根据空间规划设置标识。铁路物流中心内交通标志的设置应符合《道路交通标志和标线》系列国家标准的有关规定。在设置地上交通标志时，应避免与生产设施发生矛盾。

铁路物流中心设置标识可采用静态、动态标识等多种形式。

2. 铁路货运标识

1）铁路货运形象标识及应用要求

为保证铁路货运品牌设计和标识的一致性，各铁路运输企业单独设计自有货运子品牌标识时，需要向国铁集团备案。各铁路运输企业在标识应用的过程中，要根据不同站点的实际情况进行标识应用设计，将选定的设计方案报国铁集团备案。执行中注意颜色对比，控制色差，标识设置要规范管理，做到协调统一，避免因杂乱无序而影响整体形象。

"铁路货运形象标识"由路徽及中英文的"铁路货运"组成。形象标识组合中的各项目要素是统一整体，其图案、字体、色彩、比例、间距等都应按照表 5-1-1 的要求，不得任意改变，路徽应符合《铁道车辆用路徽标记》（TB 1838-1987）的规定。

表 5-1-1　铁路货运形象标识基本要求

序号	标识图形	型式	说明
1		模式1（适用于户外大型标识）	横式组合总长度是路徽高度的 4.99 倍；中英文组合高度占路徽高度的 90%，其中中文部分高度占路徽高度的 68%，每个中文字宽度为路徽高度的 69%，英文部分高度占路徽高度的 16%，中英文之间间距为路徽高度的 6%，中文部分与英文部分的长度相同，是路徽高度的 3.69 倍；中英文组合与路徽的间距是路徽高度的 44%
2		模式2（适用于印刷品及小型标识或综合标识）	横式组合总长度是路徽高度的 3.85 倍；中英文组合高度占路徽高度的 86%，其中中文部分高度占路徽高度的 60%，每个中文字宽度为路徽高度的 61%，英文部分高度占路徽的 14%，中英文之间间距为路徽高度的 12%，中文部分与英文部分的长度相同，是路徽高度的 2.77 倍；中英文组合与路徽的间距是路徽高度的 23%
3		竖式	竖式组合总长度为路徽宽度的 4.39 倍，其中路徽高度占竖式组合总长度的 26%，文字部分长度占竖式组合总长度的 68%；文字部分宽度占路徽宽度的 86%，文字部分与路徽间距为路徽宽度的 25%，其中英文部分宽度占路徽宽度的 15%，中文部分宽度占路徽宽度的 65%，中英文间距是路徽宽度的 5%
4		中轴式	中轴式组合方式总高度是路徽宽度的 1.80 倍，总宽度是路徽总宽度的 1.72 倍，其中路徽高度占总高度的 64%，文字部分高度占总高度的 29%，路徽与文字部分间距是路徽宽度的 13%；中文部分高度是路徽宽度的 37%，英文部分高度是路徽宽度的 9%

　　"铁路货运形象标识"应用在门楣等外环境，主要背景颜色为灰蓝色（C100 M90 Y50 K0）、（PANTONE295C），路徽为白底红色（PANTONE1807C），文字在该灰蓝色底色上反白应用。辅助线条颜色为中黄色（C0 M35 Y90 K0）、（PANTONE137C）。当"铁路货运形象标识"应用于其他颜色的材质底色上时，路徽应使用白底红色（PANTONE1807C），文字应使用灰蓝色（C100 M90 Y50 K0）、（PANTONE295C）。具体要求见表 5-1-2。

表 5-1-2　铁路货运形象标识外环境应用要求

序号	分类	标识名称	图形示例	设置要求
1	外环境标识	营业厅（室）横式门楣		1. 设置于营业厅（室）上方或门前适当处所； 2. 营业厅（室）横式门楣规格根据营业厅（室）门面大小设置； 3. 门楣底色蓝色部分占门楣总高度的 80%，中黄色部分占门楣总高度的 20%。标识组合占蓝色部分高度的 75%，路徽白底部分占蓝色部分高度的 83%，标识组合在蓝色部分居中位置，营业厅（室）文字应为蓝色，字头与字母 F 对齐且占中黄色部分的 70%

序号	分类	标识名称	图形示例	设置要求
2	外环境标识	营业厅（室）竖式门楣		1. 营业厅（室）竖式门楣根据营业厅（室）楼体高度设置适当的规格； 2. 门楣底色蓝色部分占竖式门楣总宽度的80%，中黄色部分占竖式门楣底色总宽度的20%，标识组合占蓝色部分宽度的70%，路徽白底部分占蓝色部分宽度的78%，营业厅（室）文字应为蓝色，字头与字母F对齐且占中黄色部分的70%； 3. 悬挑于营业厅（室）楼体两侧，正面正对车辆及行人行驶方向。在条件允许的情况下底部距地350 cm以上，顶部位置不可超出楼体顶面

货运营业厅标识中的文字应使用中文或中英文并用。货场场所标识中的文字应使用中文、少数民族自治区有必要时可在英文位置增设民族文字替代英文。

2）标识应用规范示例

（1）营业厅标识

营业厅标识如图5-1-1所示，如主营业厅标识、营业厅增设立地式/贴附式标识、副营业厅标识。

图5-1-1 营业厅标识

（2）装卸工具

在装卸工具上可使用"铁路货运形象标识"。在应用标识时需区分装卸机械类别。例如，叉车、装载机等移动机械设备的标识应设置在车辆号牌上侧，门式超重机等设备的标识应喷涂在设备上。设置在集装笼、托盘等易碰撞设备上的标识应考虑使用过程中的剐蹭及易脱落等因素，选用合适的材料，以适当的方式设置标识。装卸工具货运标识如图 5-1-2 所示。

图 5-1-2　装卸工具货运标识

（3）包装标识

在包装箱上使用铁路货运标准色（灰蓝色、中黄色）。包装标识应包含箱体尺寸（XS、S、M、L、XL 等）信息，在箱子正面印有铁路货运形象标识，在箱体侧面应含有关于码放高度、易碎、怕压、向上等国际图形，如图 5-1-3 所示。

图 5-1-3　包装标识

（4）汽车标识

在货车上使用铁路货运形象标识应根据各种车型分别设计。在车体侧面应突出铁路货运形象标识和全国统一服务电话95306，可注明车型和所属单位。在车尾部也应设置铁路货运形象标识。汽车标识如图5-1-4所示。

图5-1-4　汽车标识

（5）服装标识

在应用时，服装正反面均应有铁路货运形象标识。服装标识如图5-1-5所示。

图5-1-5　服装标识

任务实施

根据以上相关知识，由教师组织学生分组进行讨论，各小组派代表进行总结汇报，小组互评，教师点评总结。学生应掌握"7S"管理、定置管理、目视管理等铁路物流中心现场管理理论及其应用，能够正确使用铁路物流中心货运标识，提高运用理论知识解决实际问题的能力。

任务 5.2 铁路物流中心班组管理

教学目标

1. 思政素质目标

热爱党、热爱社会主义祖国、爱人民、爱集体；具有良好的职业道德和职业素养；爱岗敬业，恪尽职守；严格遵守规章制度和劳动纪律。

2. 知识目标

了解班组的基本概念、地位和作用，掌握班组的工作内容和设置形式，掌握班组管理的内容与任务，理解班组的基础管理，掌握铁路物流中心班组管理的意义和措施。

3. 能力目标

能够应用班组管理理论进行铁路物流中心班组管理。

工作任务

铁路物流中心班组管理

班组是企业的基石，是企业从事生产经营活动或管理工作最基层的组织单元，是提升企业管理、维护企业稳定、促进企业和谐的落脚点，也是企业文化建设的重要阵地。加强班组建设，提高班组管理水平，是铁路物流中心适应货运组织新方式、提高运输质量和效益、保障生产安全的重要环节。假设你是某铁路物流中心的一名班组长，请问如何更好地进行班组管理？

相关知识

班组管理是指在企业整个生产经营活动中，由班组自身所进行的计划、组织、指挥、协调、控制、激励等管理活动。班组管理的职能在于对班组中的人、财、物合理组织、有效利用，以达到企业和车间所规定的目标和要求。铁路物流中心也实施班组管理制度。

5.2.1　认识班组

1. 班组的基本概念、地位和作用

班组是根据企业内部劳动分工与协作的需要，按照工艺要求或不同产品（劳务）而划分的基本作业单位。它是企业内部从事生产经营活动和管理工作最基层的组织单元，是提升企业管理、维护企业稳定、促进企业和谐的落脚点，也是企业文化建设的重要阵地。

班组是企业生产经营活动的基本单位，企业要降低成本、提高生产效率，就要从班组抓起。班组是企业最基层的管理单位，直接面对每一位员工，企业的经营理念和管理水平最终要通过班组贯彻到每位员工，然后通过员工的工作成果——产品反映出来。班组是生产流程的衔接要素，一个企业的产品流程有长有短，但衔接整个生产流程的是一个个班组和工序，每个班组都是其中的一个环节。生产流程是由这一个个环节构成的，所以需要更多的协调与合作。

2. 班组的特点

班组一般具有"全、小、细、实"等特点。

（1）"全"是班组任务的特点

"全"是指企业的任何工作都要落实到班组，都要贯彻到班组。企业的人、财、物的指标都在一定程度指向班组，企业的各项工作都要在班组扎根，这就决定了班组的多方位和全面性。

（2）"小"是班组结构的特点

主要表现为规模小、设备少。一个班组，少则几个人或十几人，多则数十人，属于小型群体。生产方式比较单一，有的是班组全体成员从事同一工种，有的从事同一工序，有的是几个工种或几道工序的简单组合。

（3）"细"是班组工作的特点

"细"是指班组的指标任务细，考核检查细，管理要求细。

（4）"实"是班组管理的特点

企业的各项管理工作通过多层次的分解，最终都要在班组得到落实。

3. 班组的工作内容

① 根据车间下达的任务，具体安排生产作业进度，保证按质、按量、按期完成本组生产或工作任务。

② 合理调整劳动组织，认真贯彻执行企业各项规章制度，维护劳动纪律和职业道德，保证安全生产。

③ 积极开展劳动竞赛和合理化建议活动，努力提高劳动生产率。

④ 全面开展班组经济核算，注意保管与合理使用班组内的设备、工具和材料等，不断降低产品成本。

⑤ 准确、及时地做好各项原始记录，及时为上级职能部门提供准确、完整的资料和数据。

4. 班组设置的形式

班组的设置要从有利于生产、便于管理和适应协作的实际出发。班组设置的方式主要有以下六种。

① 按工种划分，把同工种的若干工人组成一个班组。

② 按工艺划分，根据工艺流程的先后顺序，把多道工序的流水操作分成几段，按每一段的操作工人组成班组。

③ 按机台划分，把在同一机台上集体操作的工人组成一个班组。

④ 按产品划分，把从事同一产品生产的工人组成一个班组。

⑤ 按班次划分，把从事某种相同或相近工作的工人分成几个班组，轮流倒班。

⑥ 按职能划分，把工作岗位分散、工作对象不同，但工作性质和职能相似的工人（如电工、钳工、质量检验员）组成一个班组。职能科室小组的划分，也属这种形式。

5.2.2 班组管理的内容与任务

1. 班组管理的形式与特点

班组管理应坚持民主集中制的原则，实行班组长责任制同班组民主管理相结合的管理形式，在企业各职能部门专业管理人员的指导下，依靠班组成员管理班组。

班组长责任制即班组长负责组织、领导班组的全面工作。班组民主管理是通过班组的日常民主管理活动，把班组长所担任的管理工作分解落实到班组的每一个成员，依靠大家分工去做。

班组管理的特征：系统管理是基本要求，基础管理是基本内容，民主管理是基本形式，行政管理与民主管理相结合，集中管理与自主管理相结合。

2. 班组管理的内容

班组管理的内容是指在班组管理活动中应做的具体工作，其内容十分广泛，具体如下。

① 建立、健全以岗位责任制为主要内容的各项管理制度，做到工作有标准、考核有程序。

② 任务分解到班组员工工作岗位上。

③ 贯彻执行工艺标准，开展全面质量管理，确保产品质量。

④ 搞好设备日常维修，设备利用率高。

⑤ 开展岗位练兵，人人要达到本工种、本级工的应知应会要求。

⑥ 实行看板生产，按作业计划组织均衡生产，按定额管好原材料和在制品，搞好安全文明生产。

⑦ 真实填写原始记录和凭证，做到及时、齐全、清晰、准确。

3. 班组的管理任务

班组的中心任务主要是根据企业的经营目标和车间的生产计划，合理有效地组织生产经营活动，保证全面均衡地完成生产任务，做到优质、低耗和安全、文明生产。主要做好以下工作。

① 合理进行生产调度，按照作业计划组织均衡生产。

② 搞好科学管理，贯彻落实各项规章制度。

③ 注重技术进步，学习运用科学技术。

④ 组织员工参加文化、技术、业务和管理知识的学习，提高基本素质。

⑤ 做好劳动保护和环境保护工作，保障员工的健康和安全。

⑥ 关心员工生活，构建和谐环境。

5.2.3 班组基础管理

1. 班组标准化

标准化工作是以制定和贯彻各项标准为主要内容，班组工作形成制度化、程序化、科学化的活动过程。企业标准化主要通过班组进行贯彻，因此班组标准化是企业标准化工作的重要组成部分。班组标准化工作应围绕日常管理工作进行，主要有以下内容。

1) 工作标准化

（1）日工作标准化

班组成员每日的生产工作、学习要有一定的程序，形成制度。

①班组长每日工作程序。

班前：查看交班簿和生产现场，检查班组人员出勤和生产准备情况，与调度联系工作，召开班前会等。

班中：检查班组生产进度和劳动纪律，抽查产品质量，处理班中出现的生产、技术、质量问题。

班后：检查产品发交入库、在制品储备、设备工具使用保养、工作现场等情况，组织好班后会及其他活动。

②班组员工每日工作程序。

班前：查看交班簿、了解任务，对设备进行点检、检查设备工具，清点材料、在制品等。

班中：按标准作业卡操作，执行"三检制"，做好原始记录。

班后：擦拭设备，清扫工作场地，保管好原始记录，填写交班记录，完成班组规定的其他活动。

（2）周工作标准化

每周召开一次班组会议，总结上周工作，落实本周计划，研究班组工作，提出完成各项任务的要求和措施。安排一次业务学习，按上级的安排内容开展活动。安排对设备和生产现场的清扫工作等。

（3）月工作标准化

每月召开三次班组会议，月初布置工作，月中检查工作，月末总结工作。至少开一次民主生活会，开展批评和自我批评，增强组织团结，加强班组民主建设。同时开展班组质量活动、安全活动、岗位练兵活动。

2）原始信息、台账标准化

班组原始记录和汇总记录台账应按照齐全、准确、及时、适用、系统、简便的要求，把原始记录的内容、形式、方法、传递程序、时间、要求、岗位责任形成标准，便于统计和检查。

3）看板标准化

把班组名称、成员状况、骨干分工、生产作业指示图表、班组和个人月度技术经济指标完成情况图表、班组岗位、经济责任制、班组活动记录、交接班记录簿在规定的板面和墙上，按统一的样式、大小进行设计布置，让全班员工一目了然。

2．班组管理制度

班组管理制度是指班组对生产技术、产品质量、经济活动、安全文明生产、生活学习等方面所制定的各种规则、章程和办法的总称。它是班组全体员工必须遵守的行为规范和准则，是实现班组管理科学化不可缺少的管理基础工作。

（1）班组制度的重点

班组制度的重点是岗位责任制。岗位责任制是按照生产工艺、工作场所、设备状况和工作量的情况，合理地划分岗位，明确每个岗位任务、责任和要求，实现定岗、定员、定责的工作制度。

（2）班组制度建设内容

岗位责任制，包括对岗位人员在业务方面和职业道德方面的要求。

① 交接班制：规定交接班的具体内容要求。这是一项使上下班之间衔接生产、交清责任、互相检查、交流经验、保证生产连续进行的重要制度。

② 巡回检查制：规定科学的巡回检查路线、检查点、检查时间、检查项目。要求及时掌握情况，记录资料，发现问题，排除隐患，保证设备正常运转。

③ 维修保养制：按照设备维修保养规程的要求，实行定机、定期维护保养，确保每台在用设备完好，提高设备利用率。

④ 质量问责制：对每道工序、每件制品、每项工作制定出具体的质量标准和保证质量的措施。

⑤ 岗位培训制：规定生产岗位培训的要求、内容和方法，不断提高岗位操作人员的技术业务水平。

⑥ 安全生产制：规定岗位的安全操作规程和技术安全措施，以保护员工的生命和健康，保护国家财产不受损失，保证生产的正常进行。由于员工的工种不同，岗位责任制

的具体内容也不一样。

（3）班组规章制度执行

规章制度一经制定，首先要组织员工学习并进行细致的思想工作，调动员工自觉执行规章制度的积极性。

管理人员要以身作则，坚决按规章制度办事，是规章制度执行中的重要一环。凡是在规章制度中已有明确规定的事情，管理人员不作例外处理，树立规章制度的权威性和严肃性。

3. 班组信息管理

班组生产管理活动的原始记录和统计记录是班组的基础性工作，也是企业进行生产经营管理活动的基础性信息。应使用计算机等现代手段扎实做好。

（1）班组原始记录的内容

① 产品生产记录，即各品种的产品产量、产品质量、班组个人的生产记录，调整生产工艺、新产品试制、生产通知单等原始记录。

② 班组劳动力和劳动时间利用情况记录，即员工人数增减变动、出勤、工时利用、工资变动、奖惩记录等原始记录。

③ 班组原材料、燃料、动力消耗记录，即原材料领、退，煤、水、油、气的消耗，废料的处理和综合利用等原始记录。

④ 班组设备利用和安全生产记录，即班组在生产设备安装、投产、修理、设备运转、温度、压力、湿度、设备事故、员工伤亡等方面的记录。

（2）原始记录设计与记录

① 班组在设计原始记录时应考虑：记录对象、时间、内容、格式、填制方法、签署、传递收集路线等主要内容。

② 原始记录填写应齐全、准确、及时、适用、简便、系统、全面。

③ 班组必须按原始记录的内容、对象、范围、时间、频率、数量等方面的要求，遵照企业严格的管理制度和工作程序，使收集工作做到准确、可靠、完整。

4. 班组劳动纪律管理

（1）班组劳动纪律的内容

班组劳动纪律包括组织纪律、操作纪律和工作时间纪律三个方面。

① 组织纪律。班组的组织纪律，要求每个班组成员（包括班组长在内）必须坚决服从命令、听指挥，做到个人服从组织、下级服从上级，上级分配给班组和班组长分配给员工的工作任务，不得讨价还价、挑肥拣瘦，要根据生产作业计划安排和调度指令，在生产劳动中发挥主观能动性，确保完成。

② 操作纪律。它是根据生产规律的要求，对班组在生产、技术、工艺等方面提出的必须遵循的操作规范。具体表现为要求班组的每个成员，必须严格遵守企业生产管理方

面的各项规章制度，其中包括岗位责任制、技术操作规程、技术安全规程等，并以此来保证产品质量的不断提高，保证安全生产，保障员工的安全与健康，同时使员工不断提高技术水平和劳动生产率。

③ 工作时间纪律。它是指班组成员在工作时间内的纪律要求。具体表现为要求每个班组成员必须严格遵守作息制度，出满勤、干满点、不迟到、不早退、不旷工，上班时间不串岗、不脱岗、不妨碍他人工作，不干与生产无关的事情，充分而又合理地利用工时，将全部工作时间用于生产，力求减少单位产品中的工时消耗。

（2）加强班组劳动纪律的方法

① 宣传教育工作，即将班组有关的规章制度张贴于大家看得见的地方。

② 加强培训工作。当新员工进入公司时，班组长就要对之加以劳动纪律、规章制度方面的培训工作，让员工明白应遵守哪些纪律、不遵守会受哪些处罚。

③ 严格执行各项规章制度。在贯彻执行各项规章制度的过程中，要坚持做到赏罚分明，采取不同手段，对违反劳动纪律的班组成员适时地进行批评教育和某些必要的惩处，以强化劳动纪律的约束力。

5．选好班组长

（1）班组长的任务

班组长的任务有两方面：其一是指挥工作，保证质量地完成具体的工作（产品及服务）；其二是领导人员，提高员工的作业能力，创造良好的劳动环境。

指挥工作与领导工作是同时、连续不断地进行的。

（2）班组长的角色

对企业来说，班组长是基层的管理人员，直接管理员工，是完成任务指标的最直接的责任者；对作业员工来说，班组长是直接的上司，并对其进行作业指导，评价其作业能力及作业成果；对其他班组长来说，既是工作上的协作配合者，同时又在晋升方面形成竞争关系。

（3）班组长的素质

合格的班组长应具备以下几项能力。

① 专业把握能力。在所管辖的班组内，对自己的业务（人员、机器、材料、方法）非常熟悉，能够指导下属并向上司提供建议，帮助其正确判断，这是开展工作必须具备的重要能力。

② 组织协调能力。为了达成部门的目标，利用班组所有成员的特点进行任务的分担，发挥全体人员的能力，同心协力，使部门运作达到 $1+1 \geqslant 2$ 的效应。

③ 沟通交际能力。为了能够进行直接的意见沟通、交流必要的信息，应该具备较强的谈话、倾听、商谈、疏通及说服对方的能力。

④ 指导帮助能力。为了顺利地展开日常工作并传授必要的知识及方法；在经过深思

熟虑后，指出班组成员在意识和行动上的不足之处；让大家理解工作的定位、重要性；维护班组成员的工作热情。

⑤ 培养引导能力。下属的培养是班组长的重要任务。培养能力是熟悉每一位下属的需要及能力，在工作中让他们自由发挥自己的长处，使他们的成就感与工作能力能够长期地有计划地得到提高。

⑥ 解决问题能力。具有发现问题的意识和预测能力，一旦发现妨碍目标达成或业务开展的问题，立即分析现状，找到原因，以善于问"为什么"的思维方式，全方位思考，并提出解决问题的方法。

⑦ 激励鼓动能力。要让员工充分地发挥自己的才能，努力去工作，把员工的"要我去做"变成"我要去做"，实现这种转变的最佳方法就是激励。如果班组长用激励的方式而非命令的方式安排下属工作，更能使下属体会到自己的重要性和工作的成就感。

优秀的班组长不仅要善于激励下属，还要善于自我激励。作为一个管理者，每天有很多繁杂的事务及大量棘手的事情需要解决，面对的压力可想而知。自我激励则是缓解这种压力的重要手段。通过自我激励的方式，可以把压力转化成动力，增强工作成功的信心。

(4) 班组长的产生方式

班组长一般由车间主管任命或由员工推选，经现场、车间主管批准产生。

5.2.4　铁路物流中心加强班组建设的重要意义

1. 加强班组建设是铁路物流中心提高企业管理水平的需要

铁路货运组织改革对铁路物流中心提升管理水平、加强基层组织建设提出了更高的要求，管理重心下移是必然的发展趋势，班组管理水平的高低与企业竞争能力息息相关。加强班组建设，提高班组管理水平，是铁路物流中心适应货运组织新方式、提高运输质量和效益、保障生产安全的重要环节。

2. 加强班组建设是提高铁路物流中心核心竞争力的需要

企业的核心竞争力贯穿于企业的管理、组织、技术和文化当中，而人则是其中最关键的因素，高素质的员工队伍是铁路物流中心核心竞争力的基础。只有把更多的员工培养成为知识型人才，把更多的班组培育成学习型班组，铁路物流中心核心竞争力的基础才能牢固。

3. 加强班组建设是铁路物流中心构造和谐企业的需要

作为企业最基层的组织，班组在解疑释惑、宣传引导、凝聚人心等方面具有十分重要的作用。充分发挥和调动员工的主动性、积极性，大力培育高技能、高素质、高适应性的员工队伍，建设适应新形势、新要求的"管理型、和谐型、创新型"班组，是构建和谐企业的具体表现。

5.2.5　加强铁路物流中心班组建设的有效措施

1. 建立常态化工作机制

班组建设是强化安全基础的载体，通过建立常态化工作机制，有效提升班组建设工作水平，达到管理规范化、作业标准化，实现长治久安的目标。形成货运中心、经营部、班组各个层面分级管理、上下联动的班组建设推进格局。

2. 加强班组长队伍建设

班组长作为"兵头将尾"，在班组建设中起到承上启下的重要作用。首先，要加强班组长的选拔培养，鼓励新进高校毕业生扎根一线，形成从普通员工、到班组长、到车间管理人员、再到更高层次的递次晋升格局，打通班组长上升通道。其次，要建好预备班组长队伍，形成一定的人才储备，防止需要使用时"矮子里面拔将军"，甚至班组长想调整时无人可换的情况。再次，要加强班组长培训，分层抓好铁路局集团公司集中脱产培训和铁路物流中心自主培训，提高班组长的管理能力。最后，要提高班组长的待遇，按照责权利相对等的原则，除班组长津贴外，可以区分不同班组的安全责任和生产任务情况，灵活采取提高奖金系数等激励措施，解决让班组长"愿意干"和"想干好"的问题。此外，还要加强对班组长队伍的考核，推行公开竞聘、定期考核、末位淘汰等工作机制，能者上、庸者下，促进班组长履职尽责，充分激发班组长的工作积极性。

3. 规范岗位星级管理

岗位星级管理是一项有力有效的激励措施，通过优化岗位星级考评运作机制，贯彻规范实施，强化综合激励，增强员工提高岗位技能、参与班组创建的内动力。在考评项目上，突出实用实效，体现职工技能、业绩、两纪等整体情况，避免高星级员工产生消极懈怠的思想，明确必须保质保量完成相应工作任务才能拿到星级奖励；在考评方法上，将员工的日常考试、演练、竞赛、工作表现等各种情况进行综合运用；在考评组织上，不能简单地按车间、班组人数分配名额比例，要保证公平合理；在收入分配上，要完善"以素质决定岗位、以岗位决定收入"的分配机制，提高奖罚标准，进一步拉开收入差距，调动员工争取更高星级的积极性。

4. 加大班组员工培训力度

班组员工的素质高低，是班组建设能否搞好的一个关键因素，各级部门应注重加强对班组员工的教育培训，提高其业务技能和学习能力。一方面，培训内容要有系统性、针对性、人性化、差别化。按照"干什么学什么、干什么会什么、干什么专什么、缺什么补什么"的原则，开展分类分层培训，做到有的放矢，通过科学系统的培训，逐步达到班组职工一人多能，一人多岗。另一方面，培训形式要灵活性、多样化。除了传统的技术讲课、技术问答外，还可以增加有奖问答、现场技能比武、安全警示宣传等多种培训形式，如此既增加业务知识，又激发了学习的积极性。此外，还应注重培训工作的长期性与持久性。培训工作不是一件一朝一夕就能完成的事情，不能急于求成，在抓好当前培训教育工作的同时，必须结合未来铁路货物运输组织的发展方向，制订长远的培训计划，有力保障培训工作对铁路安全生产的服务最大化。

5. 推进班组文化建设

班组文化是推进企业文化在一线和岗位落地生根的有效载体，对于提高班组管理水平、激发内部活力具有重要的引领推动作用。①推行班组理念管理。凝练符合班组作业性质且富有感召力的班组理念精神，促进班组建设理念与班组目标、制度、机制和规范的相互渗透和深化，使之成为班组员工共同遵循的思想和行为准则。②拓展班组文化建设路径，将文化元素注入班组管理，通过建设文化园地、文化走廊、荣誉角，张贴文化作品、警句格言、亲情寄语，设置"读书角"，营造浓厚的班组文化氛围。③在提升品质上下功夫。紧密结合班组实际，积极发动职工参与班组文化建设，培育安全型、经营型、服务型、质量型等不同特色类型的班组文化。④强化互动传播。通过不断挖掘班组优秀员工和典型案例，以"身边人"和"身边事"的形式激励班组员工，运用班组文化墙、班组微信群等传播载体，注重传播的连续性、及时性和有效性。⑤提高班组员工参与班组建设的积极性。开展生动活泼、丰富多彩的文化活动，引导员工树立积极、健康、向上的人生观、世界观和价值观，坚持物质利益与精神激励并重，既要做到奖勤罚懒、奖优罚劣，又要物质激励与政治引导相结合，充分调动班组成员的积极性和创造性，使员工能在工作的过程中体现自身价值，享受工作的快乐。

任务实施

根据以上相关知识，由教师组织学生分组进行讨论，各小组派代表进行总结汇报，小组互评，教师点评总结。学生应掌握班组及班组管理的基本理论，提高运用理论知识解决实际问题的能力。

任务 5.3 铁路物流中心绩效评价与管理

教学目标

1. 思政素质目标

热爱党、热爱社会主义祖国、爱人民、爱集体；具有良好的职业道德和职业素养；

爱岗敬业，恪尽职守；严格遵守规章制度和劳动纪律。

2. 知识目标

了解绩效评价理论，掌握铁路物流中心绩效评价指标体系及量化方式，了解绩效评价的方法，理解提高铁路物流中心绩效的措施。

3. 能力目标

能够应用绩效评价理论与方法进行铁路物流中心绩效评价与管理。

工作任务

铁路物流中心绩效评价

上海铁路局在铁路改革中一直走在前面，是铁路货运组织改革的排头兵，较早开展了铁路货场向现代铁路物流中心转型的实践。请选取上海铁路局典型铁路物流中心作为实例，进行铁路物流中心绩效评价的实证分析。

相关知识

搞好铁路物流中心经营是铁路深化货运组织改革的重要举措，是铁路加快发展现代物流的客观要求，也是提高铁路自身经济效益的战略途径。目前全路规划建设的 33 个一级铁路物流中心、175 个二级铁路物流中心及 330 个三级铁路物流中心已经有一半以上投入运营。然而，由于绝大部分的铁路物流中心缺乏现代物流的发展经验，又缺少学习参照的对象，运营水平并不高。开展铁路物流中心绩效评价与管理，有利于实现铁路物流中心的优化调整、择优示范和量化考评，从而推动铁路物流中心的良性发展。

5.3.1 绩效评价理论

1. 绩效、绩效评价的含义

绩效的含义非常广泛，至今没有统一的定义。不同学科、不同研究人员从不同的角度对绩效进行了相关论述，并且随着研究着眼点的不同，绩效的含义得到不断的延伸。

管理学的定义：绩效是组织期望的结果，是组织为实现其目标而展现在不同层面上的有效输出。

20 世纪 90 年代，美国的 Kaplan 和 Norton 提出了平衡计分卡的概念，从财务、客户、内部经营、学习与成长四个方面进行绩效评价，将组织的战略落实为可操作的衡量指标和目标值的一种新型绩效管理体系，它不仅保留了传统对效率和业绩的评价，同时将促成组织战略目标实现的关键因素纳入评价范畴。美国的 Bowersox 从质量、成本、生产率、资产衡量、客户服务及最佳实施基准、客户感觉衡量等内外部指标进行物流企业绩效评价。我国学者张继东提出"莫把绩效定义为结果"，他认为组织绩效应该是组织各部门全体成员共同的工作成果，组织的业绩不是单个部门所能创造，往往是需要各个部门的配合和辅助。过分强调结果的绩效评价方式，不能体现组织的综合竞争能力和发展潜力，不利于组织长远的战略发展。

综上所述，有关绩效、绩效评价的含义已经从传统的"效率"和"业绩"得到不断的扩展，组织绩效的评价不仅要对"成果"进行评价，还需要对促成成果实现的"能力"、对促成组织长远发展战略实现的"潜力"进行综合评价。绩效评价理论的发展是有其现实背景的。当今社会竞争愈加激烈，市场需求瞬息万变，组织当前取得的成绩是其持续开展经营活动的保证，但组织目前所取得的成绩并不代表能够持续下去，很多原先知名的企业由于未能快速适应市场变化，在短短几年间被其他企业赶超，甚至破产。因此，组织应对各种市场需求变化的"潜力"和"能力"对于组织长远的发展战略来说也是至关重要的。

绩效评价是一个动态调整过程，一般需要根据组织所处的市场环境及自身发展阶段进行调整。我国铁路物流中心尚处于系统发展的初期，整体运营水平还不高，如果绩效评价仅把运营效率和业绩作为指标体系，而忽视其发展潜力和服务能力，该绩效评价仅是对当前结果的评价，往往容易陷入短期的优劣评价而忽视长期的战略发展潜力，并不能起到很好的示范带动和学习借鉴作用。因此，铁路物流中心绩效评价的研究是从铁路物流中心长期战略发展的角度，对铁路物流中心的"潜力""能力""效率和业绩"进行全面的评价，从而挖掘各个铁路物流中心的优势与薄弱环节，为铁路物流中心的经营管理提供相关措施建议。

2. 平衡计分卡理论

平衡计分卡打破了传统只重视财务指标的绩效考核方式。平衡计分卡理论认为，传统的财务评价模式只能衡量组织过去取得的成绩，但无法评估组织前瞻性的投资，是一种不全面、非可持续的绩效评价方式。通过平衡计分卡理论建立的绩效指标体系的核心是注重五项平衡，即财务指标与非财务指标的平衡、组织长期目标与短期目标的平衡、结构性指标和动因性指标的平衡、组织内部群体与外部群体的平衡、领先指标与滞后指标的平衡。

3. 关键绩效指标理论

关键绩效指标（key performance indicators，KPI）是指组织宏观战略目标决策经过层层分解产生的可操作性的战术目标，是衡量组织战略实施效果的关键指标。关键绩效指标的确定一般需要遵循 SMART 原则。S 代表具体（specific），指绩效指标要切中特定的工作指标；M 代表度量（measurable），指绩效指标是数量化或者行为化，绩效指标的数据或者信息是可获得的；A 代表可实现（attainable），指绩效指标在付出努力的情况下可以实现；R 代表现实性（realistic），指绩效指标是实实在在的，可以证明和观察的；T 代表有时限（time‐bound），指绩效指标的设定要注重完成绩效指标的特定期限。

5.3.2　铁路物流中心绩效评价指标体系

借鉴欧洲及我国物流园区评价指标体系，结合铁路物流中心的实际，总结梳理，确定了 3 个一级指标、14 个二级指标、45 个三级指标的铁路物流中心绩效指标体系，见表 5-3-1。

表 5-3-1　铁路物流中心绩效指标体系

一级指标	二级指标	三级指标
I_1 发展潜力	I_{11} 发展基础	I_{111} 实际投资总额
		I_{112} 实际占地面积
		I_{113} 货物线及专用线数量
	I_{12} 集疏运条件	I_{121} 铁路设施便利性
		I_{122} 公路设施便利性
		I_{123} 港口设施便利性
		I_{124} 航空设施便利性
	I_{13} 职工综合素质	I_{131} 学历水平
		I_{132} 人均培训费用
		I_{133} 职工平均工资
		I_{134} 职工流失率
I_2 服务能力	I_{21} 运输服务能力	I_{211} 调车机车数量
		I_{212} 货运班列等级及数量
		I_{213} 汽运车辆数量
	I_{22} 仓储服务能力	I_{221} 仓储总面积
		I_{222} 库存周转率
	I_{23} 装卸服务能力	I_{231} 设备利用率
		I_{232} 装卸搬运设备数量
	I_{24} 信息服务能力	I_{241} 信息系统资金投入量
		I_{242} 信息系统衔接客户量
		I_{243} 信息系统日均访问量
	I_{25} 物流服务功能多样性	I_{251} 物流增值服务种类
	I_{26} 配套服务功能多样性	I_{261} 配套服务种类
I_3 运营水平	I_{31} 服务质量	I_{311} 装车兑现率
		I_{312} 准时交货率
		I_{313} 货损货差率
		I_{314} 投诉处理时间
		I_{315} 平均等待时间
	I_{32} 运营效率	I_{321} 物流强度
		I_{322} 日均货物吞吐量
		I_{323} 日均装卸车数
		I_{324} 仓储使用率
		I_{325} 多式联运运量占比

续表

一级指标	二级指标	三级指标
I_3 运营水平	I_{33} 经济效益	I_{331} 人均营业收入
		I_{332} 每吨营业收入
		I_{333} 营收增长率
		I_{334} 投资收益率
		I_{335} 资产负债率
		I_{336} 年度税收总额
	I_{34} 客户管理	I_{341} 客户投诉率
		I_{342} 客户保持率
		I_{343} 客户获得率
		I_{344} 客户开发成本
		I_{345} 市场占有率
	I_{35} 安全保障	I_{351} 事故件数

1. 发展潜力指标

发展潜力指标主要用来衡量铁路物流中心发展的可持续性。从经济学的范畴来理解，劳动力（包括企业家才能）、土地和资本被认为是最基本的生产要素，结合铁路物流中心发展实际，选取了发展基础、集疏运条件和职工综合素质共 3 类 11 项指标。

1) 发展基础

（1）实际投资总额

实际投资总额指用于铁路物流中心建设的实际投资总额。实际投资总额越高，表明铁路物流中心可用于购买土地、设施建设、设备采购、提升系统等的资金越充足，越有利于铁路物流中心的长期发展。

（2）实际占地面积

实际占地面积指铁路物流中心经过政府审批、已用于物流中心建设的运营用地面积。土地是承担物流设施的载体、开展物流活动的场所，是铁路物流中心发展的最根本要素。铁路物流中心实际占地面积越大，其物流活动的承载力越强，越有利于铁路物流中心的长期发展。

（3）货物线及专用线数量

货物线及专用线数量指铁路物流中心内部用于货物装卸的铁路线路及从铁路物流中心接轨站引出，并且运营的铁路专用线的数量。一般而言，铁路物流中心货物线数量越多，能够同时停靠和开展作业的铁路车辆数越多；铁路物流中心接轨站引出的铁路专用线越多，越能够给铁路物流中心带来更多的货源，因此越有利于铁路物流中心的长期发展。

2）集疏运条件

集疏运条件决定着铁路物流中心在物流网络中的地位，对物流中心能否快速、便捷地实现货物集散有着重要影响。

（1）铁路设施便利性

铁路设施便利性用铁路物流中心接轨站的等级和性质来衡量。一般而言，接轨站等级越高，其在路网的地位越重要，福射范围越广，车站接发车能力越强，途经班列数量越多，越有利于铁路物流中心、货物的快速集散，从而越有利于铁路物流中心的长期发展。

（2）公路设施便利性

公路设施便利性用铁路物流中心周边 5 km 范围内高速公路（要求有出入口）、国道的数量及与高速公路出入口的距离来衡量。公路可以实现门到门运输，承担着铁路物流中心接取送达业务的组织工作，在现代综合运输体系中扮演着重要的角色。一般而言，铁路物流中心周边公路数量越多，高速公路出入口距离越近，越有利于货物的快速集散，从而越有利于铁路物流中心的长期发展。

（3）港口设施便利性

港口设施便利性用铁路物流中心周边 5 km 范围内港口等级及与港口的距离来衡量。水运交通方式具有运量大、成本低的特点，因此港口成为水运货物的重要集散地。但港口本身不具备陆路集疏运能力，需要依靠铁路和公路运输。因此，铁路物流中心距离港口越近、临近港口等级越高，越有机会承接更多的货源，从而越有利于铁路物流中心的长期发展。

（4）航空设施便利性

航空设施便利性用铁路物流中心周边 5 km 范围内机场等级及与机场的距离来衡量。虽然机场的货运量不及港口大，但航空货物一般是高附加值货物，而且随着快递业的迅猛发展，对于临近机场的铁路物流中心而言，仍然是一块重要的货源地。一般而言，铁路物流中心离机场越近、机场等级越高，铁路物流中心能够承揽更多的货源，越有利于铁路物流中心的长期发展。

3）职工综合素质

（1）学历水平

学历水平指铁路物流中心本科及以上学历职工人数占比。随着铁路货运向现代物流转型，铁路物流中心亟需高学历的职工，快速学习成长，支撑铁路物流中心的长期发展。

（2）人均培训费用

人均培训费用指铁路物流中心每年投入用于开展职工培训的费用。开展职工培训是保持铁路物流中心职工思想观念、服务能力与时俱进，实现自我提升的重要渠道，对于改革中的铁路而言，更需要进行职工的培训。

（3）职工平均工资

职工平均工资的高低是铁路物流中心经营效益好坏的间接体现。而且职工的工资越高，职工工作的积极性及对于铁路物流中心的认可度越高，越有利于铁路物流中心长期的发展。

（4）职工流失率

一般而言，铁路职工工作年份越久，经验越丰富，作业效率越高，越有利于铁路物流中心的长期发展。

2. 服务能力指标

服务能力是铁路物流中心开展业务、提供服务、提升效率、创造价值的重要保证。选取了运输服务能力、仓储服务能力、装卸服务能力、信息服务能力、物流服务功能多样性、配套服务功能多样性共 6 类 12 项指标。

1）运输服务能力

（1）调车机车数量

调车机车是铁路物流中心（铁路）货车进出必不可少的牵引动力。调车机车越多，铁路物流中心能够同时开展作业的能力越强。

（2）货运班列等级及数量

货运班列是铁路物流中心开展物流服务的核心产品和重要依托。铁路物流中心开行的货运班列等级越高、数量越多，货源流向和开行频次就越多，对客户的吸引力越强。

（3）汽运车辆数量

铁路开展"门到门"运输需要依靠汽运实现最前和最后一公里的运输。包括了自有汽运车辆和挂靠汽运车辆两类。

2）仓储服务能力

（1）仓储总面积

仓储总面积指铁路物流中心拥有的库房、雨棚及堆场等仓储设施作业面积之和。仓储设施是铁路物流中心开展物流作业的主要场所，仓储总面积越大，表明铁路物流中心能够开展物流作业的空间就越大，服务能力更强。

（2）库存周转率

库存周转率用铁路物流中心库存的平均周转天数来衡量。一般而言，库存周转天数越短，说明仓库的货物周转次数越多，相同的仓储设施能够有更大的货物承载量。

3）装卸服务能力

（1）设备利用率

设备利用率指铁路物流中心每年度设备实际使用时间占计划用时的百分比。设备利用率越高，不仅能够节约铁路物流中心的成本支出，也说明设备的选型与物流服务需求相适应，服务能力越强。

（2）装卸搬运设备数量

装卸搬运设备数量指铁路物流中心用于开展物流作业有关的吊机、叉车、护车等设备。装卸搬运设备数量越多，表明铁路物流中心作业能力越强，能为更多的客户提供服务。

4）信息服务能力

（1）信息系统资金投入量

信息系统资金投入量指铁路物流中心用于系统开发和系统维护的资金投入量。一般而言，铁路物流中心信息系统资金投入量越大，信息系统的功能越完善，有利于实现铁路物流中心的无纸化办公，提高效率与管理能力。

（2）信息系统衔接客户量

信息系统衔接客户量指铁路物流中心信息系统与客户信息系统衔接的数量。衔接的客户越多，越有利于铁路物流中心利用信息化提高服务效率。

（3）信息系统日均访问量

信息系统日均访问量指浏览铁路物流中心信息系统的访客数量。访问量越大，说明铁路物流中心信息系统服务的受众越多，服务能力越强。

5）物流服务功能多样性

物流增值服务种类指铁路物流中心能够提供除班列到发、运输、仓储、接取送达、装卸、信息服务等以外的增值服务种类。一般而言，铁路物流中心开展的增值服务越多，综合服务能力越强，能够创造更大的效益。主要考核的增值服务包括快件分拣、储运包装、销售包装、流通加工、集装箱掏箱、集装箱装箱、货物组装、保税、清关报关、中介担保、保险代理、保价运输、代收货款、结算、设施设备租赁、广告、商品展示、市场交易、贸易代理、货运代理、金融物流、咨询与方案设计等。

6）配套服务功能多样性

配套服务种类指铁路物流中心提供的生活性和商务性配套服务的种类。主要考核的配套服务种类包括物业管理、工商、税务、保险、通信、邮政、银行、综合维修、加油加气、餐饮、住宿等。

3. 运营水平指标

运营水平是铁路物流中心效率与业绩的主要表现，是衡量铁路物流中心绩效高低的重要标准。选取了服务质量、运营效率、经济效益、客户管理和事故件数共 5 类 22 项指标。

1）服务质量

（1）装车兑现率

装车兑现率＝实际装车数量/请求车数量。装车兑现率越高，表明铁路物流中心越充分利用自身资源，尽可能的承揽更多货源，同时也更好地满足客户需求，增加了铁路效益、提升了品牌信誉度。

（2）准时交货率

准时交货率＝准时交货次数/总服务次数。准时交货率越高，越能和货主的生产经营节奏相匹配，服务质量越好，客户满意度越高。

（3）货损货差率

货损货差率指由于铁路物流中心服务不当而损坏或丢失的承运货物吨数与承运货物总吨数之比。货损货差率越低，表明铁路物流中心服务质量越好，不仅需要赔付的资金相对越少，而且客户的体验也越好。

（4）投诉处理时间

投诉处理时间指铁路物流中心从接到客户投诉至解决问题所花费的时间。投诉处理时间越短，表明铁路物流中心的工作效率越高，客户体验越好。

（5）平均等待时间

平均等待时间指铁路物流中心从客户预约申请到接取货物，以及从货物到站至货物送达客户的平均等待时间。平均等待时间越短，表明铁路物流中心的工作效率越高，客户体验越好。

2）运营效率

（1）物流强度

物流强度指铁路物流中心单位面积的货物吞吐量。物流强度越高，说明铁路物流中心单位面积的货物作业量越大，运营效率越高。

（2）日均货物吞吐量

日均货物吞吐量指铁路物流中心平均每天货物吞吐的吨数。日均货物吞吐量越高，表明铁路物流中心运营效率越高。

（3）日均装卸车数

日均装卸车数指铁路物流中心货物线平均每天装卸车数。日均装卸车数越多，表明铁路物流中心运营效率越高。

（4）仓储使用率

仓储使用率越高，表明铁路物流中心资源越得到充分利用，运营效率越高。

（5）多式联运运量占比

多式联运运量占比指铁路物流中心通过多式联运承运的货运量占总运量的比例。多式联运被认为是一种高效的物流运作模式，因此，多式联运运量占比越高，表明铁路物流中心运营效率越高。

3）经济效益

（1）人均营业收入

人均营业收入越高，表明人均创造的价值越大。

（2）每吨营业收入

每吨营业收入越高，不仅表明铁路物流中心的效益越好，也说明铁路物流中心高附加值货物比例越高、增值服务越多。

（3）营收增长率

营收增长率越高，表明铁路物流中心的经济效益越好，发展势头更为强劲。

（4）投资收益率

投资收益率指铁路物流中心年度净收益总额与铁路物流中心投资总额之比。投资收益率越高，表明铁路物流中心经济效益越好。

（5）资产负债率

资产负债率指铁路物流中心期末负债总额与资产总额之比。一般而言，资产负债率越低，表明铁路物流中心的经营状况越好。

（6）年度税收总额

年度税收总额指铁路物流中心（包括入驻企业）评价年上缴的税收总额。

4）客户管理

（1）客户投诉率

客户投诉率用客户投诉次数来衡量。客户投诉次数越少，表明客户满意度越高，客户的忠诚度越高，能够为铁路物流中心带来长期的利润。

（2）客户保持率

客户保持率指铁路物流中心留住既有客户的比例。铁路物流中心留住老顾客的能力是保持市场份额的关键。

（3）客户获得率

客户获得率指铁路物流中心新开发客户的份额占比。客户获得率越高，表明铁路物流中心挖掘潜在市场、扩大市场占有率的能力越强。

（4）客户开发成本

客户开发成本指铁路物流中心用于开发新客户需要支出的费用，包括人力、物力、财力等。

（5）市场占有率

市场占有率指铁路物流中心年度承运的货运量占该地区总货运量的比例。

5）安全保障

安全事故是铁路系统坚决杜绝发生的事件，往往是牵一发而动全身，影响整个铁路物流中心的正常运作。事故件数越少，表明铁路物流中心运营水平越高。

5.3.3　铁路物流中心绩效指标优化及量化

针对初步遴选的铁路物流中心绩效指标的"数据可得性、必要性和重复性"进行专家咨询，从而优化铁路物流中心绩效指标，最终保留了 3 个一级指标，14 个二级指标，30 个三级指标。定性约简后铁路物流中心绩效指标量化见表 5 - 3 - 2。

表 5 - 3 - 2　定性约简后铁路物流中心绩效指标量化

三级指标	量化方式
I_{111}实际投资总额	直接统计
I_{112}实际占地面积	直接统计
I_{113}货物线及专用线数量	直接统计
I_{131}学历水平	学历水平＝（本科及以上学历职工人数/职工总人数）×100%
I_{134}职工流失率	职工流失率＝［本期职工流失人数/（本期职工流失人数＋期末职工人数）］×100%
I_{211}调车机车数量	直接统计
I_{241}信息系统资金投入量	直接统计
I_{251}物流增值服务种类	直接统计
I_{261}配套服务种类	直接统计
I_{311}装车兑现率	装车兑现率＝（实际装车数量/请求车数量）×100%
I_{312}准时交货率	准时交货率＝（准时交货次数/总服务次数）×100%
I_{313}货损货差率	货损货差率＝（货损货差吨数/总货运量）×100%
I_{315}平均等待时间	平均等待时间＝（发送端等待时间＋到达端等待时间）/2
I_{321}物流强度	物流强度＝（发送吨数＋到达吨数）/实际占地面积
I_{323}日均装卸车数	日均装卸车数＝（年度装车数＋年度卸车数）/365
I_{324}仓储使用率	直接统计
I_{333}营收增长率	营收增长率＝［（本期营业收入－上期营业收入）/本期营业收入］×100%
I_{341}客户投诉率	直接统计
I_{342}客户保持率	客户保持率＝本期年末老客户数量/本期年初客户数量
I_{343}客户获得率	客户获得率＝新开发客户发送量/年度总发送量
I_{351}事故件数	直接统计

5.3.4　铁路物流中心绩效评价方法

目前，国内外关于评价方法的研究很多，众多专家学者在原始评价方法研究的基础上，对原始评价方法提出了各种有益的改进及多种方法的组合应用，使得评价方法体系更为丰富。常用的评价方法及优缺点见表 5 - 3 - 3。

表 5-3-3 常用的评价方法及优缺点

常用方法	优点	局限性
主成分分析法	利用少量综合指标代替原指标，在总体保留了原信息的同时消除了原指标之间的相关性	默认原指标为线性组合关系，但实际情况大多并不是线性关系
数据包络分析法	可以评价多输入多输出的系统，并有利于找出薄弱环节	对异常数据比较敏感，评价结果一般只能表明事物的相对水平，难以表示实际水平
模糊综合评价法	能较好地解决模糊的、难以量化的非确定性问题	确定指标权重的主观性强，当指标较多时，容易出现超模糊现象
灰色关联评价法	对数据量没有太多的要求，并且能够减少由于信息的不对称带来的损失	只能衡量评价方案与理想方案变化趋势的关联度，难以表征两者的接近度
可拓集评价法	能将相容或不相容的定性问题量化处理，关联函数计算简便	关联函数无规范形式，构造经典物元矩阵和节域物元矩阵主观性较强
集对分析评价法	能将定性问题与定量分析相结合，将确定性与不确定性分析相结合，分析过程简洁明确	当用于评价对象的分级评价时，同异反评语过于粗放
投影寻踪评价法	能够实现数据降维，有效克服维数祸根，且该方法不对模型做任何假设，只对数据结构进行分析	模型与实际问题的联系过于抽象，且本身只能用于建模，需要借助其他方法进行求解
支持向量机评价法	能够解决样本非线性、高维度和局部最优化问题	核函数及模型参数选择缺乏相关一致标准
逼近理想解评价法	原理清晰，结果可靠，可描述性强，能够客观真实地反映评价对象实际情况	应用欧式距离表征评价方案与正负理想解的距离有时会出现难以解释的矛盾
人工神经网络评价法	神经网络具有自组织、自学习、自适应和容错性及非线性映射能力	需要大量已经得到验证的有效样本进行神经网络的训练，而很多情况样本是难以获取的

铁路物流中心绩效评价可借鉴欧洲物流园区评价的标杆法，采用具有类标杆法原理，并且科学性、直观性和可描述性较强的 TOPSIS 法。TOPSIS 法是一种逼近于理想解的排序法，根据评价对象与理想目标的接近程度进行优劣排序，该方法是 1981 年由 C. L. Hwang 与 K. Yoon 首先提出来的。其基本原理是从评价方案的各指标数值中，分别选出能代表该指标最优性能的数值构成最优方案（正理想解）和最差性能的数值构成最劣方案（负理想解），通过计算评价方案与正理想解和负理想解的加权欧式距离，来获得评价方案与正理想解的贴近度。若评价方案与正理想解的贴近度数值越高，则表明该方案越好。反之，则表明该方案越差。利用 TOPSIS 法进行绩效评价的步骤省略。

5.3.5 提高铁路物流中心绩效的措施

提高铁路物流中心绩效的措施主要包括铁路物流中心主管单位、铁路物流中心经营单位和铁路物流中心职工三个维度。

1. 面向铁路物流中心主管单位的若干建议

（1）重视铁路物流中心的选址规划

为了保证铁路物流中心能够拥有较高的绩效水平，应该从选址规划阶段就开始充分重视。铁路物流中心的选址应该选在集疏运条件良好的位置。同时，铁路物流中心的选址应该与地区产业布局需求相适应，以确保有丰富的货源条件。

（2）统筹铁路物流业务的一体化运作

铁路物流中心物流业务的开展不是仅靠铁路物流中心自身就能够全部完成，还需要依靠主管单位调动各职能部门进行统一协调运作。铁路物流中心的发展可以由运输部门对物流业务实施统一管理，以铁路物流服务为基础，综合安排铁路生产调度、资金调配、营销管理及人才考核等全方位的工作，使计划、财务、人事、劳卫、考核等各相关职能部门围绕客户的业务方案综合协调，相互配合，为铁路物流服务提供保障和支撑。

（3）推进铁路物流中心的网络化经营

物流节点的网络化经营是满足大中型企业跨区域综合物流服务需求的必然趋势，不管是传化、普洛斯、深国际等物流节点企业，还是德邦、顺丰等快运快递企业都在积极探索推行网络化经营。因此，铁路应依托路网，面向市场，打造覆盖广泛、层次清晰、功能完善、集约高效的铁路物流中心网络、物流营销网络和接取送达网络；根据客户需求，在铁路物流中心网络节点间组织开行普速、快速和特需货运列车，加强区域联动和跨局合作，实现铁路运输生产网络和物流经营网络双网融合。

（4）加大铁路物流中心的市场化改革力度

从铁路货运组织改革实施以来，铁路物流中心已经逐步推进了上门营销、敞开受理、实货制承运、一站式办公、一口价收费、门到门全程物流服务等市场化改革，带来了积极的成效。下一步铁路物流中心应在既有改革基础上，继续坚持以市场需求为导向，充分利用板块化、网格化、精准化、项目制营销等多种营销策略与营销手段，开展网格化的物流需求普查，落实区域营销联动机制，对重点货源和特色产品进行开发。形成营销围绕市场转、生产围绕营销转的格局，推动运作模式由内部生产型向外部服务型的转变。此外，铁路可以探索铁路物流中心的独立化经营，针对单个铁路物流中心成立子公司或合资公司，设立独立法人，自负盈亏，使铁路物流中心的运作更加灵活，也有利于吸引更多的资金用于铁路物流中心的发展。

（5）加强铁路物流中心的信息化建设

铁路物流中心的信息化水平有待进一步提高。铁路物流中心应通过信息系统的建设，协调铁路物流内外部各环节物流作业关系，推动物流作业组织精细化，实现路内外资源的优化配置和信息资源共享，促进运输效率进一步提高。通过多种信息化服务方式的应用，强化客户服务信息支撑，同时通过建立客户资源管理系统，在全路范围内实现客户信息共享，为拓展定制化服务提供保障等。

2. 面向铁路物流中心经营单位的若干建议

（1）拓展铁路物流中心物流服务功能

铁路物流中心物流服务功能的多样性对于提高绩效有重要作用。铁路物流中心的物流服务功能仍然有待进一步拓展。铁路物流中心应学习借鉴物流园区、物流企业的物流服务功能，并深入了解客户的实际物流需求，开发专业化、个性化、定制化的物流服务功能。

（2）提高铁路物流中心设施设备配置和利用率

提高铁路物流中心设施设备的配置对于提高铁路物流中心的绩效是必要的。然而，设施设备配置的提高必然会增加铁路物流中心的投资，因此铁路物流中心在设施的规划建设和设备的选型、数量配置等决策过程要进行充分的需求分析，避免资源的闲置，提高铁路物流中心设施设备的利用率。

（3）加强与社会物流企业的竞争与合作

随着物流市场竞争愈发激烈，铁路不再能够独善其身，必须参与到与社会物流企业的竞争与合作中。从竞争的角度来说，近些年，社会物流企业发展迅猛，铁路物流的优势逐渐减弱，货主的选择更多，铁路物流中心需要积极主动拉客户抢货源，参与货主企业的招投标，与社会物流企业进行直接的市场竞争。从合作的角度来说，铁路的优势在于中长途运输和节点服务，公路具有短途灵活便捷的优势，因此铁路物流中心可与社会物流企业合作，将两端的接取送达服务转包或分包给社会物流企业，提供门到门全程物流服务。铁路物流中心也可与物流园区开展相关合作。

（4）树立铁路物流中心诚信经营的品牌形象

诚信经营是对铁路物流中心经营主体最基本的要求，也是铁路物流中心获得客户信赖、增强客户忠诚度的根本要求。目前困扰铁路物流中心经营的一个突出问题是铁路运输能力不稳定，常常面临运量下降时无货可运、积极主动上门营销，运量回升时运能紧张、无法兑现客户需求的困境，久而久之客户对铁路物流中心的经营诚信所剩无几，转而寻求公路物流企业合作，造成铁路物流中心运量下降，效益缩减。

实际上，铁路运输能力的间歇性偏紧通常是由于发电供暖用煤、粮食跨省调运和春运增开临客班列等保障性运输引起的，一般具有规律可循。针对铁路运输能力不稳定造成无法兑现客户需求的问题，各铁路物流中心可以采取三项措施：一是在与客户签订运输协议时要将季节性运输能力不稳定因素考虑进去，量力而行，不能盲目贪多；二是要及时将协议运输计划上报铁路局集团公司或国铁集团，提前安排排空计划，保障稳定货源运输；三是要加强与社会物流企业的战略合作，形成长期可靠的合作伙伴关系，确保在铁路运输能力紧张时，能够调用其他运输方式代替铁路运输履行客户合同。总而言之，铁路物流中心应该采取一切合理措施履行合同或承诺，在客户心中树立诚信经营的品牌形象，从而吸引更多的客户，招揽更多的货源，提高铁路物流中心的绩效。

3. 面向铁路物流中心职工的若干建议

（1）转变传统思想观念

首先，铁路物流中心职工在思想观念上要认识到当前铁路物流改革的紧迫性和艰巨性，要将自身的定位从"铁路资源的占有者"转变为"物流服务的供应商"；其次，要充分意识到自身的职业发展与铁路物流中心的发展紧密相关，只有铁路物流中心的绩效得到提升，自身才能有更大的发展空间，享受更多的发展成果。

（2）培养主动营销意识

铁路物流市场处于买方市场，客户掌握了市场的话语权，铁路应该从"坐商"向"行商"转变，铁路物流中心职工应该培养主动营销意识，放下身段，积极走访潜在客户，开展货源调查，了解客户的服务需求，有针对性地推荐铁路物流服务产品，为客户提供全套的物流解决方案，从而留住老客户，开发新客户。

（3）提高物流服务能力

随着我国产业结构调整、企业经营模式变革和市场消费模式升级，物流服务需求也朝着多样化、个性化、定制化、专业化和一体化等方向发展，价格不再是决定客户去留的唯一标准，客户愈发重视服务质量和服务体验。传统粗放型的物流服务模式已经不能很好的满足客户的服务需求，要求铁路物流中心职工不断提高自身素养、服务态度、沟通技巧、方案设计能力等物流服务能力。

任务实施

根据以上相关知识，由教师组织学生分组进行讨论，各小组派代表进行总结汇报，小组互评，教师点评总结。学生掌握铁路物流中心绩效评价体系及指标量化计算方法，了解铁路物流中心绩效提升的措施，提高运用理论知识解决实际问题的能力。

课后思考题

1. 什么是"7S"管理，简述"7S"管理实施要点。
2. 什么是定置管理？简述人、物、场所三者之间的关系。
3. 简述定置管理的步骤。
4. 什么是目视管理？简述目视管理的应用。
5. 目视管理的类别有哪些？
6. 简述铁路物流中心标识设置依据及货运标识应用要求。
7. 简述班组的基本概念、地位和作用。
8. 简述班组的工作内容和设置形式。

9. 简述班组管理的内容与任务。

10. 什么是绩效、绩效评价? 简述绩效评价理论。

11. 简述铁路物流中心绩效评价指标体系及其含义。

12. 简述铁路物流中心绩效评价方法。

13. 提高铁路物流中心绩效的措施有哪些?

附录 A 铁路运输货物堆码标准

1. 各种货物基本堆码标准

品类	技术要求	示意图
一般货物	稳固整齐	
	大不压小	
	重不压轻	
	箭头向上	
	卸车货物要好坏分码，破损不入垛	

品类	技术要求	示意图
怕湿货物	露天堆码，上部起脊，下垫上盖	
装车货物	距钢轨头部外侧不小于 2 m	
卸车货物	距钢轨头部外侧不小于 1.5 m	
站台上货垛	距站台边沿不小于 1 m	
各种货垛	距电源开关、消火栓不小于 2 m	
	距轨道式线路机械最大突出部位不小于 0.5 m	

2. 货场内整车散堆货物堆码标准

品类	技术要求	示意图
煤、灰、砂石土类货物	集中堆放，保持自然坡度，不同品种货物不掺不压	
砖、瓦	定型堆码，稳固整齐，碎砖、瓦收拢成堆不入垛	
木杆、毛竹等货物	理顺不杂乱，不架空，集中垂直线路堆码，需要平行线路堆码要打掩	
规格石料、条块类货物	按自然规格堆码，成行成垛，稳固整齐	

3. 货场内整车包件货物堆码标准

品类	技术要求	示意图
袋装货物	丁字起头，分行码放，边行袋口朝里，垛形整齐	
箱装货物	分行码放，顶部压缝，垛形整齐。纸箱、液体货物封口向上，垛高不超过包装标志层高	

品类	技术要求	示意图
杂木杆等捆状货物	集中顺码，货垛两头交插码，垛形整齐	
棉花、布匹等包状货物	丁字起头，分行码放，上部压缝，垛形整齐	
桶装货物	纵横成行，重高压缝，分行码放，桶口向上	
空桶及桶状货物	卧放时骑缝，两侧打掩，垂直于线路码放	
筐装蔬菜、瓜果	底层立码成行，重高卧码骑缝	

续表

品类	技术要求	示意图
筐装蔬菜、瓜果	立码成行，重高压缝对中，筐盖向上	
	方筐分行码放，横竖对正，顶部压缝，筐盖向上	
罐、坛类货物	双层立码，靠紧压缝，封口向上，稳固整齐	
	卧码时，底层排紧，两侧打掩，重高骑缝，封口朝向一致	
裸体配件类货物	分开品类、规格码放，便于清点，垛形稳固整齐	

4. 担零货物货场堆码标准

品类	技术要求	示意图
各种零担货物	标签向外，留有通道，按批码放，便于清点	

5. 集装箱、集装化货物及货物托盘堆码标准

品类	技术要求	示意图
集装箱	上下对正，参差不超过箱角配件的二分之一，排列整齐，放置平稳，留有通道，必要时重箱箱门相对。重箱码高时，10 t 以上箱不超过 3 个，10 t 及其以下箱不超过 2 个	
集装盘货物	排列整齐，横竖成行，重高时上下对正，便于清点	
箱装货物码托盘	挤紧码严，逐层压缝，定型定数，标签向外。不夹破件，稳固整齐	
筐装货物码托盘	立码成行，重高压缝对中	

续表

品类	技术要求	示意图
袋装货物码托盘	袋口向里，逐层压缝	
盘、圈状货物码托盘	平码，顶部压缝	
长形货物码托盘	平行顺码，重心取中	

6. 长大笨重货物货场堆码标准

品类	技术要求	示意图
长大钢材	顺向码放，分层隔垫，垛形整齐	
钢板	分层隔垫，垛形整齐	
大型钢管等裸体圆柱形货物	骑缝卧放，挤紧码严，两侧打掩	
金属薄板等货物	上下对正，整齐平稳	

续表

品类	技术要求	示意图
水泥构件	预制板：每层隔垫上下对正，底层打掩，码放整齐	
	电杆：顺码骑缝。每层隔垫上下对正，底层打掩，码放整齐	
机械设备	不挤不靠，排列整齐，便于清点。没有滑木的要加垫	
金属卷板	平卧挤紧码严，重高骑缝，垂直线路码放，两侧打掩	
	立码排列整齐，纵横成行，重高压缝	
原木等货物	理顺不杂乱，集中垂直于线路堆码，底部打掩，外形整齐。加固器材整理后集中在垛旁	
自轮运转的机械设备	排列整齐，机械头部方向一致，稳固防溜	

7. 货车内货物装载码放标准

品类	技术要求	示意图
零担货物装车	轻重配装，大小套装，挤紧码放严，长大不堵门，笨重不上高	
易磨损、污染货物	易磨损货物要加衬垫，易污染的货物要隔离，流质、易磨损货物不与易窜动和有尖锐棱角货件码在一起	
一般货物	车内（或车门处）空隙较大时要阶梯码放	
高出车帮的货物	高出车帮的货物要分层压缝，稳固整齐，超出车帮时，两侧突出部分要一致，货物重心倾向车内，不超限	
各种货物装车	货物码放应做到不偏重，不集重，不超重	
集装箱装车	1 t 箱装棚车排列整齐，重高时上下对正不躺放。车门处留有间隙便于到站卸车	

续表

品类	技术要求	示意图
集装箱装车	5 t 箱装敞车排列整齐，箱门与邻箱或车端板间距不大于 0.15 m	
	大型集装箱装敞车或平板车，不偏载，不斜装，装两箱时箱门相对，间距不大于 0.15 m，确保运输中不移动	

附录 B　货物接取送达运输协议

甲方：_____　　　合同编号：

乙方：_____　　　签订地点：

根据《中华人民共和国合同法》及有关法律、法规的规定，为保证双方的合法权益，经双方协商一致达成如下协议。

一、接取送达区域和时间

接取送达区域为_____，除事先另有约定，在与乙方协商一致以前，甲方不得随意安排和调整乙方接取送达区域。

乙方应遵守甲方的作业时间，必须按照甲方与客户约定的时间进行接取送达作业。

二、合同期限

自二〇____年____月____日起至二〇____年____月____日止。

三、运输方式及车辆要求

本合同项下运输方式为汽车运输。车辆为_____，上述车辆要求同时具备如下条件：

1. 具备车辆行驶证、道路运输证等应具备的有效证件；

2. 已缴纳当年的机动车交通事故责任强制保险、第三者责任险、车上人员责任险、承运货物责任险等保险。

3. _____

四、货物的装卸及费用承担

本合同项下货物的装卸由_____负责，由_____承担费用。乙方按照本合同约定安全地将货物运到指定地点，交由甲方指定的接收人签收确认，签收确认单据作为甲乙双方结算运费的依据。

五、运输要求及验收

1. 运输质量要求：乙方应对运输货物采取妥善的安全措施，应当按照通用的足以保全货物的方式对承运货物进行加固。

（1）裸露货物进行苫盖，保证运输过程无飘洒、无丢失、无混料。

（2）应采取防潮、防雨、防盗等必要措施。

2. 验收：甲方（甲方客户）对货物外观、数量、重量等进行验收。

六、甲方权利义务

1. 有权对乙方是否具有运输的经营资格进行审查，当发现乙方提供的资质证明系伪造或不符合要求时，有权随时解除本合同。

2. 有权对乙方车辆、人员进行安全检查。

3. 有权要求乙方做好接取送达服务，并做好相关的业务指导。

4. 有权指挥和调配乙方司机和车辆。有权监督执行甲方的接取送达服务作业程序和标准，有权对监督执行情况进行检查、监督。对检查、监督中发现的问题有权要求乙方限期整改。乙方拒绝改正的，有权解除本合同。

5. 对乙方延误或者拒绝甲方所提出的正常接取送达业务，乙方应向甲方承担违约责任，甲方有权单方面解除本合同。

6. 有权监督委派符合甲方标准的作业人员进行相关接取送达服务作业，并有权监督更换不符合甲方标准的作业人员。

7. 乙方将运输的货物交付甲方客户之前，甲方可以要求乙方终止运输、返还货物、变更到达地点或者将货物交给其他收货人。

8. 向乙方提供接取送达指定地点、联系人等及货物件数、重量、体积、品名等信息。

9. 受乙方委托对乙方人员进行业务培训。

10. 在乙方全面履行合同的情况下，按本合同规定及时向乙方支付接取送达费用。

11. 与客户约定清楚指定区域内需接取送达的货物，并提供各种交接凭证。

七、乙方权利义务

1. 有权对接取送达货物进行外观检查。有权拒绝接取送达外包装破损的货物，但应将该情况及时通知甲方，并采取相应的保护措施，以减少甲方损失。

2. 合同到期后，同等条件下乙方有优先签约权。

3. 认真执行国铁集团及甲方的有关规章制度，严格遵守甲方各项劳动纪律、作业纪律。乙方在经营中违反国家及行业主管部门颁布的法律法规及甲方的规章制度，损害甲方形象，侵害甲方合法权益，或牵连甲方的，应当按照甲方要求及时纠正，造成甲方经济损失的，应当承担赔偿责任。

4. 提供足够的车辆和人员以满足甲方接取送达要求，并保质保量按时完成接取送达工作。所派作业人员的基本条件须符合甲方标准，并服从甲方监督。对不符合标准的人员应按甲方要求进行更换。遇有人员或车辆更换时，需提前书面通知甲方。

5. 向甲方提供从事甲方接取送达工作的作业人员基本情况信息。

6. 不得将合同中的任何工作转包给其他单位和个人。未经甲方同意，乙方不得在运输车辆上喷涂甲方企业文化标识。

7. 向甲方提供具有委托事项的经营资格证明文件，并向甲方提供负责人身份证、营业执照复印件，并加盖公章。

8. 严格遵守甲方对货物的交接、装卸、交付及作业时间等规定。

9. 在接取送达过程中应确保货物安全，并承担因自身原因造成的货物丢失、破损、逾期等赔偿责任。

10. 自行承担安全责任，对因自身原因造成的安全或交通事故承担全部赔偿和法律责任。

11. 对货物运输单据等甲方提供的信息进行保密，不得向他人泄露相关信息。否则承担因泄密给甲方造成的损失。

12. 听从甲方负责日常管理的部门的调配、指挥。

13. 乙方保证所提供票据的合法性和合规性，因乙方出具票据违反国家税收和发票相关法规规定，致使甲方遭受处罚受到任何损失，乙方应负责赔偿，同时重新向甲方开具票据。

八、风险转移及赔偿

1. 本合同项下货物交运给乙方后，自装车时开始至卸车完了时止，货物的毁损、灭失由乙方承担损失赔偿责任，但乙方证明货物的毁损、灭失是因不可抗力、货物的本身自然性质或者合理损耗及甲方或甲方指定的收货人造成的除外。

2. 乙方对货物的毁损、灭失的赔偿额为甲方客户向甲方提出的货物损失赔偿数额加给甲方造成的其他损失。

九、抵押金

乙方于本合同签订后____个工作日内，向甲方交纳抵押金_____元，作为履行本合同的保证金。

发生货物丢失、损坏、污染等情况，乙方没有及时承担赔偿责任时，甲方可直接以抵押金抵扣。抵押金不足以抵偿时，甲方有权向乙方追索，并要求乙方在____个工作日内补足抵押金。之后，本协议方可继续履行，否则即行终止。

十、费用和结算方式

1. 接取送达费单价标准：____元/吨公里；20英尺箱：____元/箱公里；40英尺箱：____元/箱公里。

2. 甲方接取送达费支付

甲方按照议定单价和乙方实际完成接取送达数量结算费用。乙方应开具合法有效的税务发票，并承担有关税费。

甲方收到发票后，于_____个工作日内（节假日顺延），通过银行汇入乙方指定账户。

十一、违约责任

1. 甲方未按时结算配送费用，应按未结算接取送达费用的10％向乙方支付违约金。

2. 乙方有下列行为之一的，应按每批接取送达费用的 20% 向甲方支付违约金：

（1）泄露甲方客户信息的；

（2）交接手续不完整的；

（3）未按约定时间接取送达货物的；

（4）向客户乱收费的；

（5）作业标准不规范的。

十二、合同的变更和解除

本合同条款原则上不允许变更，如变更合同条款需经双方协商达成书面补充协议。遇有国家和行业管理部门的政策发生变化，致使部分合同条款无法继续履行时，双方应依据变化后的管理规范和要求进行协商并变更合同。

出现下列情形之一时，甲乙任何一方有权按以下规定解除本合同：

1. 甲方多次拖欠乙方接取送达费，造成乙方经营困难，乙方有权解除本合同。

2. 乙方接取送达服务质量不符合要求，造成客户至少 2 次投诉，或在社会上造成严重不良影响的，甲方有权解除本合同。

3. 乙方安全管理不到位，造成至少 1 次安全较大事故或对甲方有关改正要求置之不理的，甲方有权解除本合同。

4. 乙方违反法律、法规、规章，对甲方提出的纠止要求置之不理的。

发生本条第 2～4 项情形之一时，抵押金不予返还，给甲方造成损失的，还应赔偿损失。

十三、其他

1. 因本合同引起的任何争议，双方协商解决；协商不成时，应向有管辖权的铁路运输法院提起诉讼。

2. 本合同自双方签字盖章之日起生效。合同附件及其补充条款与本合同具有同等法律效力。

3. 本合同一式四份，甲乙双方各执两份。

十四、双方协商约定的其他特殊条款

_____

甲方：（盖章）　　　　　　　　　　　　乙方：（盖章）

法定代表人或负责人（签字）：　　　　　法定代表人或负责人（签字）：

委托代理人（签字）：　　　　　　　　　委托代理人（签字）：

签字时间：＿＿＿年＿＿＿月＿＿＿日　　签字时间：＿＿＿年＿＿＿月＿＿＿日

参考文献

[1] 刘晓燕，王晔丹，方秦盛．仓储与配送管理实务 ［M］．东营：中国石油大学出版社，2018.

[2] 贾春霞．配送与配送中心管理 ［M］．北京：清华大学出版社，2016.

[3] 朱亚琪，李蕾．仓储管理实务 ［M］．东营：中国石油大学出版社，2016.

[4] 钱芝网．配送管理实务情景实训 ［M］．北京：电子工业出版社，2009.

[5] 陈新鸿．基于 Excel 操作的节约里程法在配送路线选择中的应用 ［J］．物流工程与管理，2013，35（2）：98 - 100.

[6] 万涛．铁路物流中心选址布局规划问题研究 ［D］．北京：北京交通大学，2009.

[7] 铁道第三勘察设计院集团有限公司．铁路物流中心设计规范 ［M］．北京：中国铁道出版社，2016.

[8] 朱兴航．基于 SLP 方法的铁路物流中心平面布局规划研究 ［D］．长春：吉林大学，2016.

[9] 谷乐阳．基于改进 SLP 的现代铁路物流中心功能区布局研究 ［D］．北京：北京交通大学，2018.

[10] 康福泉．铁路物流中心绩效评价研究 ［D］．北京：北京交通大学，2017.

[11] 中华人民共和国铁道部．铁路运输货物堆码标准 ［S］．北京：中国铁道出版社，1988.

[12] 钱吉奎．铁路运输企业管理 ［M］．2 版．北京：中国铁道出版社，2015.

[13] 潘玲巧．关于加强铁路货运中心班组建设的几点思考 ［J］．内蒙古科技与经济，2016（5）：17 - 18.

[14] 陈新鸿．铁路物流管理实务 ［M］．北京：北京交通大学出版社，2018.